史上最伟大的交易

[美] 格里高利·祖克曼（Gregory Zuckerman） 著

绿窗小语 小小辛巴 译

THE GREATEST
TRADE EVER

THE BEHIND-THE-SCENES STORY OF HOW
JOHN PAULSON DEFIED WALL STREET AND MADE FINANCIAL HISTORY

中国人民大学出版社
· 北京 ·

图书在版编目（CIP）数据

史上最伟大的交易 /（美）格里高利·祖克曼著；绿窗小语，小小辛巴译 . —北京：中国人民大学出版社，2018.4
ISBN 978-7-300-24394-8

Ⅰ.①史… Ⅱ.①格… ②绿… ③小… Ⅲ.①股票投资—美国 Ⅳ.①F837.125

中国版本图书馆 CIP 数据核字（2017）第 112759 号

史上最伟大的交易

[美] 格里高利·祖克曼 著

绿窗小语 小小辛巴 译

Shishang Zuiweida de Jiaoyi

出版发行	中国人民大学出版社				
社 址	北京中关村大街 31 号		**邮政编码**	100080	
电 话	010 - 62511242（总编室）		010 - 62511770（质管部）		
	010 - 82501766（邮购部）		010 - 62514148（门市部）		
	010 - 62515195（发行公司）		010 - 62515275（盗版举报）		
网 址	http://www.crup.com.cn				
经 销	新华书店				
印 刷	北京联兴盛业印刷股份有限公司				
开 本	890 mm×1240 mm 1/32		**版 次**	2018 年 4 月第 1 版	
印 张	12.625 插页 2		**印 次**	2025 年 8 月第 8 次印刷	
字 数	266 000		**定 价**	65.00 元	

版权所有　侵权必究　印装差错　负责调换

前言

冰山的一角开始渐渐显露。2007 年秋，金融市场崩溃，华尔街公司亏得惨不忍睹，短短几个月就把过去十来年所赚的利润赔得一干二净。当我坐在《华尔街日报》办公室，细数这一番苦痛时，一位顶级对冲基金经理打来电话，极力称赞一位名叫约翰·保尔森的投资者，此人不知用了什么手段，一夜暴富。电话另一端的语气充满了嫉妒，当然也不乏尊重，有一句话引起了我的好奇："保尔森不搞房地产，也不做抵押贷款……这次交易之前他只是个无名小卒，没什么特别的。"

茶余饭后，人们谈论着有几个不知名的投资者早就预料到了房地产市场的崩盘，买了一些鲜为人知的衍生债券，如今赚得盆满钵盈，但具体细节就不清楚了。向我提供消息的人忙着经营公司，为了保住饭碗也不便多言。我从整理最近"血淋淋"的银行业溃败新闻稿的忙碌中抽出一点时间，慢慢拼凑出保尔森这场交易的细节。剖析保尔森的交易行为，与分析金融巨擘的那些数不清的错误一样，会让人受益匪浅。

一天晚上，我搭乘公共汽车行驶在新泽西州纽瓦克和东奥兰治颠簸的街道上，我算了一笔账。保尔森并不是撞上了大运——他是做了一笔有史以来记录在案的最伟大交易，而且他还是房地产领域的一个圈外人，这可能吗？

随着对保尔森了解的深入，得知他所经历的种种艰辛，我越发对他感到好奇，尤其是当我发现他并非单打独斗时——一群草根英豪都不在华尔街各大金融公司工作，但却紧紧跟在保尔森身后。他们担心货币宽松、金融欺诈的时代即将来临，因而投资了数十亿美元资产来进行避险或风险套利，他们坚信，大难就要临头。

他们中的一些人获得了巨额利润，余生再也无须工作，而有的人虽然最初领先于保尔森，但却在终点线上倒下，与金融史上最丰厚的利润失之交臂。

保尔森利润之巨，让人感觉很不真实，近乎梦幻。保尔森公司在2007年获利达 150 亿美元，相当于玻利维亚、洪都拉斯、巴拉圭这三个加起来人口超过 1 200 万的南美国家的 GDP（国内生产总值）之和。保尔森的个人收入将近 40 亿美元，日收入逾 1 000 万美元。J. K. 罗琳、奥普拉·温弗瑞、泰格·伍兹等人的收入加起来也不及他一人。2007 年末，一位经纪人曾打电话给保尔森，提醒他某个账户内有 500 万美元，现在看来这笔数目简直不值得一提。2008 年至 2009 年初，保尔森成功完成了他手中交易的戏剧性转型，给公司和客户带来了 50 亿美元的收益，自己也赚到 20 亿美元，令人印象深刻。保尔森的这些交易，让自己与华尔街交易神殿中的巴菲特、索罗斯、伯纳德·巴鲁克和杰西·利弗莫尔齐名，也让他跻身世界顶级富豪之列，身价高过大导演史蒂文·斯皮尔伯格、Facebook 创始人马克·扎克伯格和银行家大卫·洛克菲勒。

即使是保尔森这些看跌的投资者也没有料到，危机会严重到引发房地产市场全面崩盘，引发金融海啸，波及全球。2009 年初，全球银行及相关公司损失了近 3 万亿美元，股市投资者更是损失超过 30 万亿美元。由高风险住房抵押贷款引发的金融风暴，造成了经济大萧条后最严重的全球经济危机。2008 年 9 月，在经历了极度混乱的两周后，美国政府被迫接管房利美与房地美这两个联邦住房抵押贷款机构，以及美国最大的保险商——美国国际集团（AIG）。在这场美国有史以来最严重的银行崩盘中，人们看到曾在华尔街呼风唤雨的雷曼兄弟公司申请破产，元气大伤的经纪巨头美林证券与美国银行合并，联邦监管机构查封了华盛顿互助银行，投资者却无能为力。在这场经济危机中，恐慌的投资者甚至一度疯狂抢购美国国债，而不要任何利息回报，只为能够找到一个绝对安全的保险库存放自己的钱。

2009 年中，每 10 个美国人中就有一位拖欠抵押贷款或者放弃赎回权。在这场危机的漩涡中，就连著名的节目主持人埃德·麦克马洪和拳王霍利菲尔德都难以保住房产。美国房价从 2006 年的高峰瞬间下滑超过 30％。而在迈阿密、凤凰城和拉斯韦加斯这些城市，房地产价格甚至下跌超过 40％。数百万人失去了他们的家园。30％以上的美国业主的房贷都超过了房产的价值，创下了 75 年来的新高。

在金融大地震中，约翰·保尔森和一些不被看好的投资者却从废墟中脱颖而出，在华尔街和金融领域的惨败中获得重生。

但是，这些名不见经传的投资者是如何预知金融专家未曾察觉的危

机的呢？ 为什么最后的赢家是约翰·保尔森这位房地产领域的门外汉，
而不是比尔·格罗斯、 迈克·弗兰洛斯等抵押、 债券或房地产领域的
著名专家呢？ 甚至高盛前一把手、 财政部部长亨利·保尔森都没有预
见到华尔街的问题所在， 那约翰·保尔森又是如何发现的呢？ 就连巴
菲特都没注意到这笔交易， 而索罗斯还得致电向保尔森取经。

是因为投行和金融专家都坚信， 房价的攀升不可能遭到逆转？ 还
是因为他们忽略了其他原因， 或纵容泡沫越来越大？ 银行家创造了那
些可以摧毁金融体系的有毒贷款， 却反遭其害， 这又是为什么？

写作本书时， 我对本次交易的主要参与人进行了 200 多小时的采
访， 希望能够回答上述问题， 或许能为未来的金融海啸提供一些教训，
引发人们的思考。

序章

　　约翰·保尔森的生活，是许多心怀抱负的男人所梦寐以求的。他在 49 岁就管理 20 亿美元的资金，坐拥 1 亿美元的财富。他的对冲基金办公室位于曼哈顿中区 57 号大街和麦迪逊大道交叉处一座时尚的写字楼内，屋内挂着数十幅亚历山大·考尔德的水彩画。他的妻子珍妮是一位美丽的棕发女人。两人生活在纽约上东区的豪华公寓里，还在汉普顿拥有一座价值数百万美元的海边别墅。保尔森常常活跃在富豪们的社交场所，他穿着整洁，体格健壮，深色短发，有些谢顶，论相貌并不出众。但他褐色的眼睛和狡黠的笑容看起来非常平易近人，极为友善。他的脸上还没有皱纹泛起，看上去比实际年轻好几岁。

　　保尔森的办公室在一个角落里，窗外景色宜人，可以看见中央公园和沃尔曼溜冰场。这天早上，保尔森却没有注意窗外的绚丽，他坐在桌前皱着眉头，看着桌上一整排电脑屏幕上跳动的一串串数字。

"这简直是疯了。" 分析师保罗·佩莱格里尼刚走进他的办公室，保尔森就对他说道。

2005 年春末，经济发展势如破竹，房地产和金融市场欣欣向荣，对冲基金也迎来了全面兴盛的时代。但当时，保尔森却不太理解这样的市场状况，也没赚到多少钱，最起码跟他的同行相比是如此。保尔森的身影被淹没在一群年轻的对冲基金经理中间，他们在短短几年内就积累了大量财富并挥霍享受。

保尔森知道自己融不进这个圈子，他是个保守的投资者，谨慎小心，低调行事。但在当今社会里，所有的投资者都热衷于逐利，交易员将对手的投资收益烂熟于心，比记自己孩子的生日还要上心。保尔森的这种个性越发显得格格不入。

保尔森长期深入研究的投资风格也显得过时，大投资家都是用高效计算模型来设定自己的交易。在纽约证交所的你来我往中，他们扮演了重要角色。其他敢闯敢拼的对冲基金经理，则是通过大笔借贷进行高风险投资，抑或通过在上市公司占有大比例股份，逼迫公司高层做出行动，拉抬公司股价。保尔森稳扎稳打、躬亲试验的方法，早就被视为老古董了。

但朋友们认为，保尔森早就该跻身华尔街的领军人物。他出身于纽约皇后区一个殷实的中产家庭，祖父是位商人，曾在经济大萧条中损失惨重，年幼的保尔森耳濡目染，小小年纪就对金融界产生了兴趣。保尔森毕业于纽约大学和哈佛商学院，学习成绩名列前茅。而后，他师从世界顶级的银行家和投资者，学到了不少东西，并于 1994 年成立了自己的对冲基金。他天资聪颖，又勤于思考，尤其擅长投资并购，在一个保守投资的世界中，大家都觉得他最有可能出成绩。

保尔森为人礼貌内敛， 温文尔雅地与客户见面握手， 讲话时低声细语， 大大出乎客户的意料。 在这个大金融时代， 不乏自吹自擂的基金经理， 而保尔森能够用最平实的语言来解释他的交易策略， 以至于有些人都怀疑， 他的策略是否过于平淡无奇。 年轻的对冲基金交易员不再西装革履， 投资收益的飙升使他们的地位愈发重要， 因而信心满满。 而保尔森呢， 依旧是中规中矩地穿着黑色套装， 打着哑光领带。

其实， 保尔森也曾有过一段声色犬马的日子。 当时， 年过 40 的保尔森仍是钻石王老五， 被朋友们称为 J. P. ， 一度和华尔街的许多人一样， 沉溺于模特的年轻美貌， 时常在花丛中流连。 但不一样的是， 保尔森追女人也和股票投资一样老派。 他和善可亲， 聪明而富有绅士风度， 在风月场上颇受欢迎。

然而， 2000 年， 保尔森厌倦了这样的放纵。 44 岁时， 他与罗马尼亚籍助手结婚， 跟那些狐朋狗友一刀两断， 开始平静的家庭生活， 周末的闲暇时光都用来陪伴两个年幼的女儿。

2005 年， 保尔森在华尔街的职业生涯已进入暮年， 但他仍然没有退休， 坚持寻找交易机会， 以证明自己的价值。 当时房价已经罕见地疯狂飙升了 4 年， 房屋业主信心十足， 因为他们的房子不断升值。 买房人不断地将房价哄抬至前所未有的高度。 鸡尾酒会、 球赛， 甚至家庭烧烤聚会， 大家都在谈论房地产。 花旗、 美国国际集团、 新世纪和贝尔斯登这样的金融巨擘日进斗金， 经济如火如荼。 每个人似乎都在不费吹灰之力地发财——除了保尔森。

在很多人眼里， 保尔森似乎已经跟不上这个时代了。 就在几个月前， 在南安普敦的一次派对上， 一位意气风发的德国投资者还奚落了保尔森一通， 讽刺他并购投资业绩不佳， 还坚决不投资房地产。 保尔森的一个朋友，杰弗里·格林在洛杉矶囤积了一批价值 5 亿美元的优质房产；一些社会名流，如迈克·泰森、奥利弗·斯通和帕里斯·希尔顿等，也是如此。

在市场平静的外表下却是暗流汹涌，一场金融地震正在悄悄酝酿。保尔森觉得自己仿佛听到了远处的轰鸣声，但对冲基金的英雄们、疯狂的业主们却毫无察觉。

保尔森放弃了基金的高风险投资，开始做空汽车供应商、金融公司及其他可能会在经济萧条时不景气的行业。他还买了一些价格低廉的保险以防万一。但是经济却依然蒸蒸日上，保尔森公司也因此经历了有史以来最难挨的一段时光。连保尔森觉得马上就要清盘的德尔菲公司债券，也在几天内突然飙升 50%，而这家汽车供应商当时其实已经破产了。

"整个市场就像个赌场。"保尔森对他公司的一位交易员怒气冲冲地说道。

他还给佩莱格里尼和其他分析师下达了任务："有什么泡沫是可以让我们做空的？"

保罗·佩莱格里尼感觉"压力山大"。一年前，这位高大帅气的意大利分析师打电话给保尔森，以谋求工作。佩莱格里尼生性善良，思维敏锐，但他的投资家生涯却屡遭失败，其他事业也一事无成。幸运的是，保尔森对冲基金公司刚好有位初级分析员离职去商学院进修，而保尔森又是佩莱格里尼的老朋友，愿意录用他，他才在公司有了立足之地。

佩莱格里尼只比保尔森小一岁，却不得不与一群比他小一辈但精力更充沛的小伙子竞争。起初，佩莱格里尼在公司里就是打杂，他觉得自己越来越无法施展才华。他需要想办法保住自己的工作，实现自己投资生涯质的飞跃。

他在小工作间内夜以继日地分析房市数据，办公桌上高高摞起了各种资料。他终于发现房地产市场已到了崩溃边缘，并告诉保尔森一场危机正在悄悄逼近。

读完这些研究证据后，保尔森马上被说服，认为佩莱格里尼的分析正确。问题是，如何从这个发现中大赚一笔呢？依然困难重重。保尔森并不是房地产专家，也从未涉足过房地产的投资。就算分析是对的，但是如果操作失误，或者把房地产泡沫破裂的时间估算得过早，他的整个投资就会付之东流。从 20 世纪 30 年代的杰西·利弗莫尔到 90 年代的朱利亚·罗伯森、乔治·索罗斯，这些投资大师都曾经因为没有准确把握金融泡沫的崩溃时点而损失惨重。

保尔森面临的挑战更为严峻，直接做空房地产是不可能的，更重要的是，国内已经建立了完善的基础设施以支持房地产市场，而低息贷款人、房屋评估师、经纪人和银行家都在努力维持，让资金链源源不断地循环周转。就全国而言，房价从来没有持续下跌过。一些投资业同行也因过早地认为房地产泡沫会结束而输得遍体鳞伤。

保尔森不知道的是，已经有竞争对手走在了他的前面，直接威胁到他们大发横财的机会。约 3 000 英里外的加利福尼亚州圣何塞市，由医生转行为对冲基金经理的迈克尔·伯利正忙着进行大量交易，以期从房地产崩盘中获利。在纽约，性急的交易员格雷格·李普曼马上也要开始做空，同时还告诉保尔森的几百名竞争者怎样做空房市。

业内专家们都说，保尔森没有任何房地产或次贷投资背景，他只能换道行之。但整个华尔街都低估了他，保尔森不是单打选手，他担心风险。 其实， 他一直在期待着一场完美的交易， 证明自己是世上最伟大的投资者之一。 预测房市崩盘是保尔森突破自我、 名满世界的机会， 这也可能是他最后一次机会。 他只是需要找到一种途径， 将自己的交易推上舞台。

目 录

位员工致意， 无论他们级别高低， "这是公司成立以来最
辉煌的一年。"

毁灭之王的致命一击　331

2008 年 7 月次贷投资跌得一文不值时， 他们完成了所有交
易， 将这场非凡生意的剩余部分全部变现， 完美收官。
保尔森的两大信用基金共投入资金 12 亿美元， 在这辉煌的
两年内， 最终获利近 100 亿美元。 保尔森的其他基金也坐
拥近 100 亿美元的利润。

第 1 章

寂寂无闻的保尔森

危机已经四伏, 人们却还忙着追逐浮华的泡沫。

——威廉·巴特勒·叶芝

对保尔森来说, 这次讲座改变了他的命运, 就好像他第一次见到披头士乐队一样。 他看到了一个全新的世界: 通过大笔投资来获得巨额收益。 保尔森暗自计算, 怀特海德和鲁宾这些高盛合伙人当年赚了50万美元, 但跟KKR公司的收入相比, 简直就是小巫见大巫。 杰瑞·科尔伯格一次交易就可以赚到1 700万美元, 保尔森简直惊呆了。

风起云涌的对冲基金

2005 年，华尔街的交易大厅和每间投资办公室里都如同在开狂欢派对，每个角落里都是喧哗亢奋的对冲基金经理，他们中的一些人西装革履、满面春风，另一些人则醉眼蒙眬、头发邋遢。

千禧年来临之际，对冲基金神奇般地一飞冲天，引起了大众的关注。但实际上，早在 1949 年前后，对冲基金就已经出现。当时，生于澳大利亚的阿尔弗雷德·温斯洛·琼斯是《财富》杂志的撰稿人，在为撰写一篇有关创新投资策略的文章做调研时，他决定来一次亲身体验——成立自己的合伙投资公司。文章发表几个月前，琼斯和他的四个朋友筹集了 10 万美元，并外借资金建立了一个巨型资金池。

琼斯认为，如果仅仅购买股票，容易在市场里随波逐流，起伏不定。他开始尝试做对冲，买些看跌的股票，也买些看涨的股票，以起到一定的对冲保护作用。如果市场下跌，他看空的股票就能赚钱，以弥补下跌股票的亏损，这样仍能获利。打个比方，琼斯认为通用汽车前景光明，就买入 100 股，同时又买了其竞争对手福特汽车看跌期权 100 股，用于对冲。琼斯做空时，就从经纪人那里借股出售，并期望股价下跌，这样他能以更低的价位买入还给经纪人，这就是"卖空"交易。假设福特公司股价 20 美元时，借 100 股并卖出，即 2 000 美元。等到福特公司股价掉至 15 美元，用 1 500 美元买入 100 股偿还给经纪人，其中的 500 美元差价就是盈利。

通过借股和卖空，琼斯将这两种投资工具结合，创造出更为保守的投资组合。他把客户人数控制在 100 以内，只接受资金雄厚的客户，不跟政府部门与投资银行打交道，提成标准为收益的 20％。而共同基金经理则受法规所限，不可能收取这么高的佣金。

对冲基金的概念开始慢慢兴起。几年后，沃伦·巴菲特也成立了一家对冲基金，但在 1969 年由于担心熊市的到来而关闭了该基金。20 世纪 90 年代初期，包括乔治·索罗斯、迈克尔·斯登哈特和朱利亚·罗伯森在内的大胆的投机家获取了高额利润。其中最引人注目的是索罗斯，他在 1992 年做空英镑，光这场交易就为他的量子对冲基金带来 10 亿美元的收入。这些对冲基金经理和琼斯一样，只接受有钱客户，包括养老基金、慈善基金、人寿保险和一些个人。这样，基金就可以规避各种法律监管。这些对冲基金经理很少透露自己的信息，哪怕对客户也是如此，因此，他们头上笼罩着一圈神秘的光环。

但从 20 世纪末到千禧年初，对冲基金经理们都惨遭滑铁卢。正如棒球高手常常在他们职业生涯的晚期失手一样，没有哪位"明星"可以在市场中长青不老。1998 年，美国长期资本管理公司旗下的大型对冲基金在几个月内损失了 90％ 的资产，给了该行业当头一棒，影响波及全球。到了 90 年代末，只有 515 家对冲基金存活下来，所管理的资产不足 5 000 亿美元，与传统投资经理手中的万亿美元资产相比，根本不值得一提。

到了 2000 年末，科技股泡沫破裂，传统的股票债券组合的投资方式也日渐式微，对冲基金再度风行。2000 年 3 月至 2002 年 10 月，投资者所追捧的科技股和网络股暴跌，标准普尔 500 指数暴跌 38％。作为科技股风向标的纳斯达克综合指数暴跌 75％。而对冲基金通过做空涨幅大的股票，持有别人所回避的抗跌股和海外投资，比如东欧股、可转债、垃圾债券等，整体仅损失了 1％。这些对冲基金通过保护自身的投资组合，在市场中随机应变，似乎发现了投资的制胜法宝：不论在何种市场，都能有高回报。利率下跌也促进了该行业的繁荣，借贷成本变得更低。这样一来，对冲基金就可以扩大投资，获取超额利润。

2002 年之后，全球经济回暖，养老金、捐赠资金、个人理财等各类资产都涌入了对冲基金，以期保值增值。不少公司进行杠杆投资、融资兼并，成为快钱时代的受益人。对冲基金收取高额的佣金费，通常为资金总额的 2％及收益的 20％以上，就像一些高档会所，它们宁可吓走一些潜在客户也要采用高收费标准，但仍有越来越多的投资者提着钱找上门来。

对冲基金的盛行不是偶然的。温斯顿·丘吉尔说过，民主不是好的制度，但其他制度更糟糕。对冲基金尽管也有很多缺点，但还是在市场竞争中胜出。相反，共同基金和传统投资方式在 2000—2002 年间跌了一半不止，一些共同基金买入一些流行股，这些技术股具有长期投资价值，但不能像对冲基金那样可以用做空来避险。大多数共同基金认为遇上了好年头，收益好歹比大盘高。哪怕是损失了1/3的资金，也好过亏一半以上。

从各种专业数据来看，绝大多数共同基金从长远来看无法跑赢大盘。相比而言，指数基金价格低廉、操作简单，但只能在大盘上升时表现良好。曾经，像彼得·林奇、杰弗里·维尼克、马里奥·盖伯利这样的行家只做共同基金。但在新千年伊始，对冲基金以它的灵活机动、高额回报等特点，吸引了不少人从共同基金撤资而投身过来，这也是其他资金涌向对冲基金的另一个重要原因。

多少年来，年轻人大都不乐意做复杂的投资，就像女孩子大多喜欢大款，却没人愿意耐心听赚钱的过程。2000年之后，经营对冲基金，把付息证券、资产结构化套利挂在嘴边，就显得格外吸引人。詹姆斯·克拉默、苏丝·欧曼这些拜金的财经评论员一下子人气高涨。连《交易员月刊》（*Trader Monthly*）这样的杂志，也图文并茂地报道华尔街的投资者，显得崇拜至极。

不少名牌大学和商学院的毕业生都把设立对冲基金当作职业首选，退而求其次也要到一家对冲基金公司打工，以便为将来自己创业积累经验。很多人根本不屑于到投资银行或者咨询公司上班，更不用提做实业，他们更希望打打电话、敲敲键盘就能赚大钱。

到2005年末，全球2 200多家对冲基金掌管着1.5万亿美元的资产。它们积累财富的能力甚至超过了互联网公司，因为很多基金都是速战速决，而且通过融资来放大投资比例。它们的交易额占了全美股票交易额的20％，衍生品市场和重要债券交易额的80％。

对冲基金以它的高额佣金和惊人利润迎来了属于它的镀金时代，这在投资行业内也是令人瞩目的。对冲基金投资人爱德华·兰伯特先是收购了凯马特，紧接着拿下了更大规模的西尔斯·罗巴克公司，在 2004 年获利 10 亿美元。同年，高盛、微软和通用三大公司总裁的年薪总额加起来也不过 4 300 万美元。

最为成功的对冲基金经理跻身上流社会，在艺术、政治、慈善等领域刮起一股旋风。对冲基金经理肯尼斯·格里芬与另一位对冲基金经理安妮·迪亚斯在凡尔赛宫喜结连理，婚礼后又在卢浮宫举办聚会，就连宴会彩排也是在奥赛美术馆进行。史蒂文·科恩用 800 万美元的高价收购了达米安·赫斯特的鲨鱼标本，除此之外，他还用四年时间花了 10 亿美元，收集了凯斯·哈林、杰克逊·波洛克、凡·高、高更、安迪·沃霍尔和罗伊·利希滕斯坦等名家的作品。"神童"埃里克·明迪奇是位 30 岁出头的风云人物，他为民主党筹资上百万美元，曾是总统候选人约翰·克里的核心团队成员之一。

对冲基金公司亦积极活跃地从事慈善事业，它们建立了新型慈善机构，如以"黑领带"著称的罗宾汉基金，就吸引了像格温妮丝·帕特洛和哈维·韦恩斯坦这样的社会名流，该基金主要致力于修缮平民区的学校。

对冲基金的繁荣，是历史性金融扩张的一部分。市场变大变强，公司融资成本变低，全国经济突飞猛进，人们乐于购房置业，提高生活质量。

到了 2005 年，以创新、交易、管理公司股票债务为基础的金融业，远远领先于经济的发展，就像是可以随时点石成金一样。20 世纪七八十年代，金融公司的收益仅占全美利润的 15%，而到了 2005 年，这个比例一下子超过了 25%。2005 年前后，20% 以上的哈佛大学毕业生就业于金融行业。而在 20 世纪 60 年代，这个比例只有不到 5%。

金融公司最热门的业务就是对冲基金交易，哪怕是像迈克尔·伯利这样没有经验的投资者，也可以借到资金，投身这场交易游戏中。

初出茅庐的伯利

迈克尔·伯利毕业于医学院，2000 年，他在斯坦福大学医学校的实习快结束了，但此时，他迷上了对冲基金。虽然他没有受过正式的金融专业教育，只是在圣何塞家中的客厅创办了自己的公司，但投资银行却对他趋之若鹜。

美国银行经纪人艾莉森·桑格专程飞来。她坐在伯利的客厅沙发上，旁边放着的一套架子鼓很是扎眼。她告诉伯利，美国银行愿意为他的新公司提供重金。伯利脚下那块红色粗毛地毯成了他的交易大厅，壁橱上贴着一张发黄破旧的图表，但上面可不是记录着什么大宗商品或股票价格，而是伯利和他兄弟们小时候的身高。伯利一身牛仔 T 恤，问桑格能不能推荐一本关于对冲基金的好书——这么一说，明摆着他是门外汉。尽管如此，桑格还是将他签约为自己的客户。

"我们那时的经营模式，是着手开创各种新兴基金，而他一看就是聪明人。"桑格解释说。

对冲基金已经成为人们茶余饭后的话题。在肥皂剧《我的孩子们》中有这样一幕，瑞恩对肯德尔说："爱情不是对冲基金，你知道吗……你不能把所有的钱都放在一笔投资上，如果它不靠谱，即便你换了一些安全点的基金，也无济于事。"（这段台词冗长无趣，只有关于对冲基金的这个比喻有点意思，这也许是当时的流行语。）设计师肯尼思·科尔还推出了一款名为"对冲基金"的皮拖鞋，有黑棕两色，售价为 119.98 美元。

没过多久，人心就开始浮躁。只要有交易资质证明，交易员就可以得到投资人的大笔资金。2004 年下半年，埃里克·明迪奇离开高盛开办对冲基金，他并没有透露太多交易细节，也承认他管理资金的时间并不长，如果要加入他的基金，投资门槛为 500 万美元，资金至少要锁定四年半。仅仅几个月，明迪奇就筹集到了 30 亿美元，不少投资商还为没能加入他的基金而捶胸顿足。

明迪奇和伯利都成为业内的佼佼者，而对冲基金行业也如火如荼。交易水平不佳的交易员也加入这场游戏，对冲基金让他们赚得盆满钵满，大肆挥霍时毫不犹豫。2004 年，年仅 28 岁的基金经理布莱特·格瑞伯就买了一辆价值 16 万美元的新款兰博基尼盖拉多跑车来犒劳自己，并常带他的女友乘坐私人飞机往返于纽约办公室和位于佛罗里达州高地海滩的豪宅之间，仅这 3 小时的航程就要花费 1 万美元。

当时，格瑞伯管理的基金年收益达到了 40%，他感叹道："一切都太美妙了，他们准备了我最喜欢的麦片、曲奇饼，还有加冰的杰克·丹尼酒等着我……"（最终，格瑞伯因参与庞氏骗局般的传销活动，在没有交易的情况下套利，骗取客户700万美元，被判诈骗罪。）

2006年，针对约300名对冲基金专业人士的调查统计显示，在过去12个月内，他们平均在珠宝上花费了37.6万美元，手表27.1万美元，"传统"水疗服务12.4万美元。这里的"传统"有别于全身按摩、泥浴、海藻搓身、异国风情的按摩服务之类。调查中还揭露了一些趣事，有些对冲基金经理特意支付上万美元请专人来进行一种"七刀水疗"，这种疗法精心设计，先是进行奢华的长时间泡澡，再用珍稀精油做全身按摩，最后用锋利的专业刀具轻割，令人得到极大的感官刺激，享受异样的快感。

对冲基金经理对客户的收费高于其他行业，他们抽取盈利的20%作为提成。美国政府将这视为资本收入，仅仅征收15%的税，这个税率等同于年收入低于31 850美元的税收水平。

对冲基金的大佬们并非只是看重金钱及其带来的喜悦——最起码不完全是。从事对冲基金和私募股权投资的大多为男性，金钱对他们而言只是个量尺、标杆，从早到晚，电脑屏幕在他们眼前每分每秒地闪烁着他们的业绩数据，以证明他们作为投资者的成败，这是他们自我价值的实现方式。

保尔森的青葱岁月

2005年，对冲基金行业越发繁荣，一片狂欢中，49岁的约翰·保尔森却独处一隅，旁观冷笑。保尔森出身世家，业绩不俗，在这场喧闹之后，他将脱颖而出。

保尔森生于 1955 年 12 月，他的祖先富有冒险精神，尽管有些冒险活动未能如愿。保尔森的祖父珀西·索恩·保尔森是挪威人，19 世纪 90 年代末期的某年夏天，时为荷兰商船船长的他，在从厄瓜多尔的瓜亚基尔往南美海岸行驶的途中搁浅了，珀西和他的船员滞留了几个月以等船只修好。在此期间，他与港口城市里的流亡人士有了交往。在那里，他还遇上了法国领事馆大使的女儿，两人坠入爱河，结婚成家。1924 年，第一个孙子阿尔弗雷德出生了，3 年后，阿尔弗雷德的生母死于难产，难产生下的那个男孩子被送到了基多的一家德国寄宿学校。不久，阿尔弗雷德的父亲在一场网球赛后死于心脏病。

保尔森家族的这两个男孩就成了孤儿，跟他们的后妈生活在一起。但后妈也有自己的小孩要照顾，于是他们又被姑姑收留了。16 岁的阿尔弗雷德和他 15 岁的弟弟艾伯特后来决定离开，他们跋涉 3 500 英里到了洛杉矶。阿尔弗雷德打了两年的零工，后来参军，在第二次世界大战中受了伤。盟军占领期间，他一直待在欧洲。

第二次世界大战后，阿尔弗雷德改姓保尔森，回到洛杉矶，就读加州大学洛杉矶分校。有一天在学校食堂里，他注意到一位迷人的姑娘，心理学专业的杰奎琳·柏克兰。他顿时坠入爱河，上前介绍了自己。

杰奎琳·柏克兰的祖父母于 1900 年前后，随着逃离立陶宛和罗马尼亚的犹太移民潮来到纽约下东区。1926 年，杰奎琳出生。父亲亚瑟被聘为银行固定收益销售经理后，她们全家搬到曼哈顿上西区。他们在都灵大厦租了套公寓，位于中央公园西区 93 街，对面就是中央公园。那几年，杰奎琳一家生活安康，还有专职保姆照顾杰奎琳。

但在经济大萧条中，柏克兰先生失业了，从此家道中落。20 世纪 40 年代，为了寻找工作机会，全家搬往洛杉矶。杰奎琳到了上大学的年纪，就读于加州大学洛杉矶分校。

阿尔弗雷德和杰奎琳结婚后，他受聘于安达信会计师事务所的纽约办事处。全家搬到了东河附近皇后区的白石镇。他们生了四个孩子，约翰·保尔森是老三，他从小在勒阿弗尔大厦长大。大厦共 32 层楼，1 021 套公寓，占地 27 英亩，内带两个游泳池、一个俱乐部、一个健身房和三个网球场，这栋大厦是莱维特镇的创建人，房地产开发商威廉·莱维特的弟弟阿尔弗雷德·莱维特所建。之后，阿尔弗雷德全家在附近的比赫斯特买了套中等的房子。杰奎琳的父母也搬入相隔不远的杰克逊山庄，住在一居室公寓内。

1961 年的某天，亚瑟·柏克兰去看他的外孙，带了包糖给他。第二天，约翰·保尔森就把这包糖卖给了幼儿园的小朋友们。他跑回家向祖父汇报自己的"人生第一桶金"。他们清点完钱后，亚瑟带着小外孙去了当地超市，告诉他在哪里花 8 美分就可买到一大包糖，并向他灌输数字概念。约翰·保尔森把那包糖拆分开来，一粒糖果卖 5 美分。股神巴菲特小时候也用这种方法卖过口香糖。此后，保尔森开始在课后打各种零工来攒钱。

后来，约翰·保尔森回忆道："当时我有个小猪储蓄罐，我的目标就是把它装满，我喜欢干活，喜欢口袋里有钱。"

阿尔弗雷德·保尔森的一个客户，公共关系专家大卫·菲恩，曾是佩里·科莫、杰克·莱蒙等这些社会名流的代理人。他很满意阿尔弗雷德的工作，邀请他到大卫名下的罗德公关公司担任金融部主管。两人成为互相信任的好朋友。两个家庭间也常常聚会，一起打打网球等。在菲恩的印象中，阿尔弗雷德和善可亲，乐观向上，为人又十分低调，他更喜欢待在家里，而不是在公司里成为万人瞩目的对象。球场上，阿尔弗雷德球技高超，却没什么竞技心理，只是享受打球的过程。

菲恩说："阿尔弗雷德并不在意输赢，也不在意赚钱多少，他才气过人，灵敏和善，知足常乐。"

阿尔弗雷德是个天生的和平使者，有时同事间发生争执，他只给双方一个温和的微笑，就顺利平息了这些办公室纷争。

杰奎琳是一位儿科心理医生，她比丈夫更有主见，在社交场合喜欢讨论各种政治经济话题，而阿尔弗雷德只是在边上旁听。杰奎琳很爱孩子，几乎溺爱，她按犹太人的方式养育孩子，长女后来去了以色列。阿尔弗雷德是个无神论者，但他也和家人一起去犹太人教堂。约翰·保尔森在12岁之前都不知道他父亲并不是犹太教徒。

约翰·保尔森在当地公立学校上学，他入选了一个天才儿童项目。8年级时，保尔森学习微积分、莎士比亚及其他高中课程。每年夏天，阿尔弗雷德会带全家人到国内外旅游。大二时，保尔森已和朋友玩遍了整个美国，大三时，他还去了趟欧洲。

约翰·保尔森在其他方面也显得异常独立，虽然保尔森一家是当地犹太教组织白石希伯来中心的成员，但高年级时，在他的学生手册的兴趣栏中，耶稣俱乐部和圣光俱乐部赫然在列。

1973年秋，保尔森考上了纽约大学。经济不景气，证券市场低迷，保尔森对金钱最早的兴趣渐渐淡去。作为一名新生，他学习创意写作，在电影制作公司打工。他选修了哲学课程，让喜欢艺术的母亲喜出望外。但他很快就对这门课失去了兴趣，学习成绩远远落后于同班同学。那时候，越南战争、尼克松总统、反战和人权抗议的报道充斥着新闻版面。

"我觉得很迷茫，"保尔森说，他当时头发长至肩膀，像小罗伯特·唐尼，"我都有点厌学了。"

大学一年级结束了，阿尔弗雷德觉得保尔森的生活得有所改变，建议他来场暑假出游，这是保尔森家庭特有的放松法。阿尔弗雷德为保尔森买了张到南美的机票。那年夏天，保尔森游遍了巴拿马和哥伦比亚，决定去厄瓜多尔找他叔叔。保尔森的叔叔是钻石王老五，在萨利纳斯的海滨城市经营房地产。他把保尔森当作心腹及左膀右臂。保尔森帮他叔叔照看工地，留意工地是否有盗贼想要偷材料，在各个工地间监督移交、记录库存。

对于从小在皇后区长大的保尔森来讲，萨利纳斯简直就是天堂。他住在厄瓜多尔最高的一幢大楼的顶层，这是他叔叔的房产，还有专职厨师、园丁和管家。在那里，气候温暖，姑娘迷人，不远处就是沙滩。保尔森的叔叔是位美食家，十分懂得享受金钱带来的美好生活，魅力超凡，令保尔森十分崇拜。家族的另一种奢华生活，给保尔森打开了一扇新的窗户，他推迟了返程时间，继续待在厄瓜多尔。

"这让我又重新燃起了对金钱的热爱。"保尔森后来回忆道。但是，他叔叔却思想保守，对开始向往独立生活的保尔森有着诸多限制。在无人监管的情况下，保尔森不能跟女孩约会。所约会的女孩子必须门当户对，并且要经过叔叔的认可。

一天，保尔森在他工作的地点遇上一位可爱的 16 岁姑娘，她是萨利纳斯警察局局长的千金。他邀请她到家里共进晚餐，让厨师准备点儿吃的。厨师马上打电话向保尔森的叔叔报告。没多久，他叔叔的同事前来敲门赶人，保尔森生气地问为什么，得到的回答是："我们家不能有这样的人存在。"

那位年轻的女孩子冲出了房间，消失在夜色中。

保尔森渴望能独立自主，他搬到了首都基多，而后环游厄瓜多尔。很快他身上的钱就不够了，急需补充现金。他认识了一位服装商人，所生产的童装价廉物美。保尔森找他订了些样品，寄给住在纽约的父亲。他父亲把这些样品送至高档商店，布鲁明戴尔百货公司一下子就订了六打。保尔森一家喜出望外，开始售卖这些衣服。保尔森在厄瓜多尔雇了不少人打包装箱，大量生产，他开始学着经商。

订单越来越多，但有一回，保尔森无法如期交货给布鲁明戴尔百货公司，对方取消了订单。保尔森手上一下子就积压了 1 000 件滞销的儿童衬衫，只得寄存在他父母的地下室里。几年里，每当保尔森需要点儿外快时，他就回到皇后区，拿几件衬衫出来，卖给纽约的几家零售商。

在厄瓜多尔的两年间，有一次，保尔森在商店里看上了一种木质地板。他顺藤摸瓜找到了当地生产商，希望能以10％的佣金代理他们在美国的销售权，生产商同意了。保尔森又给他父亲寄了包木板样品，阿尔弗雷德把样品展示给新泽西的地板经销商。经销商们觉得这种木板在全美性价比很高。阿尔弗雷德当时已经离开罗德公关公司，经营自己的公司，但他还是挤出时间来帮自己的儿子。父子俩齐心协力，木地板卖了25万美元。阿尔弗雷德把这笔钱全部给了保尔森。保尔森在厄瓜多尔时，父子俩每天都会通电话或写信，十分亲近。这是约翰·保尔森赚到的第一桶金，他激动万分，更加有冲劲再接再厉。

"这非常有意思，我喜欢口袋里有钱的那种感觉。"保尔森回忆道。

保尔森很快意识到，只有上大学才能保证今后赚更多的钱，于是，1976年他又回到了纽约大学，重新振作，精力充沛地学习。那时，他的朋友都上大四了，高他两个年级，他得迎头赶上，压力很大。他干劲十足，花了19个月就把所有学分都修完，还额外上了几门课和暑期班，学习成绩都是优等。

保尔森在同学中赫赫有名，因为他能把很复杂的内容用简单的语言归纳出来。学完了统计学、高等金融这类高难度课程后，不少同学都来找保尔森答疑解惑。

同学布鲁斯·古德曼说起保尔森来总是赞不绝口："约翰绝对是我们班上最聪明的。"

有一次，高盛主席约翰·怀特海德到学校做投资银行讲座，保尔森听了备受启发。为了这次客座演讲，怀特海德还请了当时高盛的几位明星人物，比如后来成为克林顿总统时期的财政部部长罗伯特·鲁宾，以及后来成为高盛主席的史蒂芬·弗里德曼。当听到鲁宾讲述对企业兼并的风险套利，以及弗里德曼剖析并购领域中的交易时，保尔森简直惊呆了。

保尔森和他父亲一样，都热爱网球运动。有时候，保尔森会邀请朋友一起到纽约福里斯特希尔斯西岸网球俱乐部打网球。他父亲是该俱乐部的会员，全美网球公开赛就在这里举行。打完球后，保尔森很少邀请朋友到家里，所以很多人都不知道他是在皇后区长大的。多年来，保尔森只说自己住在纽约。

同学布鲁斯·古德曼给保尔森起了个外号"J. P."，这是保尔森名字的首字母缩写，又暗指 J. P. 摩根这一银行界的传奇人物。这个外号伴随了保尔森一生，充分展现了他的过人能力、雄心壮志以及力争上游的心愿。每当听到这个语带双关的外号时，保尔森总是颔首微笑。

保尔森以全班第一的成绩从纽约大学毕业，拿到了金融学位。在工商与公共管理学院代表毕业生致辞时，保尔森做了以企业责任为主题的演讲。学校的一位系主任建议他申请哈佛商学院，当时，保尔森年仅 22 岁，没有太多的商业经验，但他把在厄尔多尔的经验写进入学申请后，他不仅被录取了，还获得西德尼·J. 温伯格/高盛奖学金。

在哈佛商学院读书时，有一次，同学在前往参加哈佛投资俱乐部会议的路上遇见保尔森，说："科尔伯格的演讲值得一听，你去听听看。"杰瑞·科尔伯格是科尔伯格-克拉维斯投资公司（Kohlberg

Kravis Roberts & Co.，KKR）的创始人，保尔森之前都没听说过此人，但他还是跟着去了，来听讲座的寥寥十几人。科尔伯格是做融资收购的先行者，他还带了两名银行家前来演讲，他们深入浅出地讲述了如何用少量现金，通过借款来收购公司。科尔伯格用他的公司现身说法，细述他们怎么用50万美元，通过借贷3 600万美元买下了某家公司，并在6个月后卖出，轻松赢得1 700万美元。

对保尔森来说，这次讲座改变了他的命运，就好像他第一次见到披头士乐队一样。他看到了一个全新的世界：通过大笔投资来获得巨额收益。保尔森暗自计算，怀特海德和鲁宾这些高盛合伙人当年赚了50万美元，但跟KKR公司的收入相比，简直就是小巫见大巫。

杰瑞·科尔伯格一次交易就可以赚到1 700万美元！保尔森简直惊呆了。

保尔森的世界观日渐成熟，他认为拥有巨额财富可以理所当然得到众人的仰慕。不管是约翰·怀特海德还是杰瑞·科尔伯格，他们都遵守游戏规则，用自己的聪明和努力，光明正大地赚钱。对保尔森而言，他们所要的高额利润天经地义。进入商学院的第二年，保尔森就着手研究，如何确定融资收购的主力买家。毕业后，保尔森决定前往华尔街。

1980年，保尔森从商学院毕业，成绩名列班级前5％，荣获乔治·F.贝克学者称号。各大企业开始到学校招聘应届毕业生，有家咨询公司给出的起薪很高，引起了保尔森的注意。当时的华尔街还沉浸在不景气的熊市中，所以保尔森来到波士顿这家咨询公司就职，该公司在当地颇有名气，只招收精英学校的学生。

保尔森最初的工作，是协助高级房地产研究员杰弗里·利伯特，向《华盛顿邮报》提供房地产投资建议。保尔森一开始是看好房地产市场的，因为他家在比赫斯特的房产在近 20 年内价格高涨，房地产是项不错的投资。

利伯特与保尔森同龄，也是在纽约长大，毕业于哈佛商学院。他给保尔森一张图表，图上显示了近几十年来房价的上涨情况。如果扣除物价上升的因素，每年房产的收益率只有区区 1.5％。利伯特认为，除非能以低于重置成本的价格找到便宜的房子或者建筑，否则，投资房地产并不见得明智。

"我当时听了很惊讶，"保尔森说，"那时的我还不懂得投资的概念，但我对房地产的实际收益率如此之低却印象深刻。"

保尔森在波士顿咨询公司做的是深度研究，这是他所擅长的。公司气氛活跃，他为人健谈，有时还跟秘书开开玩笑。公司里的人都喜欢保尔森，觉得他比其他同事好接近。但很快保尔森意识到，他进入这家公司是个错误的决定。他其实并没有能够如愿地做投资交易，只是给其他公司做咨询，按小时收费而已。在公司的其他高管看来，保尔森显得有点不在状态。

"约翰老是说，'大家无非是在提供咨询服务，但这样我怎么能赚到钱呢?'"利伯特回忆说，"在波士顿咨询公司里，说白了就是比谁的点子多，保尔森有点不耐烦了，他一心只想赚钱。"

比方说，保尔森就很喜欢查理·艾伦的故事：艾伦高中辍学后开了家投资公司，并在 20 世纪上半期做大做强，成了华尔街最低调的富翁。他的家人乘坐劳斯莱斯这样的高档汽车，并有专职司机，而艾伦自己却打车出行。1973 年，艾伦的公司接手因会计丑闻而没落的哥伦比亚电影公司，9 年后，把它卖给了可口可乐公司以换取该公司股份。后来可口可乐公司的股价上升，艾伦一下子获利 10 亿美元。（即使在多年后，保尔森对这场交易的细节还是津津乐道，如同讲起自己最喜爱的棒球选手的击球率一样。）

保尔森想进军华尔街，但他发现，自己的咨询工作经验在申请工作时一点儿用都没有。他又不想像大学毕业生一样从底层做起，因此高不成低不就。在当地的一次网球公开赛上，他在看台上遇到了科尔伯格，他上前告诉这位融资并购专家，当年是如何崇拜地听科尔伯格的讲座的。科尔伯格邀请这位年轻人参观他在纽约的办公室。

几天后，他们又见面了，这回，保尔森对科尔伯格坦承自己入错行了，希望科尔伯格能帮助他在华尔街谋得一席之地。

科尔伯格的 KKR 公司并没有空缺的工作岗位。保尔森请他帮忙引荐给其他的收购公司的大佬，比如奥本海默公司的里昂·列维。科尔伯格帮他打了电话，约好了会谈时间。

几星期后，保尔森走进了列维在派克大街的豪宅内，他一下子蒙了，屋子里陈列着他从没见过的各种古董和艺术收藏品。保尔森呆呆地看着，分不清这些东西是来自古罗马、古希腊还是他所不知道的国家。他生怕一不小心就碰坏了这些无价之宝，断送了他的前程。他喝着精美瓷杯里的咖啡，小心翼翼地坐着与列维交谈。恰好列维的公司正在扩张，需要聪明的年轻人加盟。那天结束后，保尔森终于找到了工作。

保尔森急于离开原来的咨询公司，他问都没问所加入公司的具体情况。实际上，他的雇主是奥本海默公司，这家公司是列维和杰克·纳什合伙经营的经纪投资公司。当保尔森打开办公室的门，他看见另一位主管彼得·索罗斯正坐在他的位子上。

"你在我的办公室里做什么？"保尔森质问他。

"那你又来我的办公室做什么？"索罗斯回答。

他们谁也不肯离开房间，互相怒目而视。

"那次会面很不愉快。"彼得·索罗斯事后回忆道，他是乔治·索罗斯的侄子，奥本海默公司的另一位执行董事聘用了他，而保尔森不知道这些。后来他们俩却不打不成交，成为好朋友。

几天后，奥本海默公司散伙了。列维和纳什成立了自己的公司——奥德赛合伙公司，他们鼓动保尔森加入他们，开出了令人羡慕的条件——可以跟在列维和纳什身边实习。列维和纳什当时凭借着一串骄人的投资成绩，成为华尔街传奇人物。后来，他们为鸥翼门跑车总裁约翰·德罗恩筹集了 4 000 万美元，而这只是他们其中一项高利润交易而已。

在奥德赛公司，列维让保尔森寻找有长期巨额回报的融资买入机会，这正是列维的专长。他和合伙人有次花了不到 5 000 万美元，买入大熊百货这家当地百货商，然后要求现金分红，数额等同于他们全部投资的费用，马上就收回了成本，此后他们通过激励管理，改善运作方式，最终赚了 1.6 亿美元。

保尔森致力于寻找价值被低估的潜力公司。他们买入环球公司的股票，虽然环球公司的业绩被旗下环球航空公司的经营不善拖垮，但环球公司旗下还有希尔顿酒店、21世纪等其他利润可观的业务。列维和保罗认为只要他们把航空公司分拆出去，投资者就会注意到其他有盈利的部分，该公司股票就会上升。因此，奥德赛公司收购了环球公司的大量股票。但是环球公司不愿意分家并进行反击，引发了一场声名狼藉的争夺战。虽然最后奥德赛公司还是从此次收购中获了利，但保尔森也从中意识到了收购业务之不易。

几年后，列维和纳什都意识到保尔森经验不足，保尔森也认为应做些改变。保尔森聪明、善于表达自己，但他没学过收购交易所需的相关基础金融知识，他在企业界人脉也不广，没法取得有效资源。

"虽说我和列维相互认可，但他们确实需要更有经验的人。"保尔森说道。

保尔森又得重新再找工作了，而他商学院的同班同学们早已有了四年的工作经验。一些投资银行能提供的只是底层职位，得像应届毕业生一样从头干起，他难以接受。贝尔斯登投资银行向保尔森抛来了不错的橄榄枝，这家银行在投行中不算顶级，它没法给银行家提供庞大的数据库等资源，来增强其竞争优势。银行业甚至不是贝尔斯登的主业，几个主要高管在不同的投资领域发挥出色，迪克·哈里顿做清算业务，通过出售客户的股票来发财，鲍比·斯坦伯格运作顶级风险套利，阿兰·格林柏格则在交易场上创造奇迹。

实事求是地讲，贝尔斯登拥有一群聪明的、像保尔森一样对金钱充满渴望的投资家，它有望在同行中脱颖而出。保尔森觉得这家银行很适合自己，对它喜欢至极。

1984 年，28 岁的保尔森进入贝尔斯登工作。他努力工作，晋升很快。他在兼并收购业务上每周都要花近百个小时，四年后，他当上了总经理，在他的同班同学中算是佼佼者。不少银行家喜欢夸夸其谈，力争用自己高超的交易技艺来打动客户，而保尔森则不紧不慢地先从艺术、戏剧谈起，再简单地聊起业务。虽然下属犯错时他也会直接指责，但在大多数同事的印象中，保尔森为人开朗，性格沉稳。

"80 年代并购业很抢手，银行家大多是硕士毕业，但保尔森从没把自己太当回事，他喜欢开开玩笑。"罗伯特·哈特维尔德回忆道，他当时是公司的初级业务经理，时常跟保尔森聚会。"很多人一到社交场所，就说他们是做兼并收购的，以期得到姑娘的青睐。保尔森却不大吹嘘自己，他温文尔雅，更喜欢殷勤地照顾女性。"

保尔森很佩服迈克尔·塔诺波尔。此人绰号"米奇"，是个资深的银行家，英俊潇洒，乐观开朗。塔诺波尔为公司做了不少大单子，声名在外。他常在派克大街布里奇汉普顿的豪宅中举行盛大的派对，马球也打得很好，他与高中女友恋爱结婚，忠贞不贰，令人艳羡。

有一回，一个对公司来讲很重要的秘书想要离开公司去加利福尼亚州，无论保尔森和其他人怎么劝说，她去意已决，但是塔诺波尔却成功地说服她放弃原有计划，这让保尔森大吃一惊。

对此，塔诺波尔是这样回答的："当顾客说'不'时，正是销售员开展工作之机。"这句话保尔森牢记在心。

塔诺波尔为保尔森打开了通往华尔街的大门，把他引荐给投资领域的许多关键人物。塔诺波尔自己没有儿子，对保尔森而言，他就像父亲一样。据一位朋友所言，塔诺波尔的家族聚会中都有保尔森，他们在佛罗里达的棕榈滩上一起打马球，在塔诺波尔的格林威治别墅共度周末。保尔森不是忙着安定下来，认真地向经验丰富的银行家学习，而是发展出一项新的兴趣，爱上了纽约的夜生活。

寂寂无闻的保尔森

保尔森并不是纽约社交圈中的活跃分子。虽然他机智友善，但有点过于正统死板。他晚上出来时，不是西装领带，就是穿件夹克当外套。有时他对谈话内容不感兴趣，经常话说到一半就跑开了，让对方不知所措。

但保尔森还是很享受这种社交生活。不久后，他在曼哈顿岛租了套时尚的单身公寓，在顶楼他开了几场派对，邀请上百个朋友熟人参加，银行富豪、模特以及像约翰·F. 肯尼迪、斯隆这样的名流都来参加他的圣诞晚会，保尔森会在圣诞树下为客人准备各种小礼物。

许多个夜晚，保尔森和他一群朋友吃完晚饭后，再去尼诺、赛洛恩、地下室等这些热闹的酒吧。有时，这帮人从市中心酒吧到非商业酒吧一个个地玩过去。保尔森加入了时尚设计师奥列格·卡西尼开设的会员专场俱乐部，该俱乐部在曼哈顿东边，只对会员开放。他结交了一些成功人士，这家俱乐部的常客有军火商阿德南·卡舍基这样的亿万富翁，唱片制作人艾哈迈德·艾特根，还有瑞典导演英格玛·伯格曼的女儿，著名女演员利芙·乌尔曼等。

保尔森在社交圈中魅力四射，光芒夺目，但他所住的公寓相比别人而言，却是朴实无华，装修得很一般，家具质感粗糙，摆上些不怎么协调的塑料树。他的一套公寓竟然位于一家卖打折鞋子的商店上面。

在贝尔斯登公司，保尔森常跟那帮年轻的同事们开玩笑，讲讲自己追女孩子失败的糗事，与那些一本正经的银行家形成了鲜明的对比。在他这个级别，很多人都有专门司机等在门外负责接送，而保尔森通常都是乘坐公交车或者地铁，有时跟他的下属哈特维尔德拼车回家。

保尔森在贝尔斯登公司干了没多久，就开始觉得不顺心。他常常加班加点干到晚上，但有很多银行高管却可以从他的业务中分得一杯羹，让他所分到的利润越来越少。保尔森不善于玩弄权术，也不懂得怎么攀附公司的合伙人，而这些人有权决定他年终奖的多少。

有一次，保尔森做了一笔交易：与格鲁斯投资公司一起，用6.79 亿美元买下安德森·克莱顿食品保险集团。这笔交易让贝尔斯登公司一下子赚了 3 600 万美元。然而这 3 600 万美元的利润在被众多合伙人瓜分后所剩无几。保尔森还注意到，格鲁斯之前并没有参与这项投资，但仅因他是五个合伙人之一，也参与了分成。保尔森意识到，他在贝尔斯登这样的大公司想要赚大钱是很难的。因为公司的利润更多来自收取客户佣金，而不是像收购安德森那样通过大宗交易获利，这是保尔森所向往的。

因此，保尔森在 1988 年向贝尔斯登提出辞呈，加盟格鲁斯。公司里其他人对于保尔森的辞职一点儿都不意外，在他们看来，保尔森总有一天会走上自己的投资之路。

格鲁斯公司专攻企业的并购套利，并对已并购的公司进行投资。公司以前没有从事过单独并购，但保尔森所做的安德森这桩交易，让该公司的创始人马蒂·格鲁斯印象深刻。他让保尔森再做一次类似的并购投资。为防止其他的竞争对手如 KKR 公司挖走保尔森，格鲁斯公司让保尔森成为合伙人，并让他享有高额的利润提成，公司的其他人望尘莫及。

在近距离地了解格鲁斯和他父亲约瑟夫后，保尔森马上决定开启他的并购套利业务生涯。格鲁斯通过购买被收购公司的股票，并卖空股票来获利，这种方式能最大限度地不受股票市场涨跌的影响。格鲁斯的投资理念就是控制风险，尽可能地实现潜在利润。保尔森铭记着马蒂·格鲁斯的一句名言："提防损失，让盈利自由奔跑。"

然而，保尔森的并购投资业务没机会实行了。1989 年，垃圾债券之王迈克尔·米尔肯被起诉，经济下滑让金融并购投资业举步维艰。不巧马蒂·格鲁斯又因为第二次婚姻而心烦意乱，很快，他就和保尔森分道扬镳了。

保尔森热爱金钱，充满抱负，一心想要做大生意。但到了 35 岁这个年纪，他还是因为其他事情而分神了。

"保尔森很享受他的单身生活，常在顶楼上开派对，"格鲁斯回忆道，"平心而论，他很聪明，但他什么都想要，没抓住重点，有点像一根蜡烛两头烧。"

在保尔森看来，他有更多的业余时间来发展兴趣爱好。他在经济上没有任何压力。早些年，他在波士顿公司的一个同事吉姆·科克跑来找他，希望保尔森能入股他开的一家啤酒厂。科克对保尔森说，公司里的不少同事，包括保尔森同一届的几个哈佛校友，都对他的公司很感兴趣，保尔森如果错失这次机会，将来会后悔的。

当时保尔森投了 25 000 美元，现在这家啤酒公司创出了山姆这个品牌，业务蒸蒸日上。保尔森的投资已价值几百万美元，同时，他还在格鲁斯公司里有股份，公司会给他固定的分红。

保尔森开始寻找新的投资，他投资了曼哈顿夜总会、迪斯科舞厅和各种地产。他和朋友还买下了威彻斯特的一幢公寓楼，完成了铁人三项，并到东海岸考察各类房产。

保尔森的同龄人大都开始了婚姻生活。他的朋友都是家教良好、文质彬彬、养尊处优、享受生活的人。夏天，在长岛的富人天堂里都有这帮朋友度假的身影。周末，他们常在萨加波纳克这个中产阶级聚集地举行近百人的聚会，每天中午以烤三文鱼、做意面来开始新的一天，从中午 1 点聚到晚上。这期间，人来人往络绎不绝，有的是下班后赶来，有的则从附近的派对过来，聚会聊的话题一般都是商业往来、时尚艺术等，各种美食饮料应有尽有，甚至还有娱乐性药物可供尝试。

保尔森常常骑辆破旧的变速自行车，反戴着棒球帽，去参加朋友们在汉普顿斯的聚会，每次都骑得汗流浃背。

保尔森每到一个社交场所，开始并不引人注目，但他身边总是围着好看的姑娘。他中等身材，棕黑色的头发下面有一双深邃的眼睛。他聪明狡黠、善解人意，乐于倾听别人诉说。20世纪80年代后期，纽约的社交圈中，充斥着自大冒进的投资银行家和股票交易员。保尔森从不吹嘘自己的财富背景，他平易可亲、敏感多情，总有朋友愿意找他出出主意，借点小钱，甚至借他的捷豹汽车去约会。

"约翰为人幽默有趣，女人都喜欢他，"摄影师克里斯多夫·霍恩伯格回忆说，他也是保尔森朋友圈的一员，"姑娘们都知道，他最爱开各种盛大的派对，喜欢去最好的餐厅和酒吧。"

保尔森不喜欢别人盯上他的钱，如果身边的朋友，或者哪个女性愿意主动买单，他会很开心，但他往往抢着买单，不会让别人有掏腰包的机会。

有时候，保尔森也会有点失控，在1989年的阵亡将军纪念日，他因醉酒驾车被抓，罪名为"在不合适的情况下驾驶"，为此他交了350美元的罚金。

但是在1994年，保尔森厌倦了这种吃喝玩乐的生活，他还是向往赚取巨额财富的那种成就感，他觉得是时候该回去工作了。

"时间过得很快，我得全力以赴。"保尔森这样说。通往巨额财富之路在前面等着他。他成立了对冲基金公司——保尔森公司，专心搞他从格鲁斯公司学会的并购套利业务。

保尔森开始联络所认识的每个人，寄出了500多封公司成立函，可哪怕他不要求最初100万美元的最低投资额，也没人回应。保尔森自己没有管理过资金，也没有太多的投资记录，大多数人对他都不了解。他介绍了他在格鲁斯及其他公司的业绩，但对投资者而言，并不清楚他在这些交易中起了多大的作用。

保尔森打电话给贝尔斯登的投资家，他们中的一些人曾在他手下效力过，如今已是富有的公司合伙人，但也遭到各种拒绝。有些人甚至不回复他的电话，有些人约好了会谈时间，随即又取消。哪怕是保尔森过去的良师益友塔诺波尔，也不理睬他。而他商学院的同学中，不少人已经功成名就，也对他的公司毫无兴趣。

"当时，我认识了很多人，我以为我很快就能筹集到大量的钱财，"保尔森回忆道，"有些人说我可以给你钱，但是得从你的业务中分红。这对我而言简直是种侮辱。"

大卫·帕里斯基是波士顿一家大旅行社的老板，据他的朋友回忆，当时他要求保尔森做性格测试，因为他的旅行社招人时或者让人管理投资时，他都会这么要求。后来他还是放弃了投资保尔森的基金，事后他告诉朋友，保尔森的性格测试成绩一般。

因此，保尔森只能用自己的 200 万美元开了家基金公司。过了一年，他才迎来第一位客户：霍华德·古尔维奇。他是保尔森在贝尔斯登的老朋友，投了近 50 万美元。当时，公司里只有保尔森和助手两个人，在派克大街属于贝尔斯登的一幢大楼里，保尔森租了间小办公室，和其他几个投资银行小客户共同使用。

保尔森继续招揽投资客户，自掏腰包争取在业内会议上发言的机会，与市场营销专家合作推广基金。虽然他的交易记录有限，但他信心满满，令人惊叹。

保尔森甚至找不到人来加入他的工作团队。1995 年，在曼哈顿的洛克菲勒中心，保尔森想让约瑟夫·亚伦加入他的公司，负责向投资者推销基金。寒暄过后，保尔森开始认真解释他为什么相信自己会出成绩，重点讲述了他过去的丰功伟绩。

"我过去在班上成绩第一。"亚伦记得当时保尔森这样介绍自己。几分钟后，保尔森又重复了自己在学校的优秀成绩，还强调自己是哈佛大学毕业的。

亚伦是南方人，作为一名对冲基金界的资深人士，他待人礼貌周到，以其深厚的业务能力赢得了投资商的青睐，保尔森的过分自负让他哑然失笑。

"真的吗？好吧，我是从佐治亚州排名第11的大学毕业的。"

在亚伦看来，保尔森所说的策略平淡无奇，他认为保尔森要么故意隐瞒，要么就是没什么真知灼见。

晚餐后，亚伦告诉保尔森自己不是他要找的人。

有时候，保尔森显得很不在状态。有一次，年轻的经纪人布拉德·巴尔特去拜访他，他一直抽着烟，衬衫领上有几点刮胡须时不小心割伤的血滴，他的助手在一旁的沙发上躺着，抱怨背痛。

"我不知该怎么说，当时很迷茫。"巴尔特回忆道。有时，保尔森也变得气馁。他的早期投资业绩是不错，但不怎么稳定，陆陆续续有了几个客户。保尔森相信自己的能力，但不知道基金何时能做成功。

一天，天气阴沉，保尔森问他的父亲："我是不是入错行了？是不是我有什么问题？"当时阿尔弗雷德已经退休了，给公司帮忙做些会计工作。他鼓励儿子："继续做你的基金，总有一天会成功。"

在保尔森的记忆里，那是一段孤独的时期，四处碰壁。

"但这已经够了，他让我先振作起来。"

保尔森信奉自己的座右铭，那是温斯顿·丘吉尔的毕业致辞中他最喜欢的一句："永不言弃，永不言弃!"

当时房地产市场不怎么景气，保尔森却收获不少。1994 年，他听说南安普敦有幢不错的房子。屋主是对夫妻，正打算离婚。保尔森联系上那位急于卖房的妻子，谈成以 42.5 万美元成交。然而，到了最后保尔森才知道那房子已经被抵押出去，没法出售。保尔森一直关注房子的情况。后来这幢房子因为丧失抵押赎回权而被银行收回，在几家银行转手后，最后到了通用金融公司手里。这幢房子将在南安普敦法院公开拍卖。

尽管拍卖当天早晨下着雨，保尔森却早早就到了。他问拍卖能否移到室内进行，法院工作人员告诉他，根据法律规定，不管雨下得多大，拍卖都必须在法庭外面进行。通用金融公司喊出 23 万美元的拍卖底价，每次加价不得少于 5 000 美元。保尔森很快出价 23.5 万美元，而通用金融公司没有加码，现场其他人也没加价竞争。保尔森终于以低廉的价格得到了他梦寐以求的房子。后来，他又在曼哈顿 SoHo 公寓区买了一套很大的复式公寓，这套公寓也是抵押未能赎回的房子。

保尔森意识到，如果能提高投资业绩的话，投资人最终会找上门来。因为公司规模很小，他只能专心地做好一些同行怕麻烦，或者没信心做的并购业务，比如那些不被看好的加拿大公司业务。有时他也会做些与并购无关的业务，比如买些能源股或者资金周转不灵的公司的短期债券。

1995 年，保尔森公司开始扩展，多招了两名员工。他让年轻的分析员寻找有上涨空间的投资，同时也要注意下跌的风险，他一遍遍地提醒他们："我们在这次交易中将承担多少损失？"

公司的收益逐步稳定下来，但不多。有时候，保尔森显得暴躁抑郁。他常紧闭办公室大门，瘫坐在椅子上。有时他还会与分析员发生冲突，争执的声音很大，以至于大厅里的人都跑来围观，看看发生了什么事。有一次，保尔森气势汹汹地冲到分析师保罗·罗森伯格面前，涨红着脸凑到保罗旁边，把他给吓坏了。保罗喊："你为什么要这样？我是支持你的人啊。"据当时办公室的人讲，保尔森只是朝他瞪了一眼，就没有再理论了。

保尔森有时会毫无缘由地要求某个员工到上东区医生那里做个药物测试。那个员工回到办公室交给保尔森一份尿样报告，这事儿就没有下文了。有一次，保尔森批评一名员工打印机用得太多。这些不可理喻的行为让他的团队丈二和尚摸不着头脑。

有时候，甚至连父亲周到的安排都让保尔森感到挫败。他的新助理珍妮·扎哈利亚是个有魅力的姑娘，保尔森照样不留情面地批评。珍妮是来自罗马尼亚的新移民，她的哥哥乔治是罗马尼亚的田径明星，在参加欧洲竞赛时逃离了罗马尼亚。之后，在罗马尼亚上大学的珍妮也申请了难民庇护，背井离乡来到美国。最早，她在一家电视台做罗马尼亚节目的主播，虽然她想辞职，但因需要那份工资，所以只能继续待着。后来，她在贝尔斯登公司食堂兼职，有一次送午餐给保尔森和他的员工，之后她就到保尔森公司上班了。

1996 年末，保尔森名下只管理了 1 600 万美元的资产，在对冲基金世界里只能算小儿科。这时，他找到了彼得·诺维洛这位市场营销专家，诺维洛愿意助保尔森一臂之力，帮他登上行业顶级大舞台。

"他的业绩不错，但并不突出，当时有很多基金经理的年收益达到 20％。"诺维洛回忆道。

诺维洛开始招揽新的投资商，这些投资人有时会问保尔森在工作之余都做些什么。

"问这个有什么意义？"

"嗯，我只想了解一下，他这个人是否稳定可靠。"一个投资人如此说。

"约翰·保尔森跟其他对冲投资基金经理不太一样，他要么住在市中心的 SoHo，要么住在汉普顿斯，他的生活方式与众人眼里的投资家很不同。"诺维洛说。

1998 年，俄罗斯债务违约，对冲基金巨头——美国长期资本管理公司惨遭崩盘，引发整个市场动乱，保尔森的基金也受到了很大冲击。员工丹尼斯·楚身心俱疲，想不出什么应对方法。保尔森对他失去了耐心。

"你告诉我你到底是怎么想的？"保尔森冲他大喊，最后楚只能离开公司。

有时，保尔森疑神疑鬼，老觉得他的竞争对手及朋友们都远远超过了他。他告诉一名分析员，他在哈佛大学的室友曼纽尔·阿森西奥操作短线股票，一年就赚了 100 万美元。"而我们却在这里自寻死路。"

1998 年，保尔森的对冲基金亏损了 4%，导致很多客户都撤资离开。保尔森基金公司在那年末只剩下 5 000 万美元的资金，比起 1997 年末整整少了 1 亿美元。一些客户从保尔森公司抽资后，投入更大的并购专业公司，有些当年还赚了点钱。

"我们不是市场主要玩家，"保尔森承认，"美国长期资本管理公司的破产让我们心有余悸，因此，我们变得畏头畏尾，没有像其他公司那样积极地重返市场。"

当公司赚钱的时候，保尔森就显得很友善，有时甚至可以说很招人喜欢，这种性格上的变化，让他的雇员们在松口气之余又迷惑不解。他们有些人把保尔森这种善变的个性归结于他想在金融界出人头地。当然，他们也意识到，从事并购投资需要有当机立断的魄力，以面对各种信息不全的局面。有些人开始欣赏保尔森的坦诚相见，比如，保尔森会直言不讳地指出他们递交的投资建议报告中的漏洞。

1998 年的市场震荡令保尔森流失了不少客户，但同时，成熟的投资机会也降临了。之后几年，他可以在市场中大赚一笔。与此同时，保尔森做了个极其重要的决定，改变了他今后的人生轨迹。在刚成立对冲基金公司的那段时间，保尔森跟以往一样，时不时地在他单身公寓的顶楼举行各种狂欢派对。但随着他步入 45 岁，朋友们相继结婚，他开始厌倦这种社交模式。保尔森拿出纸笔，写下他心目中妻子的特征，首要的就是"乐观开朗"。也许，保尔森觉得，他需要一位人生伴侣来陪他度过生命中的起起落落。

"我自己有能力赚钱，所以金钱并不是我择偶时的重点。"保尔森说。

他马上就发现，有个人很符合他心目中的条件，他被深深地吸引了，而且她就坐在他的身边，那就是珍妮。

"珍妮从不抽烟喝酒，也从不夜出晚归，她对我而言，就像空气那样清新可人，"保尔森说道，"她总是面带微笑，乐观开朗。"

保尔森悄悄地对珍妮展开追求，每两周就约她出去，持续了一年多。但珍妮并不答应跟他约会。她对保尔森说，除非保尔森开除她，帮她另找份工作，否则没法跟他约会。但保尔森不想放她走，无法接受她为别人工作的事实。因此，保尔森想方设法地接近她，包括约她一起去阿斯彭、迈阿密、洛杉矶这些地方度假。珍妮从没去过这些地方，也很想去，但最终还是拒绝了，她说她不想跨过这条职业底线。

后来珍妮答应与保尔森共进午餐，他们约会越来越频繁，每周都要见面。公司同事对这段萌芽中的感情毫不知情，他们二人不断约会，一起吃饭不下两百顿，有时还在中央公园里溜溜冰。保尔森知道自己已经爱上了珍妮，便向她求婚。六个月后，他们结婚了。当保尔森向同事们宣布婚讯时，他们都惊讶不已，就在眼皮子底下发生的这段罗曼史，竟然没一个人察觉。

保尔森终于得到珍妮和她全家的认可，这对夫妇选择在南安普敦的一家美国圣公会教堂举行婚礼，保尔森对神父也很和善。当落日的余晖洒进海边教堂神圣的窗户，婚礼正式开始。

到了 2001 年，保尔森的生活更加稳定，他的基金公司日渐成长。他管理着超过 2 亿美元的资金，并不断完善投资技巧。

公司之外很少有人注意到保尔森的变化，埃里克·诺嘉德是纽约北屋投资公司在保尔森公司的投资代表。当时，他觉得保尔森的业务在并购投资领域里再普通不过，就没有继续投入。另一些人则因为听说保尔森纸醉金迷的过去而不再跟他来往，一点儿都不知道保尔森已经回归平静的家庭生活。

　　"如果人们足够了解保尔森，就会发现这是另一种并购套利的机会，"保尔森的朋友，公司最早的投资者霍华德·古尔维奇如是说，"他只不过是没出现在大家的视线范围内而已。"

　　而此时，美国的金融市场即将发生一场天翻地覆的巨变，为美国的金融发展历程带来不可磨灭的影响。在这场巨变中，保尔森将从一个小小的投资者，一跃成为整个投资游戏中最耀眼的巨星。

第 2 章

资金泛滥吹起的房产泡沫

天翻地覆的变化正在酝酿之中，一场金融危机即将袭来，从而改变美国和世界金融的历史。约翰·保尔森一直希望通过一次大手笔在华尔街扬名立万。机会终于来了，但一切却挑战重重。

房产泡沫兴起

随着 2001 年 9 月 11 日世贸大厦的倒塌，本·拉登扬言要摧毁美国经济，房地产市场和整体经济都摇摇欲坠，其中，纽约市主要城区最为明显。房地产价格近五年来居高不下，但经济在科技泡沫破裂后却显得岌岌可危，很多专家甚至在"9·11"恐怖袭击之前就已经开始担心房地产市场的衰败了。

联邦储备委员会之前通过降低利率的方式，企图刺激经济，"9·11"袭击事件发生后，他们进一步降低利率，让借贷成本更为低廉。联邦基金短期利率从 2001 年初的 6.5％下降到 2003 年中的 1％，这无疑会影响到社会的方方面面，比如汽车借款、学生借款、信用借款和房屋抵押贷款等。以艾伦·格林斯潘主席为首的美国联邦储备系统，拼命地维持经济的稳定。全球利率下跌，低息贷款大行其道。

多年来，美国人一直有一种矛盾的心理：一方面不想背负过多的债务，另一方面又很想拥有一套属于自己的房子。1758 年，本杰明·富兰克林写下了著名格言："欠债之罪甚于说谎。"经济大萧条中，大量盲目扩张的企业因负债过重而走向破产，重创了整整一代人，负债的危害显露无遗。到了 50 年代，半数以上的美国家庭都没有抵押借款，近一半的美国家庭甚至没有任何债务。房屋业主有时还专门举行"还清贷款"聚会，在亲朋好友面前烧掉已还清的各种借款文件，来庆祝他们无债一身轻。这种惯例一直持续到 70 年代，在《全家福》（*All in the Family*）一剧中，亚奇·邦克就开过这样的派对，那幕堪称经典。

直到 20 世纪下半叶，除了买房买车这样的大宗开支外，很少有人进行借贷。而且，购买房屋一般都要求 20％的首付，这样一来，想要拥有一套房子就得有一定的经济基础。

然而，金融改革的进行、媒体的炒作、房地产的兴旺，逐渐改变了人们借贷消费的观念。20 年来的经济发展鼓励了借贷消费行为，各种抓人眼球的电视广告告诉人们：贷款是朋友，不是敌人。

麦肯广告公司总裁乔纳森·克莱因说："人们在花钱的时候，难免会有负罪感，而信用卡巧妙地回避了这种负罪感。人们用万事达信用卡刷卡购物时，没有花钱的感觉，购物时更愉快了。"

到了 2000 年夏天，美国家庭的贷款额高达 6.5 万亿美元，五年内提高了 60％。一般而言，每个家庭平均持有 13 张信用卡或者商场的记账卡，透支金额从 10 年前的 3 000 美元增加到 7 500 美元。

美国人负债率的提高，很大程度上归因于有越来越多的钱可以借贷。1997 年，华尔街实现了资产证券化，将贷款捆绑包装成债券。放款人可以将债权卖给投资者，兑成现金，然后再用这些钱放出更多的借款给个人消费者或者公司。成千上万的贷款债权最终变成债务证券，就算这些债务证券有小部分违约不还款，对投资者来说影响也不会很大。

人们对贷款观念的改变，令房地产市场获得了新生。相比其他国家而言，美国政府更加不遗余力地去推动尽可能多的人购买房地产。学术研究表明，拥有私人产权，可以给社区带来各种福利，比如犯罪率下降，提高学业成绩等。美国政府还降低了抵押贷款的利率，既得利益者团体通过向国会施加压力，令房地产业继续繁荣稳定，为房屋买卖双方提供的福利措施也不容削减。

过去，低收入者及信用记录不良的人很难贷到款，而如今，还没等到美联储大幅下降利率，他们就可以贷到款了。2000 年，超过 1 600 亿美元的抵押贷款被放给"次级借款人"。"次级借款人"一词是放款人用来专指那些信用记录不大好的借款人的。根据抵押贷款银行协会的统计，1993 年，次级借款在抵押贷款中的比例仅为 4％ 多一点，而到了 2000 年，这一比例已高达 11％。

低贷款率使得房价在"9·11"恐怖袭击后继续高涨。到了 2003 年，房价的上升带来了欣欣向荣的局面，经济复苏，移民涌入，失业率降低，可开发的土地变少。

与此同时，物极必反，国家政府、金融界与房地产出现不好的苗头，不出意外地，政界中左翼和右翼纷纷跳出来指责这个乱糟糟的局面。就像著名侦探小说《东方快车谋杀案》的现代版一样，这场现代经济崩盘之痛是由长期以来各种负面因素累积而成的，各种各样的狡诈、勾结、幼稚、愚蠢以及贪婪守旧共同导致了这场灾难。

疯狂膨胀的信贷市场

随着房价上升，银行和抵押贷款公司赚得盆满钵溢，在利欲熏心之下，它们不惜降低贷款要求，放出更多高风险贷款。在它们看来，哪怕贷款人出现问题，贷款人重新申请贷款时，抵押贷款利率也会更低。

2001 年，放贷人竞相推出一系列扩张性贷款，就像在赌徒满满的赌场里提供无限量的自助餐一样。其中，"仅付利息贷款"的借款人只要每月交付利息即可，本金可以推迟到以后再付；可调整利率贷款很受欢迎，因为它刚开始的利率可以调到很低，后面再调高利率予以弥补；如果付不起首付，还可以选择"附加贷款"，无须首付。

有些风险更高的房地产还可以零首付，但贷款利息高达房价的25％，贷款商甚至还额外提供款项，可让借款人在好不容易拍下房子后用省下的钱去度个假。这些优惠条件都让借款人蜂拥而至。还有一种"骗子贷款"（自述贷款），借款人借款时只需要自己申报收入即可，不需要按常规提供工资单和银行证明。"忍者贷款"则针对没有收入、没有工作、没有资产的人。如果不想按月支付，还可以考虑"可选择还款方式"的贷款。

2001 年，零首付的房屋贷款只有 3％，而到了 2005 年，这一比例高达 24％。房贷中证明文件、手续不完整的比例，从 27％上升到了 40％。无首付且证明文件不齐全的房屋抵押贷款，从 2001 年的 1％上升到了 12％。

对于已有房屋的业主，贷款商还鼓动他们进行抵押贷款，好像房子就是一台自动提款机。花旗银行还向客户鼓吹"要过富裕生活"的理念，房子可以用来抵押贷款，以换回任何心中渴望之物。

花旗银行的前副主席、客户业务总监贾培源，在对公司八九十年代的消费信贷进行研究后说道："如果把这叫做'再次抵押'，听起来就像把房子典当出去一样，但如果称之为'产权利用'，听起来就没什么感觉了。"

信誉良好的优质客户慢慢被挖掘光了，贷款商开始把目光瞄向信用记录不怎么好的客户。阿姆莱奎斯特这家专注于做次级借款人信贷的公司，在 2004 年全球橄榄球超级大赛期间做了个隐性广告：飞机意外颠簸后，一个女人坐到一个男人的腿上说道："不要太快做判断……我们并没做什么。"

阿姆莱奎斯特、新世纪金融公司等其他公司，在次级借款人信贷业务上的惊人成就，给传统贷款商带来了巨大压力，后者只得提供更具灵活性的贷款项目。国家金融服务公司主席阿吉洛·莫齐洛起初还严厉谴责降低银行贷款门槛的做法，但后来他的公司也一样随波逐流。

出生在纽约布朗克斯区的一个屠夫家庭的莫齐洛后来成为一名天才销售家和霸道强势的总裁。他让自己的手下把重点放在普通的固定利率贷款上，教他们如何尽快有效地推销房贷。银行机构并没有为莫齐洛及他的加州分部提供什么成功的机会，但他们的利润却在 2000 年翻了好几番，成为美国最大的房屋贷款商。

与其说莫齐洛经营国家金融服务公司，倒不如说他是在统治它，对手们称莫齐洛为"太阳神"，一则指他的手下对他奉若神明，二则指他的深色皮肤。莫齐洛有好几辆劳斯莱斯汽车，大多是金色的，他付给高管们的年薪很高。当牙齿洁白、穿着细条纹套装的莫齐洛露面时，总是鹤立鸡群，让人一看就觉得他将改变这个保守沉闷的行业。

2004 年，竞争者都臣服在莫齐洛的脚下，国家金融服务公司逐步改变了以往的保守作风，推出了可调整利率贷款、次级抵押贷款和其他可支持产品。当然，可调整利率贷款占业务总量的比例从 2003 年的 18％上涨到 49％，莫齐洛宣称，应该取消首付规定，让更多的人买得起房子。他认为，这是让社会更美好的唯一出路，首付其实是毫无必要的，因为首付往往也不是借款人自己的钱。

莫齐洛之所以发表这项宣言，其实是受了像布莱德·莫里斯这样的信贷高管的刺激。90 年代初期，莫里斯在南加州做房屋抵押贷款，眼睁睁地看着当地房价疯涨。1995 年，莫里斯和两位合伙人筹集了 300 万美元创建新世纪公司，专门提供贷款给信用记录不良的客户，因为这些客户往往在大型贷款公司那里借不到钱。他们选择"新世纪"这样的一个名字，预示着整个国家将要发生新的变革。

新世纪公司的业务范围包括：提供房屋贷款给信用记录不良的人，以便他们买房。这种贷款的利率比提供给信用良好的人的利率要高出很多。为了控制风险，新世纪公司把这些贷款再卖给看中高利率的投资者。如此一来，其他同行纷纷复制这一经营模式，南加州的奥兰治县很快就成为次级信贷的中心。

1997 年，在房价一片火热之中，莫里斯及其合伙人适时地让新世纪公司公开上市。新世纪公司把自己包装宣传为"新型蓝筹股"，跟全国各地的独立抵押贷款经纪公司合作，这些经纪公司寻找当地的客户，向他们推荐各种可行的贷款，收取一定费用进行抵押贷款的操作。对经纪公司而言，像新世纪这样的贷款公司是最佳合作对象，因为它们能快速办理贷款，有时还免去了烦琐的房屋评估手续。

房屋买卖交易行为发生了重大变革：过去银行对借款人百般挑剔，而如今向银行借款不再是难事。大量新移民涌入南加州，不管是负债累累还是信用记录不良的人，都能贷款买房，这推动着房价不断上升，莫里斯和他的合伙人在房屋抵押贷款的热潮中赚得不亦乐乎。

利润滚滚而来，新世纪公司的高管们把总部安在加利福尼亚州欧文市的一座黑色玻璃幕墙高楼里，还组织旗下的 2 000 名销售人员到巴哈马群岛租船环游，在巴塞罗那火车站开庆典，并让顶级抵押贷款项目人去参观保时捷驾校。"奢华文化"出现了，公司的一位前计算机专家如是说。

像新世纪公司这样的贷款商，大大地降低了贷款标准，这和传统行业标准截然不同。监管部门放水让它们通过。新世纪公司成为全美第二大次级贷款商，跟老牌企业如国家金融服务公司、汇丰银行控股公司等进行白热化的竞争，震动了整个华尔街。一流的投资商大卫·艾因霍恩成为新世纪公司的一大股东，并加入了它的董事会。

到了 2005 年，在新世纪公司放出的贷款中，有将近 30％是仅付利息贷款，借款人一开始只要偿还利息部分，而不需要偿还本金加利息。这样的贷款在本金到期时，借款人的还款数额会陡然增大。不仅如此，新世纪公司超过 40％的贷款只需要借款人自述收入即可，不需要任何文件证明。

新世纪的一些雇员，如凯伦·瓦希德，开始怀疑客户是否有能力还款，她担心有些同事在贷款时没有遵守公司的规定——借款人每个月税后收入不得低于 1 000 美元。

"我焦虑得胃都痛了，"她回忆道，"我每天在家都会忍不住地想，我实际上是让一些人走向破产。"

到了 2005 年，次级贷款在全国贷款中的比例接近 25％，而在 10 年前，这一数字仅为 1％。1/3 的新贷款和房屋抵押贷款都是"仅付利息贷款"，在 2000 年，这一比例还不到 1％，43％的购房者在首付时实际上根本没有支付任何钱款。

监管部门对于这些情况没有任何限制，反而不断采取鼓励措施。相关报告显示，10 年前只有 64％的美国人购买了自住房，而现在这一比例上升至 69％。美联储主席艾伦·格林斯潘在 2004 年做演讲时提到，可调整利率贷款对借款人十分有利。实际上，这种贷款对某些人来讲是高风险的，英格兰银行就强烈反对这种贷款。八天后，格林斯潘对他的发言进行了修正和补充，他并不是否定保守的固定利率贷款。但他的此番言论被解读为，他一点都不担心房地产市场。2004 年秋天，格林斯潘在银行家协会上发言："全国性的房价下跌不大可能出现。"

美联储同样不压制蓬勃发展的次贷行业，哪怕一些房屋贷款是以汽车贷款的名义签订的。在许多州，从事抵押贷款行业所需要的审查和培训，还没有电工和美容师所需要的审查和培训多。格林斯潘说："我不觉得房地产市场会崩溃，因为没有任何迹象表明房价会下跌。"

贷款人日益活跃，因为总有大量的现金堆到他们的跟前，现金源源不断地从华尔街蔓延开来。新世纪公司的抵押贷款做好后，往往与其他贷款捆绑销售给美林证券、摩根士丹利、雷曼兄弟等公司，以套取现金。新世纪公司对这些现金再运作，以提供新的贷款。在"居者有其屋"政策的推动下，准国有企业房利美和房地美（两房）也开始大力扩张，趋之若鹜地抢购新世纪公司及其他贷款公司放出的高利率贷款。

"我觉得已经出现了一些不安全的苗头，事实上，应该说早就存在了……但在当局出台住房补贴政策的情况下，我还想继续这场游戏。"2003 年，马萨诸塞州民主党人、众议院金融服务委员会的少数党成员巴尼·福兰克，在谈到房地美和房利美时说了这番话。森·查理斯·舒默尔也表达了同样的担忧，他认为对大型贷款公司的限制会动摇房地美和房利美推行的"居者有其屋"模式的基石。

就算有时出现一些不能偿还的贷款，像新世纪这样的贷款公司也不需要担心。因为它们可以把这些贷款卖给两房，或者卖给其他抢着要的华尔街投资公司，就像扔烫手山芋一样，赶紧在账上销掉这笔不良贷款。在这种系统运作中，支票和账户的具体金额并没有意义，比如，房屋评估人将房屋价格高估，为抵押贷款做好准备，即使他们不这样做，同行也会这样做。

雷曼兄弟等银行迫切地购买它们所能拿到的一切抵押贷款，因为这些烫手山芋通常不会留在它们手上。华尔街把这些抵押贷款的"原料"加工成大量的证券化资产，卖给投资商。事实上，美国最擅长的事情，就是把抵押贷款和其他贷款打包切块，包装成各种名目复杂的投资项目，比如按揭证券、抵押债券、资产支持商业票据、拍卖标价证券等，然后再把它们卖给日本养老金计划、瑞士银行、英国对冲基金、美国保险公司及其他全球性金融机构。

这些轰轰烈烈的投资交易一般都不公开进行，也与大多数投资者和房屋业主无关，但事实上，这种资产证券化并没有表面上看起来那样神秘。

具体而言，资产证券化是这样操作的：华尔街的金融公司通过设立某个投资机构，买进大量的房屋抵押贷款和其他债务，这些贷款会有定期还款来保证收入，然后将还款收入汇集到一个总的现金池里。公司再把现金池中的收入包装成各种投资项目，卖给投资者。一般而言，这些现金池的年利率约为7%。然而一些投资者想要更高的利率，比如9%。华尔街的推销商会以9%的利率出售，但高利息收入意味着高风险，如果借款人无法按时支付他们的按揭贷款，那么现金池的收入就会比预计的低。这个投资项目就会被穆迪或标准普尔评估机构评为"BBB"等级，仅比垃圾债券略好一点。

其他只要7%利率的投资者，一般不会有任何损失，除非他们的那个投资项目也被评为BBB级。因此，他们挑选投资项目时，一般也会要求高等级项目，比如AA级。还有一些投资者更注重投资安全，利率只要求 5％，他们所得到的现金池里的那个投资项目的等级也会更高，比如 AAA 级。

从资产池中分出的许多投资项目及债权，都变成了典型的资产证券化的债券，很多被评为 AAA 信用等级，或者接近这个等级。投资者可以得到利息，这些利息来自资产池中预期的还款。当一个美国人每个月付给新世纪 1 500 美元的还款，他的这个还款支票和其他美国业主的还款汇到一起，按层级分发，先是发给 AAA 等级的投资项目持有者，再发给 BBB 等级的投资项目持有人，再给 BB 等级的。层层逐步向下分发，一旦数额不足，则从等级最低的一层开始分不到钱。因此，信用等级高的项目，保证能第一时间得到分红利润，但是回报率低，而信用等级低的投资项目回报高，风险也高。

为了避免分不到利润的情况出现，华尔街的金融公司必须让源源不断的收入涌入这个运行机制，以保证它们一直有利润可分发，这样才会万无一失。它们有时还掺入其他各种贷款收益，比如汽车贷款甚至飞机贷款。它们为全国各色人等提供各类贷款，以保证贷款的多样性。这样的投资项目被命名为资产支持证券，因为这种证券是由各种各样贷款的收益来支撑的。

经过一番打造，华尔街把有风险的抵押贷款包装成各种光鲜亮丽的 AAA 级投资项目。投资银行往往把这些资产支持证券设计成刚刚踩上及格线，达到信用评估机构优等证券标准，可谓"点石成金"。

过去 30 年中，市场的贷款资产证券化所转变成的投资项目越来越多，证券公司、投资银行和商业银行，将各种高低利率的抵押贷款及金融资产包装成新的投资项目，2000 年股灾后，资产证券化市场对金融公司来讲尤为重要，它们更愿意购买各类抵押贷款，那些高利率的抵押贷款成为它们投资的重中之重。

按揭贷款乱象

对投资而言，证券化投资项目十分吸引人。股票容易被套，其他证券投资利润有限，而证券化投资却能很容易地转化成与房地产投资有关的各种项目。喜剧演员乔恩·斯图尔特曾开玩笑，人们只要一嗅到抵押贷款的气味，就开始流口水。大家总有这样根深蒂固的想法：将全国成千上万的贷款分装成一份份小额投资项目，相当于分散风险，由全球千千万万的投资者来共担风险。就好比流感来袭时，每个人都容易患上感冒，却很少有人会死于感冒一样。

投资者选择这些抵押贷款类投资的一个很关键的原因，就是评级机构对它们的信用评价。穆迪投资服务公司及标准普尔公司这些收费评级公司，对这些贷款池中的投资项目给予很高等级的评价。分析师对这些债务投资项目的检查非常认真细致，哪怕要发个可能对信用等级进行微调的警告，也要事先进行几个星期的调查。投资者往往认为，既然享有盛誉的评级公司给出的信用等级是如此之高，这些贷款投资项目还会有什么问题呢？（事实上，评级公司往往在合约中隐藏了许多免责条款，声明它们给出的评估仅是个人观点，不承担法律责任。）许多投资者只看到高利率回报，却没注意到他们进行的是房屋类投资。一些人在华尔街交易柜台签下长期订单，购买各种 AAA 级美国债券，再卖出以换取高收益。

如果不是购房者前赴后继、不断买房，房地产泡沫早就破裂了。房价的上涨让房屋业主处在一种财富增值的幻觉中，刺激他们少存钱，多消费。工资一直不涨，让很多刚需者很难买下他们的第一套房子。然而，不少人还是咬牙负债买下房子，或者把房子升级换大，还配备了大理石橱柜、不锈钢电器、平面电视和环绕音响等豪华家装。人们往往夸大自己的工资收入和财务状况，以便能借到高额贷款，而这些贷款已超出了他们的实际偿还能力。

房地产市场的这把火点燃了整个国家，扫荡全球后，投资市场的疯狂也体现在电视节目上。首档房地产电视节目登上了屏幕，比如《玩转彼屋》和它的竞争节目《玩转此屋》。甚至上流社会也失去了理智，2004 年，印度钢铁大亨拉克希米·米塔尔花 1.26 亿美元的天价，在伦敦肯辛顿宫旁买了一套拥有 12 个房间、20 个车位的豪宅。

杰弗里·格林这样的投资家也把房价炒高了，格林是保尔森的老朋友，早在 2000 年，他就大量购入房地产，仅在南加州就买入上百幢公寓大楼。他的购买方式是直接快速，和其他同行不同，他从不委托房地产经纪人。当一个新的房地产项目进入市场后，他就抢先成为首位客户。买了这么多房子后，格林对圣费尔南多谷和好莱坞一带都很熟悉。一套房子或者一幢大楼推出后，他往往在五分钟内就以全价成交，一点不把时间花在讨价还价上，也不用检查房子，因此，他往往成为第一个踏入这些房子的人。

"只要一个电话，我就能在五分钟内判断出这是不是个好价格，"

格林回忆道,"我熟悉每一条街道,了解租金行情,知道某个建筑是什么样。经纪人都知道我要什么样的房子。"

到了 2005 年,放贷人已经发行了 6 250 亿美元的次级贷款,占全美房屋抵押贷款的 1/5。根据《房贷金融内参》这一商业出版物的记载,美国房价已经从年初上涨了 15%,平均价格约为年收入的 2.4 倍。而最近 17 年来,这一数字只为 1.7 倍。

乐观者相信房价还会继续上涨,因为他们这代人从来没有目睹过房价全面下跌,30 年代,房价徘徊不涨已经算是有史以来行情最差的时候。很多专家顶多只承认在某些地区,房价有些泡沫而已。

2004 年 12 月,美国消费者新闻与商业频道(CNBC)的《库德罗和克莱默》访谈节目曾对金融公司的阿吉洛·莫齐洛进行了电话采访,反映了那个时代的心声。

主持人劳利·库德罗:莫齐洛先生您好,节日快乐。

莫齐洛先生:谢谢。

库德罗:先生,也许你看不到,但事实上存在"泡沫膨胀"之说。这正是我们的观点……人们之所以买房是因为他们想买房而且买得起。

克莱默:是的。

库德罗:房子现在供不应求。

莫齐洛先生:是的。

库德罗:你现在支持泡沫过大这种说法吗?

莫齐洛先生:不,跟你直说了吧,我是支持以下观点的:在全国范围内,我们几乎没有库存,按照全国人口统计,对房子有着大量的需求，但拿到建房子的地和审批权却越来越不容易，比拿到建房的资金还不容易……因为我们的房价还会继续上涨。

克莱默：我还想问一下莫齐洛，您今年 51 岁，请问您是从几岁开始从事房地产行业的？8 岁？

莫齐洛先生：从 14 岁开始，嗯，你猜得差不多，我 14 岁时在43 街 25 号当信差。

库德罗：听起来是个很不错的故事。

莫齐洛先生：嗯，因为这是个很好的国家。

克莱默：是的。

库德罗：是世界头号国家。

克莱默：这是个极好的美国故事。

库莱德：收入也不错。

克莱默：是的。

库德罗：不仅如此，这还是个精彩的美国故事。

克莱默：一个伟大的国家。

库德罗：祝大家节日快乐，新年快乐。

然而，房价过高已经是个不争的事实。2005 年末，阿尔贝托和罗莎·拉米蕾丝准备买房时，他们的期望很实际。夫妻俩在加利福尼亚州圣克鲁斯的沃森威尔市附近采草莓，每周收入 300 美元，再加上与另一对种植蘑菇的夫妇的合作收入，算起来他们每月能付3 000美元。房屋经纪人给他们看了一套在霍利斯特的房子，这房子有四个卧房、两个卫生间，价值 72 万美元。他们一下子蒙了，因为他们没有任何资产，养 4 个孩子，没钱付首付。

罗莎·拉米蕾丝回忆说："一开始月供就得4 800美元，但经纪人向我们保证说，不会有任何问题。"新世纪公司提供的零首付按揭有一个"引诱利率"，每个月得支付5 378美元，经纪人说他们会再想办法筹资代垫，让月供降到3 000美元以下。但一旦开始还款，筹资一事就再也没有下文，而罗莎夫妇就算再怎么节衣缩食也没用，买房后一年，他们就无力偿还贷款了。

华盛顿互助银行的贷款代理人曾放出一笔贷款，给一位声称收入有六位数的借款人，此借款人的职业很特别，是墨西哥流浪乐队的歌手。但代理人无法证明他的收入，他仅有一张借款人的照片作证明，在照片上，借款人站在自家门口穿着一身墨西哥流浪歌手的行头，就这样，这笔贷款居然也批了下来。

难寻做空房市之路

每个人似乎都在畅饮房地产这杯鸡尾酒，不是吗？其实不见得。

一些人看出房地产市场已经形成了泡沫，但只有少数几个人认为这个泡沫将要破裂，哪怕是怀疑论主义者，也找不到任何理由来打赌房价会下跌。在房地产市场一片大好的情况下，如果交易员逆势而行，不仅会失去可观的利润，还有可能从此断送自己的职业生涯。看空者可以在房价下跌时赚到钱，但谁知道房价要等多久才下跌？即便他们在房价下跌的情况下能赚到钱，其收益也会被公司的其他损失所抵消，这样一来他们的薪水必然减少。想要在华尔街长久做下去，就不能轻举妄动。因此，哪怕是空头，也只能袖手旁观，任由房地产泡沫越来越大。

对那些相信房价崩盘在即的人来说，做空的手段并不多。当然，你可以把房子卖掉，租房子住，但这样一来，就得打包搬家，带上孩子离开熟悉的邻居和朋友，这绝对不是件轻松有趣的事情。那时候，房价的期货市场还没形成，卖空那些置业公司和房贷公司倒是可行，但一些空头开始倾向于做一种衍生品投资，即信用违约掉期（CDS）。这种投资品类似于为从事次级信贷业务的金融公司提供债务保险，但这些公司并不见得会在房价下跌时受损，因为它们可以通过抢夺对手的市场份额，或者把债务卖给大公司，从而在市场疲软时获利。此外，市场上的这种企业债券为数不多，而尚未发生的债务又无法通过 CDS 合同来进行保护。

做空高风险抵押贷款似乎是金融交易员最可行的方法，但想要拿到这些抵押贷款支持证券或是包含几百种不同风险等级贷款的资产池的所有权，然后做空它们，或者用 CDS 合同来保护这些债权，更加困难。有时候，看涨投资商会买下一整期按揭证券，而不用向外借贷，这样一来，其他投资商根本没机会做空。

如此一来，抵押贷款证券界很少有人愿意去预测房价的走向。对证券而言，利率与通货膨胀因素比起房屋价格更为关键，毕竟房价一直以来都没碰到什么大问题。很多分析师甚至连起码的基本数据都没有：全国到底有多少失去抵押赎回权的房子？房价的走势如何？分析师更喜欢对某一抵押贷款是否比另一抵押贷款更有吸引力这种问题发表意见，他们忙于分析抵押贷款每棵树上的枝枝丫丫，根本看不到整片森林。

看空投资者好比是这个疯狂房市的减速带，他们有时联合起来对抗某个公司或者某部门，有时抛出怀疑论，动摇市场信心，这些行为多多少少给市场泼了冷水。但2005年冬天，一些银行家聚在一起，共进了一顿赫赫有名的午餐后，想要再做空房市或者次级贷款债券资产池已无多少可能，这也是房价不断上升的原因之一。

约翰·保尔森一直在寻找机会，好让他在华尔街扬名立万，此刻，他想做空房地产，但是，具体该如何操作呢？房地产价格依然一路飙升，而他却四处奔忙，精力分散，想要实现自己的目标，更是难上加难。

第 3 章

做空房市的绝密武器

可能有一种方法能够更好地保护公司的投资组合，比如信用违约掉期（CDS）。假设 MBIA 出现问题，债务贬值，但有了 CDS 的保护，保尔森能够得到 1 亿美元的补偿，而他们需要做的，不过是每年缴纳 50 万美元的年费。保尔森和佩莱格里尼摸着石头过河，想方设法要在房产市场赚个盆满钵盈。

保尔森的事业基础

对于房地产热潮，保尔森最初只是一时兴起，机会对他就像飞驰而过的特快列车，但却并不是他等的那班。他不玩抵押贷款、衍生债券，也不搞房地产，从而成为这场房地产热潮的局外人。他被自己的主业忙得焦头烂额，因为千禧年伊始，股票市场下滑，并购投资的市场不断萎缩，保尔森和其他同行为了维持业务只能艰难度日。

但保尔森的胆子越来越大，他以一种与以往截然不同的玩法来运作。一旦他觉得并购条款很难达成，他就开始卖空目标企业，而其他同行是不太愿意这样做的。保尔森在贝尔斯登公司工作期间，积累了丰富的收购经验，对于那些他觉得肯定会被收购，或者有人竞相收购的企业，他就集中买下这些企业的大量股份，而不是把投资分散在很多类似企业中。

2001—2002 年间，并购行业很不景气，大部分人都赔钱或一无所获。但通过这样的手段，保尔森却获得了年均 5％的利润，受到各大投资商的青睐。2002 年末，保尔森公司所管理的资产总额已达到

3亿美元。

但保尔森还是感觉束手束脚，如同一位才华横溢的表演者，无法淋漓尽致地完成全套节目一样。

"我不愿意被束缚在并购投资领域，"保尔森说，"我希望把技能用在更高、更广的领域里，比如破产清算、套利等，我总觉得我是怀才不遇。"

保尔森在格鲁斯公司做过一些债券投资，一直以来，他都很想在不良债务中寻找投资机会。但是，受限于基金公司的规定，他只能把业务范围限制在并购投资或者股权转让上。后来，他找到一个出路：部分企业经营不善申请破产保护时，会以债转股的形式发行新股。保尔森对他的投资商说，这些新股交易只是并购交易的另一种形式。

保尔森买下一堆陷入困境的企业的债权，比如安然公司、世界通讯公司、加拿大AT&T公司，以及欧洲电信公司马可尼等，这些债权都是以白菜价买到的，便宜得很。而当经济景气时，这些债权要么涨价，要么转化为不断增值的股权，于是保尔森日进斗金，在2003年达到了20％的收益率。

此时，保尔森掌管的资金已达到15亿美元，这个数字对业外人士而言大得惊人，但在同行中却很不起眼。公司只有九名雇员，保尔森往往得自己出席各种业内会议，在会议室内，当其他对冲基金公司的年轻分析员在前排大声嚷嚷时，保尔森常常在后排毕恭毕敬地提问题。保尔森的基金规模是如此之小，以至于他经常担心自己能否在行业整合中存活下来。

"为了公司的生存，我得成为业界大佬，如果公司做得一般，就很容易被淘汰，"他回忆道，"我想成为这个行业中举足轻重的一员。"

保尔森开始奋起直追，如同他在大学阶段和刚去华尔街找工作时那样后来居上。此时，新入行的投资商大多不看重并购投资，而其他大公司却是此中老手，有些公司的幕后老板就是知名的华尔街大亨，比如乔治·索罗斯、理查德·佩里和保罗·图德·琼斯等。保尔森公司同他们竞争并非易事。

"这些领军人物都是来自大型风险套利公司，如高盛公司，"保尔森回忆道，"这些人一旦领先，只要他们从基金会或者 FOF 基金（投资基金的大型基金）拿到风险投资，好好运作，就把其他人的路给堵死了。"

保尔森公司的对外市场营销专家彼得·诺维罗，向潜在顾客信誓旦旦地宣称：保尔森与其他投资者不同，他可能比不上其他新兴领域投资者遍地开花的好成绩，其收益可能比那些做分散投资的更加不确定，但他却是不鸣则已，一鸣惊人。诺维罗向客户保证，保尔森会实现令人惊喜的投资收益，希望客户们给他一个机会。

"约翰·保尔森是用自己的信念在投资，"诺维罗曾对一群投资者说，"他还有着投资银行的经验，而不是像其他人一样从交易员起步。"

最后，诺维罗成功地约见了几位大客户，但保尔森有时显得没什么耐心，不愿意仅仅为了回答一些很简单的问题而坐在那里，这让诺维罗很不放心。

但如果谈话涉及复杂的交易内容，保尔森总是能运用非凡的能力，以简明扼要的语言解释自己的交易行为，就好像自己是一位受人欢迎的教授，在讲解一门复杂难懂的课程。保尔森很擅长用数字说话，哪怕对投资交易一无所知的人，也能听懂他的说明。

"不到十秒钟，他们就眼睛一亮，"诺维罗说，"一下子就明白了。"

有一次，潜在客户理查德·雷波维奇与保尔森进行了一小时的会谈。他窝在老旧的沙发里，弯着身子在茶几上做笔记，心里想着，为什么保尔森的办公室墙上能挂着卡尔德斯的真迹，却没有一个正规点的客户洽谈室。

雷波维奇事后说："我觉得那就像个医生办公室。"

他们的会谈从原定的一小时延长到四小时，一直谈到晚上。保尔森侃侃而谈，旁征博引，深深地吸引了雷波维奇。

雷波维奇回忆道："他不想离开，我也不想结束这场谈话。"

有些客户则惊讶于保尔森的坦诚自嘲，保尔森既讲自己成功的战绩，也不回避失败的经历。他是"我们见过的最佳着装客户经理之一"，这点也帮他加分不少，诺维罗说道。

随着保尔森的经营渐入佳境，投资业绩不断上升，越来越多的投资者找到他的公司，公司掌管的资产在 2004 年达到 30 亿美元。保尔森并没有因此而骄纵逍遥，反而越来越本分。有时候，他的朋友会拿他以前花天酒地的单身生活来戏谑他几句，他却越发地谨慎老道，不苟言笑。他的衣橱里挂着清一色的深色套装和暗色领带，朋友在背后说他像个"送葬男"。有一次，保尔森在一位老朋友面前坚持要求对方把嘴巴放干净点，而对于他放纵时期的老朋友克里斯多夫·霍恩伯格，保尔森甚至不再跟他讲话。

朋友们都觉得保尔森越来越成熟，更加注意控制情绪，生活方式也变得健康起来。他每天吃得不多，早餐就吃一份水果，午餐是鱼或者沙拉，点心吃些葡萄或草莓。他号召公司里的人跟他一样健康饮食，还向他们赠送素食或健康食谱方面的书，如柯林·坎贝尔写的《中国健康研究》，以及罗伊和丽莎·沃尔福德写的《抗衰老计划》。

有一天，保尔森看到他的股票交易员凯思·汉南在桌边吃比萨，就生气地说："吃这东西会害死你的！"

一些员工吃不健康食物时只得偷偷摸摸，有时还把这些食物藏在抽屉里。但汉南和另一些人开始采纳保尔森的健康食谱。

保尔森的团队猜测，可能是父亲早逝让保尔森开始注重健康饮食，但是保尔森对投资关系部主管吉姆·翁说了另一个原因。

"他告诉我，如果我活得更久，就有更多时间赚钱，"吉姆·翁回忆说，"也许他这样说是在开玩笑。"这也许是他坚持健康饮食的另一动力。

保尔森热爱家庭生活，大多数情况下，他工作完就直接回家，陪伴他的太太珍妮和两个小女儿。有一次，某经纪公司邀请一些投资商去犹他州滑雪，他是唯一带上太太的人。每年夏天，他都带太太和女儿去国外度假。

虽然公司每年揽入上千万美元的资金，但保尔森的办公室还是保持低调朴素，甚至到了简陋的地步。他还用着一些旧家具，比如

1994 年在布鲁明戴尔百货公司仓库买的一张黑色真皮沙发。这不难理解，因为保尔森很恋旧。他一直开着辆 1986 年版的黑色捷豹汽车，里面的坐套是鹿皮的，这是他买的第一辆车。哪怕汽车的动力系统出故障了，他也没有换车。有一天，保尔森开着这辆车从纽约到南安普敦，发动机突然着火了，他只好赶紧把它丢在路边。车一下子就被火焰吞噬了。

"我很恋旧，因为我觉得它们都很有价值。"保尔森是这样解释的。

他经常走路去上班或者参加会议，有时在路上还会遇上客户。一些客户会感到奇怪，保尔森怎么不像其他对冲基金经理一样，有专车接送。

2003 年，保尔森有次出差到英国，他住在彼得·索罗斯的乡村别墅里。晚餐后，保尔森起身到另一个房间去预订回家的航班。他并没有预订私人飞机，而是花了 45 分钟在电话里跟美国航空公司讨价还价，以求以优惠的价格购买回美国的商务舱机票。

"你能再优惠点吗?"保尔森这样问销售员。索罗斯刚好在另一个房间听到了，忍不住摇头微笑。

"他所讨价还价的机票连头等舱都不是。"索罗斯回忆说。

保尔森喜欢跟踪房地产市场，他注意到 2004 年的房价上涨。他卖掉了自己位于 SoHo 区的公寓，赚了 100 多万美元。保尔森之所以卖房子，并不是担心房价下跌，而是家里需要更大的房子。在找新房子的过程中，保尔森得知有幢不错的房子准备出售，这幢房子占地 28 500 平方英尺，坐落在纽约上东区，位于离第五大道不远的一幢六层楼高的华丽石灰岩大厦里，带一个室内游泳池。这套豪宅还有个悲惨的故事。

它是传奇建筑家德拉诺和奥德里奇为显贵的银行家、驯马师威廉·伍德沃德所建，是纽约最大的豪宅之一。房主的儿子小威廉·伍德沃德的太太安娜当过演员和模特。这对夫妇常在豪宅中举办各种盛大的派对，但是一场枪杀案结束了俩人的奢华生活。一天午夜，在他们的长岛别墅里，伍德沃德先生被他太太一枪毙命，伍德沃德太太后来辩解，误把伍德沃德先生当成小偷了。《生活杂志》把此事称为"世纪一枪"。陪审团认为安娜无罪，但此案疑云重重。1975年，杜鲁门·凯普特出版了一本书，对这个案子进行露骨的描写，不久后安娜就自杀了。

枪杀案发生后，这套房子被改造成市中心俱乐部，会员们在里面豪赌作乐，房子渐渐败落。保尔森仅花了 1 500 万美元就买下这套房子，远远低于最初的要价 2 700 万美元。

房市的最初警讯

虽说保尔森在买这套房子时谈了个好价钱，但他还是觉得房地产价格已经失控了。他听说南安普敦类似他家的房屋，价格已经炒到 10 年前的 5 倍、7 倍甚至 10 倍，开发商和购房者已经深陷建房买房的狂潮之中。

"一切都失控了，"保尔森回忆起当年说，"相比人们收入的增幅，房产升值的速度大得惊人。"保尔森把他在南安普敦的房子卖掉，以为自己还能再做笔好买卖。他看中了附近的一套房子，然而，这套房子开价就要 1 300 万美元，令保尔森目瞪口呆。最后，他决定租房子住。

然而，其他人渐渐迷失在疯狂的房市中。保尔森的一个朋友用 300 万美元从农夫手中买下 45 英亩的地，一转手就卖了 900 万美元。尔后，他眼睁睁地看着这块地很快就卖到 2 500 万美元。保尔森对这种增值速度简直目瞪口呆。他提醒朋友要小心房地产投资。但朋友们根本就听不进去，他们认为可以拿到的土地只会越来越少，而房价只会越来越高。

"我一直强调，房价不可能持续上涨，但没人愿意听我的。"保尔森回忆道。

那时候，保尔森还没关心全国的高端市场，他一心扑在并购投资上，没时间、没机会去关心。但是当保尔森接到老朋友的一个电话后，一切都改变了。

首席军师佩莱格里尼

2004 年春天的一天，保罗·佩莱格里尼拿起电话，犹豫着如何向约翰·保尔森开口求职。哈佛大学商学院的网站上有保尔森的对冲基金公司的招聘广告，公司需要一名财务主管。

佩莱格里尼对此并没有太大的把握，因为他跟保尔森好多年没有共事了，彼此间的联系也不多。此前，佩莱格里尼已经四处投了上百份简历，但都石沉大海。佩莱格里尼怕自己达不到保尔森公司的招聘要求。

但佩莱格里尼已经山穷水尽，无奈之下，只能硬着头皮去试试。他甚至做好了被保尔森奚落的心理准备。然而，保尔森接到他的电话后却很开心。不过，保尔森还是告诉他一个坏消息，那个工作岗位已经被人捷足先登了。

"那能让我做分析员的工作吗?"佩莱格里尼快速应变道。

保尔森的回答有些迟疑："嗯，保罗，那些岗位一般是刚毕业的年轻人干的，工作简单枯燥，不需要做什么决策。"

"我愿意从事简单枯燥的工作。"佩莱格里尼振作起精神，响亮地回答道。于是保尔森约他见面谈谈。

他们在保尔森的办公室会面，保尔森态度友好，看完佩莱格里尼的简历后直言不讳地对他说："看来你的事业遇到了瓶颈，离开贝尔斯登公司后，你基本上没做什么事情。"

他简直是一针见血，佩莱格里尼心里想道。

"但你天性聪明，工作又勤奋，"保尔森接着说道，"最近刚好有位年轻员工离开公司去商学院进修，那个职位空了出来。"

保尔森安排他的两名助理对佩莱格里尼进行面试。对佩莱格里尼而言，他曾经前景光明却中途受挫，一败涂地，这次面试是他改变命运的最后一次机会。

佩莱格里尼 1957 年出生于罗马，他的父亲翁贝托是名物理学家。在佩莱格里尼五岁时，翁贝托在米兰一所知名的工程学院教电子学，因而全家移居到米兰。此外，翁贝托还经营一家电子公司，为军方服务，并率先研发出意大利第一台微型电脑。他们全家人住在大学附近，生活舒适，假期常到阿尔卑斯山的多洛米蒂山脉滑雪。但翁贝托并不喜欢做生意，比起赚钱，他更看重的是工作的知识含量与技术挑战。佩莱格里尼的母亲安娜在高中教生物，也跟他一样漠视金钱，一心扑在自己的研究上。

佩莱格里尼一家的生活态度，折射出当时意大利正处于经济震荡期，政府严格限制持有外汇，采取了一系列措施来抑制恶性通货膨胀。

保罗·佩莱格里尼从小就与父母的价值观不同。6岁时，他用乐高积木玩具搭了一家大银行，他的父母亲看了很惊讶。12岁时，他就开始在他父亲的公司打工，编些计算机代码，并且对商业世界产生了非同一般的兴趣。

"从小我就喜欢钱，"佩莱格里尼回忆说，"而我父母对金钱却没什么欲望，可能我这是一种叛逆吧。"

保罗在学校里成绩优秀，尤其擅长数学和物理这两门学科。但到了高中，他对意大利文学、哲学、拉丁语和希腊语这些学科不感兴趣，成绩一落千丈。

大多数暑假，佩莱格里尼要么在各大跨国公司的意大利分部打工，要么在他父亲的电脑公司度过。

"计算机编程教我如何分解问题，并建立模型去验证某种理论，进行模拟试验，"佩莱格里尼回忆起当年说，"我能做这些也许跟我父亲的遗传有关。"

在米兰大学，佩莱格里尼终于能专心学习他感兴趣的计算机科学和电子工程，成绩名列前茅。他利用暑假到法国惠普计算机公司及波士顿霍尼韦尔公司实习。

大多数意大利学生在大学毕业后会去参军，但佩莱格里尼在大学学了五年，比同龄美国大学生晚一年毕业，他急于迎头赶上，因此在荷兰一家计算机器材公司找了个初级职位。佩莱格里尼很快就对这份工作厌倦了，两年后辞职到哈佛商学院学习。

虽说英语不是佩莱格里尼的母语，但学习对他来说易如反掌。他在哈佛第一年就获得了嘉奖，教授称他为自己见过的"最有创造力的数学天才之一"。

"我对他印象深刻，他很特别，"艾伦·科尔伯格教授称，"佩莱格里尼有点像那种调皮的孩子，聪明过头，对任何事物都能找出毛病来。"

科尔伯格说，哈佛有门课叫计量分析，因为学生们抱怨太难，后来被取消了，但佩莱格里尼的这门课却学得很好。

在商学院的第一个暑假，佩莱格里尼在贝尔斯登公司投资银行部工作，与约翰·保尔森同一个办公室，他开发出一个详尽的并购交易产权数据库，保尔森对此印象深刻。

在哈佛，佩莱格里尼与同学们的相处并不融洽。他年纪比同学们大一点，英语口语并不是很好。身高 6.2 英尺的佩莱格里尼更喜欢一对一的交流。不久，他发现自己带有口音的英语对某些女生格外有吸引力。佩莱格里尼约会过不少同学，但觉得自己最喜欢的还是克莱尔·古德曼同学，她是纽约州参议员罗伊·古德曼的女儿。

佩莱格里尼常在课后辅导她，帮助她完成学业。

他们的关系进展很快，古德曼的外向活泼与佩莱格里尼的内向性格是很好的互补，一年后他们结婚了。约翰·保尔森参加了他们的婚宴。1985 年，佩莱格里尼以优秀的成绩毕业了。这对年轻夫妻搬到了纽约，佩莱格里尼在狄龙·里德投资银行公司找到了工作，古德曼就职于第一波士顿银行。

佩莱格里尼一下子平步青云。他晋升得很快，进入狄龙·里德公司的兼并收购部，然后被知名的拉扎德公司挖走，任职于国际兼并收购部。拉扎德公司没有保险业务方面的专家，便希望佩莱格里尼全权负责，于是他愉快地进入这个新兴行业。

客户和同事们都折服于佩莱格里尼的独特风采。他衣冠楚楚、神采奕奕，精力充沛地投入到交易中，力促买卖双方达成共识。有一回，佩莱格里尼与美国大通曼哈顿银行的高管大卫·尼尔森一起处理一单棘手的生意，在佩莱格里尼的多方斡旋下，终于达成协议，给谈判桌上的各方代表留下深刻的印象。

尼尔森曾帮佩莱格里尼融资以进行保险收购，在他的印象中，"保罗并不是那种中规中矩的投资银行家，他朝气勃勃，精气神十足，银行家大多是那种穿着白皮鞋、盎格鲁·撒克逊风格的，但保罗却是罗马风格的。他英俊潇洒、卓尔不群，带着意大利口音，在谈判桌上战无不胜"。

但佩莱格里尼对美国的社交方式还是很生疏，这对他发展客户是个障碍。有一次，他和两家大型保险公司的总经理看篮球季后赛。整个晚上，他不知如何找话题交流，他只能谈论自己唯一熟悉的那位球员。

为了不冷场，他最多只会说："您喜欢芝加哥篮球队，是吧?"

有时，他还会说些尖刻讽刺的玩笑，这在意大利没问题，可在美国就很容易得罪客户。

佩莱格里尼在拉扎德公司发展得很不顺利，他的同龄人都跑到他的前头去了。工作上的不顺让他越发提不起劲，他开始与同事发生争执，而他的口音令客户产生不信任感，认为他对复杂的交易内容存在理解上的偏差。

"我是个外来者，这不是我的地盘。我的口音让客户怀疑我不懂得复杂细微的交易条款，这让我心理失衡，"佩莱格里尼回忆起当时的情况说，"那些公司不把我当作首选对象，我跟它们之间没有太多的团队体验。"

佩莱格里尼对公司如何筹集资金及改革并购机制有了新的想法，但是，日常琐碎的工作让他无法分身。他希望能抓住重点，因此会忽略一些日常小事如行程安排等，这样一来，有些人开始怀疑他的工作能力。有一次，公司组织一些资深投资家去罗马参加一个大型会议，佩莱格里尼在带他们到参会地点时出了差错，导致他们迟到了整整半小时。整组人都对他很失望。

"每个人都以为这是在罗马，我该知道怎么走，但实际上我也不认路，这令我非常尴尬。"佩莱格里尼说。

佩莱格里尼还专门请老师指导他成为一个"积极聆听者"，以便更好地理解客户，了解他们的需要。他还请了一个老师来校正他的口音，但效果不是很理想。有时候，佩莱格里尼在公众场合仍不是那么自如，他很难表达自我，显得僵硬笨拙。

然而，佩莱格里尼还是成功地做了一连串的保险业务，这大大提高了他在公司的地位。到1993年，他就要当上公司的合伙人，名利双收指日可待。那一年，拉扎德公司资深投资家费利克斯·罗哈庭为佩莱格里尼安排与施乐公司的财务主管见面，商谈如何拯救他们日益下滑的人寿保险业务。然而佩莱格里尼却面临一个强大的竞争对手，那就是摩根士丹利投资公司的资深投资家加里·帕尔。甚至有传言说，拉扎德公司正私下招揽帕尔，也许会由帕尔来主管佩莱格里尼的保险业务部门。佩莱格里尼不想接手施乐公司的这项业务，但推托不掉。

在与施乐人寿保险公司开会前，佩莱格里尼对其进行了深入研究，发现公司存在很大的问题。但在会上，佩莱格里尼还是尽可能以乐观的语气来说服施乐公司总裁，眼下合并风潮如火如荼，希望施乐公司也融入这波浪潮。

"现在的市场上，哪怕是鸡屎也能变成鸡肉沙拉。"佩莱格里尼热情高涨地打了个比方来阐述自己的观点。

一下子，房间安静了下来，施乐公司的参会代表诧异地合不拢嘴。在他们看来，自己的公司运作得还可以，没想到佩莱格里尼竟用这么粗俗的比喻，把它形容得跟鸡屎一样差，他们觉得自己受到了侮辱。但是，话已出口，佩莱格里尼想收回也来不及了，后果可想而知。

佩莱格里尼的老板路易斯·里纳尔迪尼是位说一不二的阿根廷人，几天后，他把佩莱格里尼叫到办公室，告诉他施乐公司要他出局。那一刻，佩莱格里尼知道自己辉煌的前景已是危机四伏。

"这对我来讲是一个教训，人们总在等待时机来攻击你，"佩莱格里尼事后总结道，"我的前途堪忧。"

事业上的焦虑令佩莱格里尼与古德曼的婚姻面临解体。坏消息在拉扎德公司传开了，不久，俩人离婚了。佩莱格里尼跟两个儿子的感情不错，他常带儿子们到办公室，在同事面前对其赞不绝口。如此温情的一面令同事们对佩莱格里尼的印象好了不少。

但是，肯德里克·威尔逊接管拉扎德公司的投资银行小组后，佩莱格里尼的压力倍增。威尔逊为人严肃，之前当过海军，是越南特种部队军官。他对佩莱格里尼没多少耐心，对他的雄才伟略也没多少兴趣。有一天，佩莱格里尼向威尔逊提议改进员工股票期权方案，这个方案也能用于客户。但威尔逊不屑一顾，语带讽刺地告诉佩莱格里尼，专心做好并购投资业务就行了。

"保罗，管好你该做的事就行了。"威尔逊一再地警告他。

佩莱格里尼却变得固执起来，无论是在上司、同事还是对手面前，哪怕是一点点小事也不肯退让。公司里的一些员工开始在私下里议论他，比较佩莱格里尼与另一顶级投资家克里斯·弗拉尔斯谁的嗓门更大。后来，威尔逊也听到客户抱怨佩莱格里尼对公司其他人粗鲁无礼。1995 年是佩莱格里尼到拉扎德公司第 9 个年头，威尔逊终于忍无可忍，解雇了佩莱格里尼，并告诉他："这种需要相互配合的工作显然不适合你。"

"他非常聪明，他的分析能力也是出类拔萃的，"威尔逊回忆道，"但他是个血气方刚的典型的意大利人，很容易一根筋，不撞南墙不回头。"

佩莱格里尼说得更直接，"他把我看得狗屎不如"。佩莱格里尼已经 38 岁，没有工作，而且刚刚离婚。他在公寓里举办了个聚会，想结交些新朋友，但还是无法融入其中，只能躲在房间一角。他的工作前景看起来也相当不妙。拉扎德公司算是华尔街数一数二的大公司，佩莱格里尼在那里待了 9 年，却还只是个副手，没有进一步晋升，这让不少人对他有很多质疑。

佩莱格里尼雄心未改，他与贝尔斯登公司的前同事比尔·迈克尔彻克在百慕大群岛开了家保险公司，专门为对冲基金提供保险。佩莱格里尼全身心地开发了一些复杂的模型，迈克尔彻克觉得很有用，并将这些模型应用到一项针对对冲基金的专门性投资中。但佩莱格里尼并未从中受益，他后来离开了这家公司。

佩莱格尼里在情场上则是撞上了好运，他娶了贝丝·鲁丁·德伍迪。贝丝的父亲路易斯·德伍迪后来成为纽约房地产业的显要人物。1996 年，他俩的婚礼在百慕大举行，前纽约市长大卫·丁金斯为他们主婚。佩莱格里尼成为豪门中的一员。

佩莱格里尼并没有因此松口气，他开始担心如果贝丝也离开他，他该怎么办。他的 401 计划中的退休金大多用来支付两个儿子的学费。他的两个儿子在纽约上私立学校，学费很贵。这项支出是佩莱格里尼在拉扎德公司工作时就定下来的，当时他赚的钱可远多于现在在保险业有一搭没一搭的咨询收入。

佩莱格里尼和贝丝过着奢侈的生活，在艺术品、娱乐、豪宅上的花费很可观。佩莱格里尼喜欢昂贵的衣服，好让自己看起来具有上流社会的派头。但他很快就为收入少而发愁。事实上，夫妇俩是用德伍迪家族的钱来为自己的奢华生活买单。佩莱格里尼很快就没有了安全感，这使他们的婚姻生活出现问题。他想从他太太的家族取得金钱支持，以进入股票市场交易，但遭到了拒绝。佩莱格里尼看到许多同龄男性因为失业而生活艰辛，他担心自己也变成这样。他一直希望贝丝能修改他们的婚前协议，好让他可以提取更多的钱。他认为这样的协议简直就是鼓励贝丝离开他，但鲁丁集团的内部律师却是一点都没的商量。

贝丝费尽心思想让丈夫能够自信些，对他说："你现在已经很好了，有人愿意信任你，而且也不用再跟客户周旋。"

然而，佩莱格里尼却没法安心，"贝丝的很多朋友都跟丈夫离婚了，我感到压力很大，觉得自己很脆弱，很容易被抛弃"。

2000 年的一个半夜，佩莱格里尼终于爆发了，他把贝丝叫醒并要求她修改婚前协议，否则就要离开她。贝丝也受够了，她不理会佩莱格里尼的要求，佩莱格里尼就直接离开了。几天后，佩莱格里尼想让贝丝回心转意，但贝丝却不想再忍受他的患得患失，最终提出了离婚。

"是我没处理好。"佩莱格里尼承认。

佩莱格里尼从格雷斯广场的豪宅搬了出来，住进韦斯切斯特的一套公寓内。按照离婚协议，他从贝丝那里分到了 30 万美元，这笔钱的税后收入足够让他安享退休生活。但佩莱格里尼的人生目标是成功实现财富积累，与此同时，他还希望拥有一个幸福的家庭。而如今，他双双失败，心灰意冷。

"我已经 45 岁了，毫无价值，我觉得自己没有一点希望。"佩莱格里尼回忆起当时如是说。

然而，佩莱格里尼还是不断有些金点子。他发明了一种新的方法：用"统计套利"的方式交易股票，虽然获利不多。他还在迈克尔彻克的马里纳投资集团下属的特里卡迪亚公司干过一段时间，了解了 CDS，这是该公司的主要业务。

但在特里卡迪亚公司工作期间，他没多少朋友。公司里有不少人经营抵押债务，并不断创新抵押债务种类，而佩莱格里尼却建议公司做抵押债务的卖空业务。后来，他想建立一个专营衍生债务的分公司，但也没能做成。于是他离开了公司，重新去找工作。也正因为如此，他最终找到了保尔森，才有了跟他的两名助手安德鲁·霍尼和迈克尔·沃尔多夫的面试。

面试一开始，霍尼和沃尔多夫问佩莱格里尼对欧洲产业的看法。佩莱格里尼对此毫无头绪，因为他的业务经验主要在 CDS 方面，并不了解其他领域。佩莱格里尼试图补救这一点，他努力表现出自信，但随着会谈的进行，他发现霍尼和沃尔多夫越来越不耐烦。

佩莱格里尼在家等了好几天，希望能得到保尔森的回音。他几乎都不抱什么希望了。面试后的第十天，他终于接到了保尔森的电话，"我的两个合伙人实在不怎么喜欢你，假如你不是表现得像个傻瓜的话，你早就找到工作了"。

"我并不是有意要表现得像个傻瓜。"佩莱格里尼低声地回答。

保尔森决定再给佩莱格里尼一个机会，虽然他的员工不大喜欢佩莱格里尼，但保尔森还是认为他是个聪明的投资者，是一个受过良好教育的聪明的分析员，身上有可取之处。保尔森欢迎佩莱格里尼加入公司，建议他先用一年左右的时间学习并购套利业务。佩莱格里尼虽然已经 45 岁，仅比他的新老板小一岁，但他强烈渴望把握住这次机会来洗刷自己的失败。

做空利器 CDS 登场

在保尔森公司的开头几个月，对佩莱格里尼而言很辛苦。他每天忙于各种琐碎的事务。像在拉扎德公司一样，他每天 6 点半到公司，是最早到公司的员工之一。他想在保尔森到公司前，就把各种建议方案准备好。当然，还有一个原因：在 57 号街和麦迪逊大道交会处有个"早鸟"停车位才 18 美元，离办公室只有 15 分钟的路程，如果他早上 7 点后才到，停车费就得翻倍。佩莱格里尼不知道这份工作能做多久，他得省着点。

保尔森公司为员工提供丰盛的午餐，由当地高档餐厅送餐。每天晚上 8 点，当佩莱格里尼下班回到位于韦斯切斯特郊区的马马罗内克镇的公寓时，他只需要做点小食，如西红柿沙拉、芝士和面包等。

他租的公寓离火车站和他最爱的高尔夫球场很近，房间里没有电视。业余时间，佩莱格里尼开始看美国作家的经典之作，如伊迪丝·沃顿和亨利·詹姆斯的小说。在学校期间，他都没机会看这些书。佩莱格里尼发现，书中所描述的外来者如何努力融入上流社会，融入纽约的上层阶级，让他很有共鸣，在这点上他做得很失败，无论是他在拉扎德公司的工作，还是他与贝丝·德伍迪的婚姻。

"我清楚地看到乐观向上的成功人士与烦恼缠身的失败者之间的差别，"佩莱格里尼说道，"一个人没法得到他想要的，是件非常悲哀的事。"

佩莱格里尼身边没有什么朋友，他的两个儿子在周末过来陪他，睡在客厅的折叠沙发床上。佩莱格里尼觉得改变命运的机会一天天地流逝，但他不愿意就此放弃。

"无论如何，我都要留在美国，自给自足，我不想到其他国家，这样我就看不到我的孩子了，"他说，"这给了我前行的动力。"

佩莱格里尼花了很多时间来研究国际并购，但无法给公司的对冲基金提供什么好的建议。看来他得花比预期更多的时间来熟悉这些新项目，保尔森对他感到失望。保尔森与投资人见面时，常常先向他们介绍同事的教育背景等，而这种时候，佩莱格里尼常常被撇在后头，他可是比其他分析员大 20 岁的资深人士，但却从不抱怨。

"我的过去乏善可陈，"佩莱格里尼说，"我能做些有用的工作，但我与客户沟通得不好，约翰给了我工作，还让我继续留在这里，他对我已经很好了。"

能保有目前的职位，佩莱格里尼已经谢天谢地，他却没注意到保尔森对市场的判断大不如从前。

一些人嘲笑保尔森跟不上形势，房价的升值能瞬间带来大量财富，而保尔森还把精力花在并购投资上。2004 年末，在南安普敦的一场鸡尾酒会上，保尔森和他的朋友杰弗里·塔兰特在房间一角谈论着房地产市场已经过热。这时，斯蒂芬·凯斯勒端着杯饮料走过来。他身高 6.3 英尺，衣着时尚，肤色中等，是慕尼黑人。他穿着一条磨旧的牛仔裤，一件蓝色运动衣，是南安普敦出了名的成功房地产商，在过去 12 年里，他在当地购买、翻新了不少高档住宅。

他跟保尔森聊了起来，对塔兰特担心房地产的观点嗤之以鼻。

"你们这些家伙整天忙来忙去，年收益才 10％～12％？这点钱有什么用？你们就不能把收益率再提高些吗？"他问道，"我一年的收益率超过 25％，几年后，我的资产就能翻一番。"

保尔森和塔兰特听了这话心里很不舒服。在高中时代，骂娘的话是对一个人最大的侮辱，而在南安普敦，嘲笑别人的投资水平就和这样的羞辱一样。

"你真是了不起啊，"保尔森回答道，"但愿你知道什么时候收手，房地产曾经大跌过，难道现在就不会再跌？"

凯斯勒摇了摇头，不以为然地笑着走开。

保尔森之所以关注房地产还有一个原因——美联储开始提高利率，这样一来借款利息就会提高，经济繁荣的这一美酒将不再芬芳。

"高利率对谁影响最大？"保尔森问他办公室后面的一群员工。

保尔森很好奇那些背负巨额债务的投资者如何应对利率的提高。他告诉公司的一个交易员，投资银行和金融公司也有很多债务在身。他们中的某些人所持 1 美元的股份对应的资产超过 25 美元，一旦利率提高，他们必然承受不起。

他开始为公司买入保险，以防因公司的借款而陷入危机。当然，他不是唯一一个为此担忧的人，有不少投资者开始买入标准普尔500的"卖空"合约，这是一种一旦股价下跌价值就上升的期货合约。如此一来，这种合约的价格就水涨船高，而保尔森觉得太贵了。

保尔森开始考虑卖空一些金融公司的股份，但这些金融服务公司最近收到了收购要约，股价高涨，让做空投资者损失惨重。还有什么更好的保护投资的方法呢？

2004年10月，佩莱格里尼依然担心自己在公司是否朝不保夕，有一天，他鼓起勇气在走廊里追上保尔森，告诉他有一种更好的办法来保护投资，可以试试CDS。

保尔森团队并不熟悉CDS，只知道这可以为债务投资提供保护。近年来，CDS合同交易不断上升，但仍是一个复杂难懂的领域。保尔森和很多投资人一样，不是很喜欢这个"衍生投资"，因为它们的价值随着某些基础资产的变化而浮动。

因为以前的工作经验，佩莱格里尼对CDS交易有一些了解。他很乐意向老板介绍自己的经验。CDS的好处在于，它们就像保险合同一样，每年只需要交些年费，而不会像做空股票那样一旦股价上涨，就会损失巨大。

佩莱格里尼想试探老板的反应，好知道自己是不是说错了。但保尔森的风格是放手让员工自己去尝试解决问题。他微微笑着，像是对CDS有了兴趣。他让佩莱格里尼研究一下公司如何购买CDS，尤其是为某些金融公司购买，因为它们借的钱最多。

事实上，佩莱格里尼也不大了解CDS具体如何交易，他只在特

里卡迪亚公司看过别人操作，所以他参加了各种经纪公司开的 CDS
辅导班。保尔森公司为 MBIA 公司买了第一笔 CDS，为这家公司所
有建立在累计借款上的抵押债券进行保险。对于金额为 1 亿美元的
MBIA 债券，年费仅 50 万美元。也就是说，假设 MBIA 公司出现问
题，债务贬值，但有了 CDS 的保护，保尔森能够得到 1 亿美元的补
偿，而他们需要做的，不过是每年缴纳 50 万美元的年费。这对保尔
森来讲，是个很容易的选择。

　　两个多月后，MBIA 的利润上升，它的债券价格依旧坚挺，保
尔森和佩莱格里尼意识到，做空某家公司是多么不容易。不久，他
们面临一些小额亏损，因为随着所保护的债券陆续到期，CDS 所保
护的价值总额越来越少。保尔森和佩莱格里尼开始进行新的尝试：
如何做空房地产市场。

　　而在喧哗的华尔街千里之外的北加利福尼亚州，有个神秘的投
资者比保尔森公司抢先一步，瞄准了房地产市场，他认为这是自己
有生之年不可错过的一次交易。

第 4 章

悲剧英雄迈克尔·伯利

在华尔街疯狂交易市场的千里之外，另一位投资商也把目光放在房产市场，他觉得，自己找到了一笔千载难逢的交易。也许可以做空抵押贷款本身呢？他打电话给银行交易员，问是不是可以为高风险的按揭贷款购买 CDS 保险。交易员回答说，银行可以专门做出这样的 CDS 合同，但是制定如此复杂的协议需要一段时间。

聪明独特的伯利和 CDS

1971 年，迈克尔·伯利呱呱落地了。他的父母一下子就注意到他铁青色的眼睛，有点斜视。纽约州宾汉姆顿郊区约翰逊市的一位医生告诉他们不用担心，这个有点斜视的左眼会慢慢恢复正常。但詹姆斯·伯利总觉得他儿子哪里不对。

在接下来的几年中，詹姆斯·伯利和他的妻子玛里恩带着迈克尔四处求医，希望能治好孩子的眼睛。最后，一位眼科医生诊断认为迈克尔患有眼癌，这种癌症的发病率为二万分之一。他们驱车三小时把迈克尔送到纽约哥伦比亚长老会医疗中心做手术，医生摘除了迈克尔的左眼，以防止肿瘤扩散。

迈克尔·伯利两岁前就装了个玻璃假眼。这颗假眼做得很逼真，达到当年技术水平的极限，但它不能转动，很容易被人看出来。

迈克尔对人造眼不太适应，他的视觉很差，眼窝内部的疼痛常迫使他上课上到一半就跑到学校医务室去治疗。二年级的一天，一群大孩子围住迈克尔，大声对他嚷嚷，"拿出你的假眼，拿出来"，他屈服了。迈克尔原来不想引人注意的，这下子，他成了众目睽睽的焦点。

1977年，伯利快7岁了，家中又添了三个男孩子。他父亲转到北加州的一家IBM工厂工作。整个家庭也随之搬到硅谷的一个中等城市——南圣何塞。迈克尔在公立学校组织的IQ（智商）测试中显示出极高的智商，他被选入高级科学数学班。他的阅读速度很慢，但他坚持不懈，读了很多书，尤其喜欢超现实的科幻小说和体育明星的传记。

为了保护眼睛，伯利平时必须戴上厚厚的安全眼镜。他觉得很难堪，内心充满了挫败感。他有时故意砸碎那副笨重的眼镜，骗父母说是在玩游戏时撞破的，希望不用再戴眼镜。

迈克尔的母亲玛里恩出身于宾夕法尼亚州威尔克斯-巴里的一个贫穷的天主教家庭。她勤俭持家，儿子们的衣服都是超市打折买来的。学校里的同学家长大多是工程师或者当地技术公司的员工，家境都不错，而衣着朴素的伯利兄弟就成了大家嘲笑的对象，迈克尔在同学中越发地局促不安。

"我的朋友顶多不超过两个。"迈克尔回忆道。

"我一直都和同学们合不来。"

他父亲常常工作到很晚，他的母亲又回到学校攻读生物专业研究生学位，经常一整个下午都泡在图书馆。所以放学后，迈克尔还得到父母的朋友家中把三个弟弟接回家，为他们准备各种食物，帮助他们做功课。

迈克尔的父母经常高声吵架，孩子们在隔壁房间都听在耳里。父母在他五年级暑假时离婚了，迈克尔和他的兄弟跟父亲搬到附近的小镇。他父亲是家族中唯一一个上过大学的人，对儿子们管教严格，见不得他们虚度光阴，看电视尤其不行。下午，他有时让孩子们把后院的砖头搬到一边，第二天，再把这些砖头搬回去，这样好让儿子们不闲着。周末，他常把孩子们赶出房间，让他们在户外玩耍。

每年夏天，詹姆斯都要带儿子们去内华达山露营，有时和他们养的黑色拉布拉多犬一起住在军队帐篷营地里。这位前海军陆战队员教孩子们用弓箭射鹿，骑着雅马哈 80cc 摩托车，奔驰在尘土飞扬的土路和山间小道上。他们从树林间出来，前往附近的餐厅吃饭时，蓬头垢面，引得路人侧目。而迈克尔则抱着一摞书待在帐篷里，往往在火堆边读几小时的书。这样，他就可以不用拾柴火或打扫帐篷，常常惹父亲生气。虽说父亲重视孩子的学习，但孩子们如果只是坐着不干活的话，就会引起父亲的怀疑，觉得他们是在逃避劳动。

有一天，迈克尔在当地报纸的商业版面上看到一个股票报表，便拿去问他父亲。詹姆斯不大相信股票市场，但还是以部队坦克的制造商——美国汽车公司的股票为例（当时每股卖 4.75 美元），向儿子解释股票的交易。儿子对股票的兴趣令詹姆斯很不高兴，但迈克尔在接下来一年多的时间里，还是关注美国汽车公司的股票，深深着迷于它的每一点微小变化，按照父亲的解读，财富的起起落落均源于这些波动。

迈克尔很快就迷恋上赚钱。有时候，他会清洗美元钞票，再用纸巾把钞票上的水吸干，把它夹在厚书中间，放在书架上，好让钞票像新的一样。周末或假期时，迈克尔打各种零工，比如在当时的

IBM 实验室里打工，每小时有 11 美元的工资。不久，迈克尔就有了自己的储蓄账户，他开始投资互助基金。有一回他的基金下跌得很厉害，他想查出原因。

"我早就说过，我早就说过，"父亲对他指指点点，"玩基金会花光你所有的钱。"

迈克尔上圣特蕾莎高中时，他父母复婚了，当然还是免不了争吵。他开始把精力发泄在体育运动上，加入了当地有名的游泳俱乐部——南谷水上运动馆。他遵守队里每日的健身准则，每天早上四点半起床，每天游五个小时，他的上进心很强，希望得到教练的肯定。

在学校，迈克尔开始勇于表达自我。随着他的学习成绩越来越好，父亲允许他在外面过夜。迈克尔很快就明白，读好书就意味着自由。他想如果自己的成绩够好，将来就可以选择一所远离家庭的大学，这成为他学习的内在动因。他每门课都得 A，在大学入学能力测试中更是表现出色。随着年龄的增大，他对假眼开始适应，也懂得如何保护眼睛，他的自信心越来越强。

在当地的一次游泳比赛中，迈克尔的游泳教练把他介绍给哈佛大学的游泳教练。该教练建议他报考哈佛大学，在英语老师的帮助下，迈克尔递交了申请。但他的导师交给哈佛大学的申请书是不完整的，因此哈佛大学没有录取迈克尔。虽然迈克尔后来考上加州大学洛杉矶分校，但他还是为此闷闷不乐了好几个星期。

迈克尔后来和班里同学一样，读了加州大学洛杉矶分校的医学预科专业。从某种程度上来说，这也是为了让父亲高兴。但他在班里并不合群，在阳光灿烂的南加州，他总感觉自己并不属于这里。很多个夜晚，同学们高高兴兴地参加种种聚会，迈克尔却独自留在学校自习。

在一些人眼里，迈克尔有点自负和呆板，他不知如何去改变别人对他的印象。似乎他是哪里少根筋。大学第一年，他就觉得预科的课程过于简单，他认为学校大多数的本科生太懒惰，也看不惯同学们花那么多时间加入各种兄弟会、联谊会。

他试图让自己少说多听，少去发表一些不合时宜的言论，但还是觉得无法跟同学们和睦相处。几年后，伯利被诊断出患有阿斯伯格综合征，这是自闭症的一种，主要症状表现为在社交上存在一定困难。

他跟大学老师的关系有时也很紧张，在大三的英语课上，一名助教没有任何证据就指责他的学期论文有抄袭的内容。对此，他只是回答："据我所知，没有哪个毕业生能写出这个内容。"

也就在那个时期，迈克尔被他所推崇的投资精英所吸引，对股票市场重新燃起了兴趣。在他看来，一位对冲基金经理最关键的吸引力，在于他能创造丰厚的投资利润，别人觉得他自负也好，不善交际也罢，这通通不要紧，能否挣大钱才是衡量成功的实实在在的标准。

他用暑假打工的收入开了个账户，为了专心投资，他开始逃课，直到期末考试前，他才花钱买上课笔记，用以临时突击应考。

很快，他把主要精力投入经济专业的学习，当然，他还继续在医学预科中蒙混过关。1991 年，迈克尔·伯利被范德堡医学院录取，这让他喜出望外。当地的眼科整形医生成功地把他长期不用的眼外肌肉和一颗假眼连接起来，将这颗更逼真的假眼嵌入他的左眼窝。这样一来，他的假眼也能转动自如。

在医学院的第三年，伯利的父亲患上肺癌，不久就撒手人寰。父亲的过世来得如此突然，伯利都来不及好好告别。葬礼上，伯利泣不成声。

父亲去世后，伯利越发孤冷，同学们觉得他很难接近，而伯利也不想做出什么改变。

"那里的每个人都相貌堂堂，智慧超群，我在当中就如同一只丑小鸭。"他回忆道。

伯利并没有把父亲的遗产拿来偿还学生贷款，他把这些钱全部投到股市中，投资所得的利润让他备感安慰。他建了个股票网站来讨论股票，每星期都贴上几篇长文，分享他的投资观点。几个月后，MSN的网络总监看到了伯利的网站，以每字1美元的价格邀请他做MSN的专栏作家。

"一个字能给1美元？我一下子就能写很多字啊。"伯利开玩笑地说，想着可以大赚一笔。他成为网上的"价值博士"，开始写文章点评个股。

伯利的笔法生硬，对股票市场的了解也不全面，但他对冷门股票做了很多有价值的研究，他的观点往往能引起读者的共鸣。

很多个晚上，伯利都到当地的办公用品店闲逛，看看有什么新上架的东西，他想象着自己经商的感觉。店员们都注意到他，当然，很快他们就知道这人不是来惹麻烦的，不用管他。伯利忙得不可开交，既要研究股票以在网上发表文章，又要完成高标准严要求的实习医生任务，他只好尽可能少花时间跟同学们在一起。

1997 年，伯利从医学院毕业，背负 15 万美元的助学贷款。他成了斯坦福大学医院的一名病理科住院医生，回到了他小时候生活过的圣何塞，暂住在他弟弟家。

那年的秋天，在朋友的怂恿下，他在婚介网站上登了一条直截了当的征婚启事："我，单身，独眼，欠了一堆债务。"启事刊登几分钟后，伯利收到了安蒂·李的电子邮件。安蒂在帕洛阿尔托附近的一家金融公司工作，当她看到这样一条非但不炫耀反而是贬低自己的征婚广告，觉得非常惊奇。短短三个礼拜，他们俩就闪电般订婚了。

在斯坦福医院，伯利很快就发现，他比不上那些专注医学的同事们。好在他每个月凭借股票交易和网上专栏就有几千美元的收入，这让他不仅买得起道奇达科塔货车，生活花费还绰绰有余。

每天早上在去医院的路上，伯利都要开车穿过硅谷的中心，经过那些世界闻名的风险投资公司。硅谷的科技产业蒸蒸日上，很奇怪的是，伯利对此一点兴趣都没有。1999 年的一天下午，十来位医生围在医院的一台电脑面前，看着创造科技奇迹的 Atmel 公司的股票一路飙升，他们欢呼雀跃不已。他们争论在应用材料公司、思科公司、宝利通公司这些高科技股中，哪只更具吸引力。伯利此时已换到神经科当了住院医生，每天晚上在网上发文讨论哪只股票价格虚高，而白天他在同事面前却闭紧嘴巴，不提股票，生怕同事知道他在外面兼职。

股票看起来走势不好，赶紧抛，抛，抛！

2000 年，网络科技泡沫破裂。他医院里的同事们一下子损失惨重。这更加肯定了伯利的判断——市场已到了崩溃的边缘。在那之前，伯利白天照看病人，深夜就在自己的网站 valuestocks. net 上发表文章。

伯利的住院医生实习期到 2000 年 6 月就结束了，这时他已经 29 岁，有一定的医师资历。他与安蒂结婚后，就搬进父母的房子，和弟弟住在一起。

那时的伯利还不懂得什么是对冲基金，他读了巴菲特如何与合伙人一起开创事业，并为自己和他人管理资金的相关经历。伯利认为自己也可以这样做，他申请延期一年偿还贷款，让亲戚在他的公司入股，这样就有时间去做自己想做的。安蒂把自己的退休金账户上的钱全部提出来支持丈夫的投资事业。伯利在美国银行的经纪人艾莉森·桑格帮他开了户，于是伯利开始他的对冲基金职业生涯。

伯利把办公室安在他家客厅里的架子鼓旁，两星期后，安静的办公室响起了电话铃声，打电话的是纽约投资商乔尔·格林布拉特。

"迈克尔，我读你的文章已经很久，我知道你不当医生了，"格林布拉特在电话里说，他在网站上观察伯利有一段时间了，"你是很有天赋的分析家，你的理念完全可以让我的公司赚钱。"

格林布拉特掌管着自己的对冲投资基金公司，还出了一本投资类的书，拥有一批狂热的粉丝。他提供机票让伯利携妻子飞到纽约来面谈，把他们安排在洲际酒店的顶楼套房。朋友建议伯利穿得正式隆重些，伯利到商店挑了条领带，直到乘坐电梯时还在忙着打领带。格林布拉特却穿了件开领衫迎接客人，他的合伙人穿着休闲的运动衫和牛仔裤，随意的氛围一下子让伯利放松下来。

格林布拉特省去了客套的寒暄，开门见山地告诉伯利他想投资入股伯利的公司。

"我想给你 100 万美元。"格林布拉特说完停顿了一下，看看伯利的反应。

伯利毫不迟疑地接道："税后。"

伯利把公司的 22.5％ 股份卖给了格林布拉特，收到的钱用来归还他的助学贷款。他把公司命名为塞恩基金，这个名字取自特里·布鲁克斯的奇幻小说《沙娜拉后裔》一书。伯利想成为大投资家如巴菲特和本杰明·格雷厄姆的接班人，但他得走自己的路。伯利回到加利福尼亚州后，在郊区办公园区租了间小办公室，距苹果电脑公司总部的办公室只有几个街区。这间办公室原来的主人是苹果公司创办人史蒂夫·沃兹尼亚克，伯利觉得能沾沾好运气。

伯利不太会招徕客户，他认为如果他的投资业绩够好的话，客户自然会排队登门。基金创立之后不久，Avanti 软件公司的高级经理被指控从商业对手那里窃密，股价一下子掉到 2 美元一股。伯利认为 Avanti 公司的产品是市场中客户所需的，所以他全仓买了该公司的股票。几个月后，他坐看 Avanti 公司的股价上涨到每股 22 美元，伯利首战告捷。

世界通讯公司经营不善，股价开始下跌，客户希望伯利买进这家公司的股票，但被他拒绝了，因为他觉得世界通讯公司所得的利润不应该比同行多那么多，公司的财务报表可能造假。2002 年夏天，世界通讯公司承认自己做假账,申请破产。事实证明伯利的判断是对的,他没有陷入低价陷阱。然而,他却很懊恼,因为他没有趁机做空以从这家公司的破产中获得利润。他一直追问自己:"我本该做点别的什么吗?"

有一天,伯利在当地书店金融类书架上发现了一本特别厚的书《信贷衍生品和合成结构——投资应用指南》,主要内容是解析错综复杂的信用违约掉期(CDS)。里面的术语看起来很复杂,得下功夫去了解这些专有名词。伯利觉得自己不经意间走入另一个未知的新世界,里面充满一切可能性。当时,不论是财经电视节目,还是当地报纸,都很少提到CDS合同,大多数股票投资者甚至都不知道有CDS的存在。伯利发现在过去10年内,CDS市场规模从1 000亿美元上升到20 000亿美元,一跃成为世界上最大的金融市场之一。

伯利很快就明白CDS合同与平常的保险合同差不多。CDS合同的买方同意以分期付款的方法支付保险费,和保险合同一样,卖方收了保费就要提供相应的保险,只不过保险对象不是通常的房屋车辆受损,CDS所承保的是特定的投资证券组合的损失,这种损失往往是因为某些公司无法偿还债务引起的。

假设伯利持有100万美元的IBM债券,如果担心IBM没法如期偿还债务,他就可以购买CDS合同,每年仅需要支付1万美元,而卖方担保在IBM违约的时候偿还所有债务。如果IBM经营出现了问题,或者有迹象表明经营不善,CDS合同就有可能升值。如果IBM看起来信用可靠,CDS合同即将到期,买方仍必须支付年保险费,这也就是买方可能出现的损失。在这点上,就跟投意外险一样,即使灾难没有发生，买方也得支付保险费。

如果采用做空 IBM 股票的方法，一旦 IBM 股票上涨，做空者的损失就会很大，因为股价升得越高，做空者就必须用更高的价格买回，而采用 CDS 方式，损失只是零头而已。对伯利而言，签订 CDS 合同就是最好的投资方式，来对赌某家公司的经营不善。

到了 2003 年，伯利所掌管的客户资金已达到 2.5 亿美元，每年收益 500 万美元。他和妻子带着两个孩子，在附近的萨拉托加高档小区找了一套六居室的房子。因为网络公司泡沫破裂的影响，这套房子在当地市场挂了两年多还没找到买家，房主出价 540 万美元，伯利还到 380 万美元成交。

伯利越来越觉得，这个国家很多地方的房地产都存在问题，不少投资者喜欢持有建筑商及其他地产股，这些股票似乎是成长股，价格不算高。但伯利研究完整个房地产市场后，很怀疑这些股票是否能持续增长。

他开始深入地了解房地产的历史，研究为什么有些街区会走向没落。他发现在 20 世纪 40 年代之前的 60 年内，土地的价格没有任何增长，而 40 年代后，政府开始为回国军人提供购房津贴。

2003 年秋，伯利就提醒他的投资客户，要注意即将到来的房地产危机。他给客户们写了封长信："我很吃惊地看到从上次房地产低迷期到现在已经历经三代人，那些老人都已经不在了，再没人提醒他们的儿孙辈房价下跌的可怕之处，每个人都理所当然地认为房屋会不断增值下去。"

他看到消息说，大型房屋抵押贷款保险公司 PMI 集团的股票成了热门股，该集团已经从做个人房贷抵押的传统业务转做抵押贷款证券（MBS）。伯利所做的股票投资都是相对简单的，这些 MBS 和其他复杂的债券投资简直就像来自另一个星球的东西。

伯利注意到，做房屋抵押贷款业务的银行及其他贷款方不再把这些房贷留在自己手上。事实上，80％的房屋抵押贷款在房屋出售后都被卖给华尔街金融公司或者其他大型企业，比如房地美和房利美。这些公司把上百种房贷绑定在一起，将这些房贷每月收来的本金及利息汇总起来，组成一种证券，即抵押贷款证券，将其卖到世界各地。伯利知道这种抵押贷款证券被分割成的不同证券有着不同的收益及风险。

对 PMI 总裁而言，将他们的传统业务范围延伸到承保这些抵押贷款证券是自然而然的事情。但伯利很怀疑，一旦房地产市场发展势头变慢，借款人无法还贷，这些抵押贷款证券的价值就必然随之下降。想到在世界通讯公司破产一事上没有做空的遗憾，他赶紧打电话到德意志银行纽约办公室，找他的经纪人维罗尼卡·格利斯坦女士。

"你们做不做信用衍生品业务？如果我想买，该如何操作?"伯利问道。

几个月后，伯利购买了 CDS，承保的是价值 8 亿美元的金融债券。这些债券的发行商包括 PMI 之类的抵押贷款保险公司、两房公司及其他金融公司等。伯利想，如果这些债务恶化，那他手中的 CDS 合约价值就会上涨。如果这些债务没有恶化，那他只是损失了600 万美元左右的保险费。到了 2003 年末，塞恩基金 20％的投资都放到 CDS 上。2004 年，伯利继续买入 CDS。当年房地产依然坚挺，塞恩基金的净值不断下降，伯利从其他股票如麦当劳中取得收益来弥补这个损失。

2005 年春天，伯利掌管的投资者资金达到 6 亿美元。他打算在接下来五年内，花将近 1 亿美元的资金购买 CDS，以承保各金融公司发行的 65 亿美元债券，可是他的合约不断掉价。伯利忍不住对他妻子抱怨说，美联储主席格林斯潘不过是拿房地产泡沫来代替科技泡沫，整个国家早晚会出大事。

"这样做是不对的，这是在操控市场。"他抱怨道，他的妻子则耐心地点头倾听，对丈夫这样的周期性发作她早就习以为常。

早些年，伯利就在自己的网站上发表过一篇关于房地产泡沫起源的文章，一位年长的读者曾经写电子邮件告诫伯利，"关键要看贷款方，而不是借款人，借款人总是希望借钱越多越好。所以，贷款方要有自己的底线。一旦贷款方丧失了底线，就要特别注意了"。

因此，接下来伯利重点观察的就是贷款方。传统经营贷款的公司，如美国银行、摩根大通银行、国家金融服务公司渐渐被排挤出抵押贷款市场，取而代之的是一些新兴贷款公司，名字也很新潮，如阿姆莱奎斯特、北孤星公司、新世纪金融公司等。

伯利开始在网上搜索各种抵押贷款网站。很多条款都很新奇，但看着就有点不对劲。"仅付利息贷款"这个词让伯利想起了 20 世纪 20 年代，抵押贷款营销员上门推销的一种贷款，当时盛行了一段时间，最后被银行取消了，因为借款人无法还贷。伯利用谷歌搜索了很多贷款条文解释，比如"快速贷款"和"无首付贷款"，这些名词解释的点击率都十分惊人。不少借款人借的钱远远大于他们所付的房屋价格。而且贷款的门槛很低，似乎连口袋里只有零花钱的五年级小朋友都可以申请到贷款。

伯利把自己关在办公室里，身穿 T 恤衫和沙滩裤，脚上蹬一双凉鞋，接连几个小时，他读着那些晦涩的抵押贷款文件。然后，他关上灯，闭上眼睛，开始苦思冥想。

贷款方最后肯定无法收回贷款。他想道，"我得好好利用这一点"。

伯利与各金融公司之间的对赌，成效还不明显。也许，直接做空这些按揭贷款更为有效。他打电话给银行交易员，问是不是可以为高风险的按揭贷款购买 CDS 保险。交易员回答他，银行可以专门做出这样的 CDS 合同，但制定如此复杂的协议需要一段时间，而且这样的 CDS 合同还不能转卖。

"那就算了。"伯利说。他担心一旦涉足这种交易，就不好脱身。如果金融市场震荡，银行受损，那不论什么合同最后都没好下场。

伯利又想到了另一种办法，他打电话到德意志银行，此时他的银行经纪人已经由格利斯坦换成了安吉拉·章。他对安吉拉说："什么时候你们把这些 CDS 规范起来，让它们的交易变得更方便，要第一时间告诉我。华尔街最喜欢推陈出新，接下来它们肯定需要为这些有毒的按揭贷款做担保。"

"这事迟早会发生，最终肯定能做成买卖，"伯利说，"一旦开始请马上告诉我，这可是大买卖。"

挂上电话后，伯利心想，这将是我的一笔"索罗斯"式的大师级交易。

CDS 的诞生

格雷格·李普曼是德意志银行的一名交易员，他一直不大适应华尔街的氛围。他约了几位同行见面，商谈如何改变现有的债券交易方式。他希望如伯利所愿，为伯利这样企图做空房市的投资家建立一个交易平台。

十年前，李普曼第一次进入瑞士信贷第一波士顿公司时，他就显得格格不入。他留着长长的头发，齐齐地梳到脑后，看起来不像是华尔街人士。下巴偏长，这让他在人群中格外引人注目。李普曼喜欢欧式风格套装，衬衫常常穿得随意松散。他对运动一点兴趣都没有，往往理解不了别人在交易柜台上的谈笑。但他知道全市最好吃的寿司店是哪家，还在网上发表了纽约美食餐厅指南，人们给他起了个绰号叫"生鱼片鉴赏家"。

不论是电话交易还是柜台交易，李普曼都算是个中老手。他似乎并不在意同事对他的议论，他说话喜欢夸张，有时故意表演得活灵活现，比如在说到"tranche"这个词时，故意把 ch 发成清音，以点明这个词来源于法语。同事们越来越喜欢和他待在一起。

"我觉得他稀奇古怪，"第一波士顿的同事克雷格·克努森回忆道，"但他真的是招人喜欢，他并不强求别人认同自己，一点都不在乎别人是否赞同自己的观点。"

李普曼从事的是资产证券化交易中风险最大的那块业务。这些证券的信用等级最差，如果这些证券背后的贷款得到偿还，证券也就第一时间付清，但如果相应的贷款得不到偿还，这些证券就第一个遭受损失。市场上这块交易并不活跃，李普曼不得不在电话里对每个潜在客户不断游说，把这些不清不楚的债券夸得天花乱坠，好让他们找自己进行投资。每当他打电话时，同事们在旁边听得目瞪口呆，佩服得五体投地。李普曼对同事们说，要把自己想象成一名艺术品经销商，而不是经纪人。

2000年，李普曼受聘于德意志银行，他提醒同事，房车公司的前景不佳，但房车市场却一路疯狂上涨，势不可当。李普曼给出了超低价来估值这些公司的债券，一位资深的销售员怒气冲冲地对他喊道："你简直把我们当傻瓜！"六个月后，房车公司的债券一落千丈。

李普曼最终成了高级交易员，带领一个小组从事抵押贷款债券和其他复合债券投资。但他还是没按职业标准来打扮自己。有时，他的络腮胡又长又厚，一直留到耳边，十分醒目。他穿一双笨重的棕色尖头鞋，配一套细直条纹西装。在交易大厅里，人们都穿着蓝色或米色西装，李普曼在人海中是那样的突兀。

2005年初，36岁的李普曼对公司里没什么起色的按揭债券业务已经有点不耐烦了。但他和市场上的大多数人一样，都遇到了一个难题，由于按揭债券高风险但也高回报，全球各地的投资者纷纷抢购，但市场上又没有那么多的按揭贷款，抵押贷款债券已经供不应求，就连次贷市场也无法满足。

于是，李普曼有了个更大胆的想法：能不能创造出一种投资方式，来模拟现有的抵押按揭贷款？这样不需要更多新的按揭贷款，也可以满足那些饥渴的投资者，可以向他们出售一种"合成的"抵押按揭贷款。

2月，李普曼邀请贝尔斯登公司、高盛公司及面临同样问题的公司的交易员和律师，一起坐在德意志银行的会客室里商讨。大家坐在金黄色会议桌边，讨论至深夜，晚饭只是匆匆吃点外卖的中餐。他们产生了一个新的想法，即创造出一种标准化的容易买卖的CDS合同，来承保那些由次级信贷组成的按揭贷款证券。这是双方之间签订的一种合同，而非贷款。这种合同是为承保那些激进型按揭贷款而签订的，和按揭贷款没什么两样。如果贷款的安全系数高，这些合同就升值；如果借款人没法及时还贷，这些合同就贬值。

"我们叫上一些能一起合作的人，"李普曼后来告诉记者，"说起来并不光鲜，我们这伙人一边吃着中餐外卖，一边讨论着法律条款。"

这场讨论来来回回地持续了好几个月，其他银行很快也要求加入讨论。到了6月，讨论组推出一款全新的标准化CDS，随着它所承保的按揭贷款价值的高低变化，合同本身的价格亦会上下波动。CDS合同的买方每为100万美元的高风险债券投保，就必须按年付保险费给卖方。如果债券变得不值钱，卖方将付给买方100万美元。也就是说，如果CDS下的债券现金流有问题，CDS的卖方必须按合同金额付现金给买方，这叫做"现金支付"。那些看好次级抵押贷款的人会把CDS保险卖掉，换取现金，而看空次级抵押贷款的人则会买下来并支付年费。CDS 合同条款都是标准化的，所以它们跟其他债券一样，很容易进行交易。

就好比美国橄榄球超级碗大赛，每场比赛都能让赌徒就各种内容下注，比如哪个队最先得分，每个赛季最终会获得多少分等。李普曼和他的同事们在单一有限的房屋抵押贷款上创造出各种不同的金融衍生工具，来进行丰富多样的对赌。CDS 只能绑定在某一项抵押贷款上，但就本质而言，针对次级信贷的保险，其数量却可以无限做大。最终，伯利和其他房地产怀疑者找到了做空房地产市场的方法。而那些看好房地产者，如保险巨头美国国际集团，则通过出售保险合同获得额外的现金。它们深信自己永远不会赔钱。它们的精算师建立了复杂的模型，来证明房地产暴跌的可能性几乎为零。

金融界和法律界人士的这一创举，让次级信贷市场有了质的飞跃。各种债券活跃在华尔街及全球经济市场上。几个月后，银行家又为商业写字楼贷款和债务抵押债券创设了类似的保险合同。他们甚至还为 ABX 创立了 CDS 保险合同。所谓 ABX 是追踪次级贷款的指数，类似于道琼斯工业平均指数，但 ABX 指数专门针对的是高风险的房屋贷款。

包括李普曼在内的银行家并没意识到，他们所做的改变对华尔街、各大银行乃至全球经济有着怎样巨大的影响，他们只是想提供一种新的金融产品给客户而已。

事实上，随着次级信贷债券的 CDS 开始进行交易，李普曼首先做的就是把一单约 4 亿美元的次贷保险卖给对冲基金公司。他并没有意识到，房地产市场潜伏着种种危机。

伯利出师不利

当伯利带着他四岁的儿子去附近的森尼维尔市做眼科检查时，他接到了经纪人安吉拉·章的电话。他走出等候室，来到附近的停车场接电话。安吉拉在电话里告诉他："迈克尔，我们可以卖给你你想要的那种保险合同。"此时，李普曼及其他银行家刚刚签署好"合成"CDS 的各种文件，开始向客户推销。

伯利听了兴奋不已，他在停车场里来回踱步，听安吉拉描述这种投资产品的具体细节。德意志银行卖给他的 CDS，承保的是六份按揭证券，每份证券面值为 1 000 万美元，支撑这些证券的正是最容易出问题的次级贷款。德意志银行找到一家欧洲养老基金公司，该公司认为房价会上涨，希望能出售 CDS 保险合同以收取现金，增加利润，德意志银行扮演中间人的角色。这份按揭抵押证券的评级为 BBB，仅比垃圾债券高出一个等级，而垃圾债券就是人们常说的投资级别债券的最低等级，但对欧洲养老基金公司而言，这些已经算是安全的债券了。

这六份证券的 CDS 保险，每份售价要高于伦敦同业银行拆借利率 155 个基点，也就是说每年要多交 155 000 美元，六份加起来售价接近 100 万美元，安吉拉问伯利："你要买吗？"

"当然，当然。"伯利迅速地回答。

接下来的好几个月，伯利埋头研究，阅读了上百种债券池的说明书，想找出哪家债券最为危险。他觉得他所剩的时间不多了。有千千万万的对冲基金及投资者都在寻找各种赚钱的机会，他们肯定也会发现这个商机。

伯利重点关注的按揭贷款池，其借款人主要来自加利福尼亚、内华达、佛罗里达等泡沫多的房地产市场。南加州是次级信贷市场的集中地，带有南加州字样的有价证券，如结构性资产投资贷款信托（SAIL）、专业保险和住宅金融信托（SURF）以及房屋净值资产信托（HEAT）等，都让伯利兴奋不已，他告诉经纪人他要买这些贷款池的CDS。

他问安吉拉，谁是这些CDS的卖家。安吉拉回答说，是各种机构和欧洲富人，以及一些对冲基金。穆迪和标准普尔等信用评估机构都给这些按揭贷款打出了很高的信用等级，这些卖家感到十分放心。

"呵呵，它们全都错了。"伯利对安吉拉这样说。

一天深夜，伯利把自己关在办公室里，紧闭窗帘，开始思考：如果自己判断正确，那会怎么样？当然，他所持有的按揭保险的价值必然直线上升，他可以赚一大笔钱。但如果房地产崩溃了，跟自己有生意往来的经纪公司有可能损失惨重，这样一来，它们就无法支付欠自己的钱了。因此，伯利开始避免与持有大量按揭贷款的投资公司做交易，比如雷曼兄弟、贝尔斯登等，他开始把主要交易转移到其他经纪公司那里。

然而，到了2005夏末，伯利发现，安吉拉卖给他的首批按揭保险并不像其他按揭那样高风险。他开始甄别某些按揭池，这种按揭池的很大一部分是由一种叫"同步二级房贷"的贷款组成的，买方贷出两笔款项，一是按揭贷款，二是首付贷款。事实上，这些房子根本没有什么资产净值，房价下跌时不用说，哪怕房价只是持平，这些贷款的风险都很高。而对它们进行保护的 CDS 却特别便宜，所以伯利不断地买入，觉得自己就像个来到半价糖果店的小孩子，拼命地抢购，一心想赶在别的小孩发现之前，把尽可能多的糖果收归己有。伯利暗忖：难道其他投资者都没发现这个商机？

做完一单生意后，伯利接到高盛公司经纪人的电话。

"你在做什么啊？你一直不停地买，买，买，没有人像你这样只进不出。"

"是的，我就是想一直买入，我认为整个体系就快要去见鬼了。"

伯利一直渴望做成一笔大交易，他相信此番交易有可能是有史以来最大的一笔交易。他开始约谈客户，试图成立一个新的基金，专门购买按揭贷款的保险。他把该基金命名为"弥尔顿之作"，取自 17 世纪英国著名诗人弥尔顿的叙事长诗《失乐园》，言下之意，房市若暴跌，曾经的天堂就会轰然倒塌。

2005 年末，伯利给他的客户写了封激情四溢的信，力劝他们加入新的基金：

> 当市场出钱，让美国在线公司购买时代华纳公司时，人们错了。

> 当整个市场都不看好乔治·索罗斯，看跌英镑时，人们又错了。

> 如果现在继续随波逐流，而对有史以来最大的信用泡沫视

而不见的话，那么又将是一个大错误。

机会是难得的，能用最大的资金换取最大回报的机会更是少之又少。

今天，选择做空史上最有问题的抵押债券，这样的机会千载难逢！

然而，一些客户在听完伯利的想法后不怎么高兴。他们认为伯利更善于做股票投资，而不是做这些衍生债券。很多客户对伯利的印象还停留在他以前当过医生，自学成才成为投资家。他们认为伯利很有天赋，但还需要进一步学习提高，他对房屋按揭贷款产生的次贷问题的看法过于简单。不少投资人有着顶尖商学院的毕业文凭，更相信华尔街高端人才用复杂的商业风险模型得出的结论，那就是与房地产相关产业的风险可以忽略不计。对他们而言，伯利就像是那个说皇帝没穿新衣的小孩子，没有人会相信。因此，很多客户甚至连看完伯利这封长信的耐心都没有。

就连伯利的铁杆粉丝也开始产生怀疑，伯利最早的投资者罗伯·古德斯坦也发问："你怎么知道这就是房价的顶点呢？"

另一位投资人引用华尔街公司的复杂模型，来说明哪怕是房价下滑，房产相关产业的损失也能控制在一定的范围内。

"你用的是什么模型？"这位投资人要求伯利出示模型。

伯利回答："华尔街所用的模型都建立在过去 20 年按揭贷款的业绩基础上，它们完全反映不出最近房贷猛增的情况，因此，这些模型毫无用处。"

"只需要一点常识和逻辑推理，就可以判断出来，"伯利对那名投资者这样说，"3～5 年内，只需给我 3～5 年，我就能做成这笔生意。"

花了这么长时间，将这些难懂的按揭贷款钻研清楚，伯利却发现，他经常难以向客户简要地说清自己的观点。他越发不愿意向客户阐明自己的理念，开始把募集资金的工作移交给他的团队。

每天，伯利都兴冲冲地走进财务总监的办公室，期待地问："有回复吗?"希望能有潜在顾客投资他的对冲基金。

答案却往往令人失望。2006 年初，伯利加仓买入 CDS 合同，承保对象为 11 亿美元的次级抵押贷款池。但这对伯利来说远远不够。

"这将是我的大生意啊!"伯利躁动不安。

伯利的心情越发抑郁，他把自己关了起来，想象着会有竞争对手抓住机会购买 CDS，然后在房价下跌时炒高这些 CDS 的价格。很多时候，他独自一人在办公室一坐就是好几个小时，关上门，用音响播放重金属音乐，以至于他的员工担心不已。很快，员工们都害怕跟他接近。

一些按揭贷款的保险费很快开始上升，令伯利急得不行，眼看这笔大交易就要溜走了。他在办公室里把 Megadeth 和 Disturbed 乐队的重金属音乐开得很大声，贝斯的声音震得整个地板嗡嗡作响。最常播放的乐曲还有 Metallica 乐队的《赶尽杀绝》和 Pantera 的《地狱牛仔》。

最终，伯利承受不了这样的压力和挫折，他没法找到足够的投资客户来支持他的观点，他放弃了建立新基金的努力。

第 5 章

佩莱格里尼的神秘图表

保尔森决定拿出自己的钱，为个人账户购买更多的保险，然后随它去吧。他知道自己在孤注一掷。想要获得巨大的利润，他就必须建立新的基金，专门做空次级按揭贷款。之前伯利无法说服投资者筹建类似的基金。现在轮到保尔森出手了。

保尔森试水 CDS

2005 年初，对房价和债券市场的讨论甚嚣尘上，保尔森自然也不能置身事外。他并不相信房市的暴风雨就在眼前，也不认为那些高风险的按揭贷款有多危险。但他还是注意到，有些潜在威胁已经在逼近，有必要采取些保护措施，就好比得备把伞以防下雨，但他不知道从哪里能找到这种保护。

在对房地产的表面繁荣做一番深入研究后，保尔森不无遗憾地对同事说："可能我们无法做空房价。"

保尔森认为，佩莱格里尼所推崇的 CDS 保险对公司作用不大，但买些 CDS 以保护某些金融公司倒没什么坏处，尤其是一些公司过分依赖那些眼睛里只有债券的客户，风险更大。因此，保尔森在研究了国家金融服务公司和华盛顿金融公司后，指示交易员布拉德·罗森伯格购买 CDS 合同，对这两大贷款公司进行投保。

但市场开始有传言，这两大公司将被收购，如此一来，它们的股票和债券将一路飞涨，而对它们进行债务保护的 CDS 合同的价值就会一路下跌，从而影响到保尔森公司。虽然在这份 CDS 合同上的损失不大，但保尔森公司今年已经落后同行太多，如果公司还想进一步壮大，就没有多少可以承受失误的余地了。

一天下午，佩莱格里尼抓着一张宣传单走进保尔森的办公室，他要找保尔森探讨有人要并购国家金融服务公司的传言，这一传言让该公司股票日益攀升，而保尔森公司则损失加重。

佩莱格里尼在临走之际抛出了个想法。

"话说回来，既然您担心有人会投标收购，不如我们想想如何做空按揭贷款证券。反正如果会亏，早晚也是亏，我们只能一条路走到黑。"

这个词是佩莱格里尼从他的前东家，特里卡迪亚公司老总阿里夫·伊纳亚图拉那里听来的。对高风险按揭贷款证券的保险，不会因为个别企业收购而受影响，这已经算是一种接近完美的保护方式，足以应对市场中任何可能出现的问题。

佩莱格里尼看得出保尔森一下子来了兴致，脸上露出了微笑。随着利率的上调，这些可调节的按揭贷款的还款利率也会相应提高，而借款人在按月偿还贷款时必定会很吃力。保尔森马上意识到了这点，这样一来按揭贷款证券就会受到冲击。

之后，保尔森满面春风地走到佩莱格里尼身边对他说，美联储绝对不会调低利率以减轻借款人的还贷压力。因为一旦降低利率，原来脆弱的美元就会贬值，从而引发通货膨胀。但是，利率一旦上升，就会有一大堆房屋业主无法按月还贷，而基于这些按揭贷款的债券价值就会缩水。

佩莱格里尼也持同样的看法，但他问老板，公司到底要做空哪只抵押贷款债券时，保尔森却没听明白他的意思。

"呃，这类债券有上百亿美元，比比皆是啊。"佩莱格里尼说。

保尔森的眼睛都瞪大了，不敢相信，"怎么会这样？"

佩莱格里尼也是最近才对错综复杂的按揭贷款证券市场有点了解，这得益于他经常参加贝尔斯登经纪人举办的各类讲座，与其他公司进行联系和交流，还出席了各类行业会议。虽说这些讲座都是比较简单的，他对该类债券市场的很多细节还不是很清楚，但佩莱格里尼也算是公司内部的专家了，因为其他同事对这一领域都还是懵懵懂懂的。

"我当时大吃一惊。"保尔森回忆道。

接下来几周，佩莱格里尼请了包括阿里夫·伊纳亚图拉在内的几位专家，到公司来给自己和保尔森上课。

"当我发现次级高风险贷款有专门的分类时，一下子就大开眼界了。"保尔森说，"实际上，它们还可以再细分成十八层，我还从没有见过哪种资金结构有超过五层的。"

他催促佩莱格里尼去找到一种最直接的方法，做空风险系数最大的按揭贷款。

"挖掘研究得深些，更深些，保罗。"

佩莱格里尼重点买入 BBB 级证券，这些证券的背后是一堆次级按揭贷款，及一些在评估机构眼里仅比垃圾债券好一点的债券。他直接忽略掉那些占比为 5% 的有毒债券，这些债券信用等级为 BBB－或更低。佩莱格里尼认为，这些有毒债券的保险费用肯定会很高，而 BBB 级债券已经接近有毒按揭贷款债券的底部。

保尔森同意这个方案，他对佩莱格里尼说："一旦有状况发生，这些债券想要得到兑现，几乎是求告无门。"

　　但想要买到可以保护这些BBB级证券的CDS并非易事，佩莱格里尼解释了原因。首要问题是市面上没有这么多的证券出售，这也正是李普曼所在的德意志银行和其他合作银行正在致力解决的问题。佩莱格里尼挖掘出一系列数据，显示证券化次级抵押贷款占市场中10万亿美元的10%，但只有100亿美元的BBB级债券未清偿。佩莱格里尼和伯利一样，都认为可以自由交易的CDS合同很快就会面市，以满足投资人对BBB级证券的需求。他请律师准备好各种法律文书，以备不时之需。

　　一个月后，也就是2005年夏天，李普曼终于推出首批CDS，用于保护次贷证券。佩莱格里尼闻讯后，立即冲到保尔森公司，力促他购买这些CDS。接下来的两个星期，保尔森拜访他的老东家贝尔斯登公司，购买为1亿美元次级按揭贷款的违约或损失所提供的保险（CDS）。整单的成交价仅为100万美元。CDS的价格如此低廉，保尔森实在想不通，其他人为什么不跟着买这些廉价保险，哪怕是以防万一也好。

　　天气渐渐转热，整个经济也随之升温。然而，保尔森对整个国家的经济状况和房地产市场的担忧却与日俱增。昏头昏脑的投资者不断购入各种BBB级按揭贷款债券及其他垃圾债券，却从不考虑投资回报。这些债券的利率仅比最安全的美国国库券利率高一个百分点，保尔森对此实在难以理解，国库券的利率为5%，这种高风险债券的利率只有6%，怎么还会有人买呢？

"这简直就像个赌场。"保尔森在会上讨论整个市场时，对分析员这样说道。

"我们应该抛光持有的其他一切品种，然后做空。"他决定让交易员关闭几十种交易。

保尔森还让他们找出最危险的投资项目，然后做空。

"哪里还有泡沫项目可以让我们做空？"

接下来的几个月，保尔森根据市场情况，不断调整他所持有的股票债券，同时不断做空另一些债券。比如德尔福公司——全国最大的汽车部件制造商。他似乎能未卜先知，最起码刚开始时是这样。德尔福公司每股价格跌至 65 美分，到了 10 月份，公司的问题严重到需要申请破产保护。然而，德尔福公司的股价却不知为何突然上扬，保尔森大惑不解。德尔福公司每股价格先是上涨到 70 美分，而后 77 美分，一路涨至 90 美分。最后保尔森不得不中止交易，弃子认输，买回股票还给经纪人，停止做空这家公司。

那一年，保尔森公司的这类冒进交易可不少，这是个惨痛的教训，让保尔森明白了，CDS 合同在做空交易上有着独到的优势。CDS 合同与做空股票债券不同，其最大的损失无非只是缴纳年保险费而已。保尔森很快就体会到做衍生交易的诸多好处。

事实上，CDS 合同一开始还有很多不完善之处。以德尔福公司为例，用于保护公司股票损失的 CDS 合同的持有者，在股价上升时必须买入该公司股票，以偿还那些卖给他们 CDS 保险的投资者，这样一来，哪怕这家公司行将破产，他们也得抢购德尔福的股票，这反而抬高了股价。

"好可惜，是我们操之过急了，"保尔森对另一分析员说，"市场越来越疯狂。"

保尔森越发看不懂这个市场。整个 2005 年，一些杠杆收购公司疯狂地兼并收购其他企业。继 16 年前的雷诺兹–纳贝斯克公司收购案之后，SunGard Data System 公司以 113 亿美元的价格完成了最大的收购交易。紧接着，就连家喻户晓的赫兹租车企业和米高梅电影制片公司也被兼并。这一切都归功于投资商和贷款公司大力放水，让债务资金筹措的成本变得十分低廉。

保尔森拖着椅子凑近布拉德·罗森伯格，和他一起看商业电视频道上的收购新闻，他忍不住说："大家都疯了，到处都是钱，可以买各种东西，他们借贷出价简直太随意了。"保尔森告诉佩莱格里尼，他们面临的是一堵"流动资金之墙"。

保尔森注意到华尔街银行的借款数额剧增，他摇了摇头说："你有没有注意到，这些家伙是按 35∶1 进行杠杆融资的?"

网上还流传着种种故事，比如，借款人如何不用出具任何收入或资产证明就可以按揭贷款。罗森伯格将这些都告诉了保尔森。在一些城市诸如凤凰城、圣迭戈、拉斯韦加斯，贷款的发放已经泛滥到失控的地步，次级信贷进一步席卷全国。保尔森、佩莱格里尼、罗森伯格与华尔街顶级抵押贷款分析师进行了多次会谈，想弄清楚为什么只有他们几个人担忧这个市场。连保尔森团队成员也忍不住嘀咕："他们都是专家，而保尔森只是个门外汉。"保尔森暗忖："会不会有些东西我没有看出来?"

"我们的模型显示，一切无须担忧。"贝尔斯登公司顶级分析师吉安·辛哈在电话里说道。"房价从来就没掉过。"另一分析师说。
而其他人则强调，投资级别的按揭贷款很少违约。"它们一路高涨，
甚至连持平的情况都很少。"一位专家这样对佩莱格里尼说。

罗森伯格回忆说："他们认为我们都疯了，一直不停地说'我们
的模型'如何如何，还说我们不明白他们在讲什么。"

佩莱格里尼的担忧

在佩莱格里尼看来，对冲基金投资中，次贷交易已从一项不起
眼的小业务，一跃成为前途无量的谋生之道。一直以来，佩莱格里
尼对整个团队的贡献微乎其微，他在公司的地位也明显不如别人。
大多数分析师都是直接打报告给保尔森，而佩莱格里尼就像一个需
要老师特别辅导的学生，得向公司研究部主任安德鲁·霍尼汇报，
让他对自己的想法先把把关。

那年夏天，佩莱格里尼所顶替的那个年轻人尼古拉·彼得切尼
科夫，在商学院进修一年后回公司上班了，这让佩莱格里尼更加焦
虑。保尔森开始把国际并购方面的重要工作安排给这位 27 岁的年轻
人，而不是给佩莱格里尼。佩莱格里尼在这家对冲基金公司的机会
之窗似乎快要被合上了。

面对这不祥之兆，佩莱格里尼主动找到保尔森，希望他能同意
自己把工作重点转到次贷金融领域，保尔森欣然同意。

"那对我们来说可能是个大金矿。"保尔森回答道，对佩莱格里

尼鼓励有加。

虽说有保尔森的热情支持，佩莱格里尼心中还是忐忑不已，这场交易对他而言可是最后的放手一搏。保尔森公司的核心业务是兼并投资，CDS交易只不过是个打酱油的角色，保尔森对它也许只是三分钟的热度。公司的员工也不过十来位，没有什么建树的人是待不久的。佩莱格里尼当时已经48岁，年收入起码也有40万美元，收入看似不少，但大部分作为儿子私立学校的学费。作为一名金融从业人士，他的银行存款少得有点尴尬。

"我并不清楚自己是否能在公司待下去，"佩莱格里尼回忆说，"约翰·保尔森对我的工作不算满意，我自己也感到很挫败，换成其他人早就炒我鱿鱼了，好在约翰·保尔森看到了我的努力。"

佩莱格里尼相信次贷交易是可行的，他只求上天给他足够长的时间来坚持，直至盈利。

"我往前走的每一步都是未知的。"佩莱格里尼说。他知道在他职业生涯的前方免不了有艰难险阻。

佩莱格里尼并没有因此畏首畏尾，相反，他比前些年更加精神抖擞。他每天上班比别人早，下班比别人迟，不断地思考研究房地产市场。那年夏天，佩莱格里尼与唐纳·卡兰服装品牌的销售主管亨丽埃塔·琼斯开始交往。第二次约会时，整个晚上，佩莱格里尼在琼斯面前把白天所做的房地产研究报告又滔滔不绝地讲了一次，吃甜点的时候，他还建议琼斯卖掉曼哈顿的公寓。

利率和按揭产品并不是约会时的浪漫话题，但琼斯被佩莱格里尼的工作热情打动了。

11 月份，佩莱格里尼跟一些投资商在曼哈顿中心的君悦酒店开了个会。会议由新世纪公司 CEO 罗伯特·科尔主持。科尔的演讲激情四射，台下的投资者对前景信心十足，提出的问题也不痛不痒。不少人对新世纪公司客户的低违约率表示祝贺。佩莱格里尼安静地听着，他知道他的同行们都犯了大错。"就等着瞧利率的调整吧。"他心中暗想。

然而，佩莱格里尼很快就意识到，他和保尔森都忽略了一件很重要的事情。

他并没有当众讲出自己的观点，生怕其他人知道了自己公司的想法，都一股脑儿地去抢购 CDS 合同，这样一来，保尔森所看中的 CDS 合同的价格就会被抬高。但佩莱格里尼还是有点担心，会不会自己疏忽了某些情况？

演讲结束后，佩莱格里尼一下子就冲到了讲台边，抢在其他投资者之前向科尔问了个问题："如果按揭贷款利率有所调整，情况会怎么样？会不会出现违约？"他觉得科尔关于市场上涨的理论有个致命的缺陷。

科尔看起来一点也不怕："不会的，如果那样，我们直接重新融资就行了。"他回答得理所当然。

科尔解释说，新世纪公司和其他次贷公司一样，在为客户重新融资时，会事先收取高额的预付手续费，就算为客户重新融资的新贷款还款利率不高，从新贷款中所获的利润不多也不要紧。因此，即使利率被调高，他们也愿意为客户重新融资。只要按揭抵押的房产价值高于原先的贷款，就可用这房产不断地融到新的贷款，所以新世纪公司一点都不担心客户的还款能力。

"这听起来很有意思。"佩莱格里尼不动声色地回答道。

保尔森团队原先的理论是,利率的变动会造成业主还款困难,现在看来这个理论基础全错了。佩莱格里尼意识到,如果利率上升,贷款公司会为借款人继续融资,用他们的房产重新贷款,贷款的利率会更低。如此一来,不可能出现预计中的一大波违约行为。起码在房价不断攀升的情况下,房贷违约不大可能出现。

在回公司的路上,佩莱格里尼沮丧不已。

佩莱格里尼带回来的可不是大家乐意听到的消息。而这还不是保尔森公司最糟糕的时候。2005 年,公司所经营的各种对冲基金的利润累计不超过 5%,远远落后于其他对冲基金公司的 9%。华尔街纷纷议论,保尔森已经跟不上这个时代了。

"那是段令人沮丧的时光。"保尔森的投资关系部主管吉姆·翁回忆道。

而 Concord Management 有限公司的一名助理马丁·唐伯格,正因为保尔森公司的投资表现不佳而被新世纪公司的投资主管质问。

"我们为什么要投这家对冲基金?"唐伯格被老板逼问。他只好建议再多给保尔森公司一段时间,以决定要不要撤资。

年末之前,连保尔森的朋友都在质疑他的投资策略。11 月的一天,保尔森公司的投资元老霍华德·古尔维奇来访,在他看来,保尔森公司之所以利润不高,是因为如今遍地都是各种快速的热钱交易,保尔森过于保守,因此很难在并购及其他领域取得成功。

"约翰,会不会这世界变了?"古尔维奇轻轻地问他的老朋友。

保尔森对古尔维奇说，自己的理念也许不合潮流，但他对自己很有信心。保尔森不知道的是，有少数几个投资者赞同他对房价的判断，正紧跟他的步伐。

李普曼由多转空

同年 5 月，李普曼推出了一种经过完善的方法，让大家可以对赌房地产。他和他的同事们通过卖出次级按揭贷款池的 CDS 合同赚了不少钱。李普曼当时也在德意志银行操作交易账户，他最早加入了做多房产这一阵营，开始把 CDS 合同卖给少数几个看空房市的投资者，如在圣何塞的伯利。

到了 6 月，李普曼的直觉让他选择了与大多数人相反的方向。他决定自己研究房地产市场，看看是否如众人所说的那样一片大好。李普曼很欣赏银行里一位名叫徐尤金的研究分析员，常常着同事的面对他赞不绝口，说这个上海人 18 岁就在中国全国数学竞赛中获得第二名。也许，这位获得加利福尼亚州大学博士学位的徐尤金能帮助李普曼鉴别，房地产是个大牛市这一理论是否属实。

李普曼让徐尤金尽可能收集并研究房屋按揭贷款的违约数据。之前，由于房价一直上涨，李普曼和其他投资者都没想到对这块数据进行查证。徐尤金把整个国家分成四个地区来调查。他发现像加利福尼亚、亚利桑那、内华达等州的按揭贷款的违约率最低，房价上升最快。而违约率最高的地区，房价增长最慢。佛罗里达州和佐治亚州在很多方面都很相似，但徐尤金的数据表明，佛罗里达州与北邻的佐治亚州相比，违约率低了很多，这似乎是前者房价上升较高导致的。

房价与按揭贷款违约之间的联系由来已久。徐尤金发现早在十年前，包括 20 世纪 90 年代早期房价轻微下跌时，房价对贷款问题来讲就至关重要。

"天啊！"李普曼在德意志银行交易大厅读完徐尤金的报告后，忍不住喊道，"一旦房价停止上涨，这些人就要完蛋。"

李普曼的理论在逻辑上是可行的，但在当时，它显得十分偏激。大多数经济学家和交易员都认为，导致贷款违约的因素有很多，利率、经济增长率、就业率都决定了违约率的高低。房价对违约率有一定影响，但房价涨到某个程度就不可能继续再涨。公众的普遍心理是：如果控制好其他因素，房贷的违约率就不会大幅升高。

但从徐尤金的数据分析来看，那些所谓的其他因素所起的作用，远没有房价来得重要。事实上，加利福尼亚州与其他贷款违约率高的州相比，就业率基本相同，但其他州的房价没怎么上涨，这才造成高违约率。因此，李普曼明白，像加州这样的房产圣地并不见得是好事，实际上有着很高的信用风险，一旦房价持平，违约现象就会迅速产生。

"为什么以前就没有人做过这样的调查？"李普曼对徐尤金感叹道。这一下子颠覆了李普曼以前的想法，他毫不犹豫地在银行里公开了自己的想法。

一天，他在整个交易大厅里大声喊道："这一切将会毁灭。"其他人听了摇头不语。

李普曼冲到每个人跟前说，希望他们能认可自己的观点。他耐心地解释道：一旦加州及其他房市大好的地方的房价回落到实际水平，按揭贷款的违约率和拖欠率就会像印第安纳州一样高。目前印第安纳州有 6％的房屋业主不按时支付按揭，这一比例是加州的两倍。

然而，李普曼的同事们对此还是持怀疑态度。资深分析师凯伦·韦弗为人一向谨慎，常常提醒投资者不要进行各类加杠杆按揭贷款投资，可连他都不相信李普曼所言。在每周的例会上，德意志银行的其他高管对于李普曼所宣扬的灾难即将来临的论调都嗤之以鼻。

"格雷格又发作了。"一天，韦弗在小组里这样开玩笑，其他人也开始取笑李普曼，大家笑成一团。

"你们最终会知道我是对的。"李普曼冷静地回应道。

银行里的某些人则认为，李普曼肯定是忽略了某些因素，比如加州和佛罗里达州人口的膨胀导致了低违约率。于是李普曼和徐尤金重新检查数据，排查人口变化及其他因素的影响。然而，他们再次确定，房价是影响按揭贷款违约率的唯一因素，是其他因素所不能比拟的。在李普曼看来，他的同事及其他同行就如同那些坚信世界是平的人们一样食古不化。

"如果加州房产开始像印第安纳州一样，违约率就会不低于12％。"李普曼坚持不懈地游说同事。印第安纳州的房价涨幅为 5％，而加州的房价涨幅超过 15％。李普曼认为一旦房价停止上涨，一系列问题就会涌现，无论此时的房地产如何繁荣，都无法避免这个结果。

2005年深秋，李普曼越发相信这一点，但他需要得到银行的批准才能买入CDS合同和做空房市。他鼓起勇气向他的老板拉杰夫·米斯拉建议，为10亿多美元的高风险按揭贷款购买保险。

李普曼带着20页材料对米斯拉说："这是一场豪赌，如果我赌赢了，就能为银行挣10亿美元，这足以弥补所有的损失。如果我赌输了，每年不外乎花费2 000万美元。"

李普曼建议购买CDS合同，对BBB级按揭贷款证券进行投保。就像保尔森和伯利所做的那样。他注意到80%的次级抵押贷款的利率会在两年后调高，因此，他的这场交易不用等太久，大概四年就会知道结果。如果他为10亿美元BBB级债券购买保险，保险费每年2 000万美元，四年下来顶多花费8 000万美元。

"如果我们赢了，将会有六倍的利润。"他对上司们这样说。"就算加州房地产再怎么涨，也不可能翻六倍，因为房价不可能无止境地上涨。银行应该冒险试试。"

他对做空抵押贷款是如此热情高涨，以至于银行的有些人认为，他有点走火入魔了。在银行某些人眼里，李普曼并不按常理出牌，他们不相信他的投资方案会奏效。当然，他们还是批准了他的交易申请，但购买的总金额不是他所希望的。德意志银行的高管们同意李普曼每年动用2 000万美元左右为10亿美元按揭贷款投保。他们要求李普曼必须跟踪并汇报交易情况，无形中给李普曼这位37岁的交易员上了个紧箍咒。

李普曼盛气凌人、为人鲁莽，招来一些同事的反感，因此，在德意志银行中常常有关于他的各种传闻。这对李普曼可不是什么好事。银行里曾流传这样一个故事，但不一定是真的：

一天晚上，李普曼走出银行大楼，急着赶赴一个生意饭局。他打不到出租车，后来他看到银行员工排队等班车接送，就径直走到队伍的前面，对刚要上车的一位女士说，他是高级交易员，需要乘车赴宴。那位女士询问李普曼的大名，声称以后一定要告诉别人，有这份荣幸可以遇上他。李普曼骄傲地宣称，我是资产证券部主管格雷格·李普曼。那位女士听了后说："我是人力资源部主管，这是你最后一次坐公司的车。"

李普曼的朋友否认有这回事，但这个故事还是在银行传开了。这表明李普曼在德意志银行多少有点招人妒恨。

事实上，不论他的交易技巧如何高超，在这场重要的交易中，李普曼没有认真考虑过自己的得失。当时他已是年薪几百万美元的成功人士，如果他在这场次贷交易中赢了，他当然能挣到更多的钱，但他的生活并不会有多大改变。可一旦他输了，他赔上的可是自己的前程。

交易伊始，按揭贷款价格就上升，李普曼所买的保险价值立马下跌。他的交易看起来前景不妙。朋友们从一开始知道李普曼在忙什么时就很替他担心。他们告诫李普曼，他的行为与其他人背道而驰，这是在拿自己的声誉冒险。一位同事把李普曼拉到一旁问："你为什么要这样做？万一你判断错了，没有人会感谢你，这就好比没发生火灾，就不会有人感谢你让他们买了火灾保险。"

但李普曼和徐尤金发现房价上升的势头开始趋缓，李普曼不但没有退缩，反而下定决心排除万难地走下去。

黎明前的黑暗

假如新世纪公司总裁告诉佩莱格里尼的观点成立的话——借款人可以重新抵押融资，降低还贷金额——那么保尔森为 10 亿美元的次级按揭贷款所投保的保险合同就没有多少价值。事实上，保尔森购买的 CDS 保险在 2005 年末有所回升，但到了 2006 年初，一些对冲基金公司相信房价还会继续上升，于是抛售了它们的保险，导致利润被蒸发得无影无踪。

约翰·保尔森最早购买的 CDS 保险日益贬值，因为它所承保的抵押房产行情看涨，贷款公司可以轻而易举地将房产再次融资。保尔森意识到这个错误后，就把这些 CDS 保险割肉了，但他觉得，自己的交易思路是正确的，所以他把持有的 CDS 保险换成了跟最新的次级房贷相关的保险。这些房产增值的可能性不大，因为一旦按揭贷款利率提高，它们就无法用来抵押融资。

然而，这些交易都没有为基金赚多少钱。

"当时我们毫无头绪，不知何去何从。"保尔森回忆道。

保尔森与佩莱格里尼很快就意识到，只能等到房价泡沫最终破裂，那些高风险的按揭贷款才有可能无法重新融资，因为只有到那时，贷款公司才不会再帮助贷款人重新融资以偿还旧贷。

直至 2006 年初，保尔森团队才开始认真思考研究，房地产泡沫是否会破裂。据他们的推测，目前房价看起来是高涨，但购房者都背了一身债，万一利率上调，哪怕房价没有下跌，他们也很有可能无法偿还按揭。

之前，保尔森并没料到不当借贷行为已经如此泛滥。直到 2006年 1 月，罗森伯格打印出一份文件，上面介绍了当时最大的次贷公司——阿姆莱奎斯特抵押公司在某次不良借贷调查中，愿意花 3.25亿美元来摆平，这个消息让保尔森震惊不已。

"这太可怕了。"他对佩莱格里尼说，这样的冒进贷款在他看来真是疯了。

保尔森和佩莱格里尼得出结论：只有当美国的房地产撑不下去开始下跌，借款人无法再融资还贷时，才有可能真正做空交易，而这一切似乎还很遥远。

"当时，每个人都说除了萧条时期，从没出现过全国性的房价下跌。"保尔森回忆道。

保尔森赶紧让佩莱格里尼回他的小隔间，研究房地产过热将达到什么程度，这个任务正是佩莱格里尼的强项。过去，佩莱格里尼总被批评在钻研一个项目上花了太多时间。保尔森有时也拿他开玩笑，说如果要从他们办公室所在的第 57 街走一个街区到第 58 街，佩莱格里尼的走法肯定是穿过城市另一端，先走到西边，再绕到东边，最后才回到市中心，到达第 58 街，他从不会走直线。

"有时候，我更喜欢每件事自己摸索一遍，一切从头开始。"佩莱格里尼承认。

保尔森现在希望佩莱格里尼所做的正是深入研究。每次佩莱格里尼收集了些新的数据，保尔森就让他回去挖掘更多。保尔森让佩莱格里尼思考："如果同一个房产上既有房屋净值贷款又有按揭贷款，那么对按揭贷款会有什么影响？贷款违约一旦发生，要多久才会造成按揭贷款的损失？"

由美国房地产经纪人协会提供的一个指数表明，房价在 2005 年 9 月停止上涨。但佩莱格里尼和另一同事从联邦房地产企业监督办公室查到一个指数，表明房价仍然在不断上升。这在保尔森公司内引起了广泛的争论。

保尔森察觉到，房屋销售势头趋缓。2006 年初，债券价格一路飙升到快要破纪录的水平。保尔森警惕起来，把公司持有的债券全部清空，让 30％的利润落袋为安。但公司团队还是不确定房价泡沫是否会继续。

保尔森想起他在波士顿咨询公司的前老板杰夫里·利伯特曾说过，如果考虑到通货膨胀的因素，房价的上涨幅度其实不大。因此，他要求佩莱格里尼考虑通货膨胀的因素，佩莱格里尼重新调整了相关数据，采用了一种名为"个人消费支出价格"的指数，作为衡量通货膨胀水平的标杆。他们发现通货膨胀与房价有紧密的联系，但二者之间的具体关系并不明确。

佩莱格里尼有时将已知的数据打乱重组，有时又钻牛角尖，这让保尔森和其他同事颇为恼火。佩莱格里尼常常在保尔森的办公室一待就是几小时，两人就如何推算房市的变化进行激烈的辩论，气氛越来越紧张，有时他们还不欢而散。

在对房地产研究的间隙，佩莱格里尼会放松一下，他带两个儿子去冲浪或者打高尔夫球。大多数的周末时光，他会在中央公园散步，集中精力思考，以寻求更好的研究方式。

佩莱格里尼的同事们实在搞不明白，为什么他要对数据进行无穷无尽的研究，但他的前妻克莱尔·古德曼了解佩莱格里尼。

"他这人就是会对某个问题一直孜孜不倦地研究下去，直至找到他满意的'最佳方案'，"她这样说道，"在意大利文化中，实际解决方案与最佳解决方案是不同的。就好比要做个沙发，必须得做成漂亮的沙发才是最佳解决方案。佩莱格里尼是完美主义者，他不光追求实际解决方案，还追求最佳解决方案。"

在对几十年的利率进行跟踪研究之后，佩莱格里尼得出了结论：利率对房价的影响微乎其微。这表明不管房价是不是牛市，联邦储备银行之前的利率削减与最近的房地产热并无关系。但佩莱格里尼看了学术文献和官方数据后，更加迷惑不解。他无法确定房价比实际价值虚高了多少，房价泡沫到底是什么时候开始出现的。他甚至无法区分，目前的房价大涨与过去的房价变动有何不同。

为了开拓思维，佩莱格里尼给房产数据引入了"趋势线"，这样一来，房价最近上涨多少就一目了然。佩莱格里尼把 1975 年以来房地产的所有数据都调出来重新审视。深夜里，佩莱格里尼趴在办公桌上，煞费苦心地把全国每年房价的变化整理出来。他还原分析了那个时间段的数据变化，理顺了价格的起起落落。

突然之间，答案清清楚楚地显示在他面前：1975—2000 年间，如果把通货膨胀因素考虑进去，房价每年仅上升 1.4％。但在 2000

年之后的 5 年内，房价以每年 7％的速度激增。因此可以得出结论：美国房价将下跌 40％以上，直到回落至它的历史趋势线。且不说过去房价不会像目前这样猛涨，佩莱格里尼的数字还显示，过去每次房价下跌时，都是直接跌破趋势线，这说明房价的下跌很可能非常迅猛。

佩莱格里尼一下子坐直了，目瞪口呆地看着房价走向图，原来事情是如此简单明了。他把数据制成一张图，直观效果更明显。第二天一早，他就冲向保尔森的办公室，让他看看这张图。

"这简直难以置信！"保尔森喊道，一时间舍不得将视线从图上移开。他的脸上露出狡黠的微笑，就好比佩莱格里尼告诉他一个天下没有人知道的秘密一样。保尔森坐在他的椅子上，对佩莱格里尼说："这就是我们的泡沫！证据在此，我们现在完全可以证实了。"

佩莱格里尼咧开嘴，自豪之情溢于言表。

这个图就好比保尔森的罗塞塔石碑（解释古埃及文字的线索），是解读整个房地产市场的关键。此后许多年，他一直把它放在办公桌整堆文件之上，每来一个客户就展示给他看，每个月更新一次数据。他就像一个汽车收藏者，时不时地为珍贵的古董车打蜡，轻轻抚摸车身。佩莱格里尼的这个杰作是盏明灯，为保尔森指出房价已经虚高到什么程度，他无须猜疑不定。

"我常常看这张图，对它充满热爱。"保尔森说道，"它是我们研究的第一把钥匙，是房产泡沫之图。"

对保尔森和佩莱格里尼来讲，他们的发现意味着不管失业率、利率或者经济如何，房价铁定下跌。房价一下跌，次级借贷公司肯定不会再给房屋业主融资，这令他们的处境更为糟糕。

佩莱格里尼的下一个任务，就是如何利用他们发现的结论盈利。公司以前主要是做空各种房产相关公司，忙得一团糟，集中精力做空次级按揭贷款似乎更有道理。保尔森和佩莱格里尼还是认为，CDS 合同能为基金提供最佳的风险补偿，因为 CDS 合同只要求保尔森公司支付一定的年费，就能将各种损失控制在一定范围内。

佩莱格里尼找来舒思涵做帮手。舒思涵是雷曼兄弟的按揭贷款部分析员，他和保尔森团队一样对房地产市场持怀疑态度，急于离开原来的公司以追求自己的理念。

保尔森有点担心舒思涵不是真正相信房地产走熊，也许他只是想在对冲投资基金公司找份赚钱的工作，所以保尔森在面试中故意试探他。

"我们觉得这些有价证券都是垃圾证券，它们很快就会一文不值。"保尔森指着那些次贷按揭对舒思涵说道，看看他的反应如何。在当时，这种说法可是很偏激的。

舒思涵讲述了他的看法，他认为即使房价持平，也会导致许多次级房贷损失惨重，而这一研究结果正是雷曼公司所忽视的。舒思涵通过了保尔森的考验，最后被录用。

佩莱格里尼和舒思涵购买了大量的数据，用于追踪全国 600 多万个按揭贷款的历史记录，还聘请了 1010 数据公司进行数据分析。他们将这些数据细细理清，用对数和 Logistic 函数进行运算，设想了不同的场景，希望能推算出如果房价停滞不涨会带来什么后果。他们的发现很惊人：即使房价只是持平，房屋业主也会感到经济压力很大，一个普通的次级房贷池将会损失 7％ 的价值。如果房价下跌 5％，这个损失会提高至 17％。

佩莱格里尼不知道房价会下降多少，也不知道房价什么时候开始下降，如果房价持平也会导致次级房贷池损失 7％ 的话，那就有理由做空那些容易受各种影响的次级贷款。他对保尔森说，BBB 级次级房贷证券是显而易见的做空目标，因为哪怕是 7％ 的损失，也会导致它们出现问题。

"我们知道，如果房价不再上升，BBB 级房贷证券将会崩盘，这样我们就大功告成了。"保尔森说。

保尔森把佩莱格里尼的发现跟几家银行的分析师探讨。他们并不看空房市，顶多注意到房价像是到了一个瓶颈期，他们对佩莱格里尼所预计的各种损失不以为然。贝尔斯登、雷曼兄弟、美林证券和摩根士丹利等投资银行，还是急着买入次级贷款，对保尔森的悲观预言根本不当回事。

"当时他们说，'你的研究并不能说明什么……你们看错了。'"保尔森回忆说。

但这些分析师忽略了保尔森理论的关键点：2005 年以前的贷款所抵押的房子都增值了不少，所以即使房价不再上升，过去的贷款也不会出现什么损失，上述的房产再融资是很容易的事。而保尔森预测的是近期的一些房贷，这些贷款所抵押的房屋升值不多，不太容易在调整利率前重新融资。保尔森并没有多大兴趣与这些投资银行争论，他所希望的无非是能从它们那里买到便宜的按揭贷款保险。

这些新的信息令保尔森兴奋不已，他开始加快买入按揭贷款保险的步伐，有时一天之内就买入 1 亿、2 亿甚至 5 亿美元次贷保险。2006 年春天，保尔森对冲基金公司所购买的次贷保险已达到他们所能承受的最大限额。他们只告诉客户，对冲基金现在的最佳投资策略就是买入保险，但并没有透露佩莱格里尼的预测图和房市的问题所在。

"我们一直告诉投资者，我们并没有预测房价要暴跌，哪怕走向图显示房价将下跌 40％，"保尔森回忆说，"在那种情况下，我们不想让他们觉得难以置信。"

保尔森越发相信，对次贷进行保护的 CDS 合同有利可图。它的保险费极低，每年仅为投保金额的 1％。保尔森觉得 CDS 合同的潜在利润更是数不胜数：他以前喜欢做空股票债券，如果一只股票或债券从 100 美元跌至 90 美元，他只赚 10％。但如果次贷证券跌了 10％，信用等级最低的那部分债券就会毫无价值，保尔森必然能大赚一笔。

保尔森激动地对他的研究部主任安德鲁·霍尼说："这将是一个千载难逢的机会。"

保尔森团队跟踪研究过几百万笔贷款，对全国各大贷款公司都了如指掌。连他们都搞不清，为什么信用评估机构在评级时如此慷慨地给予好评。10 年前，次级按揭贷款只占整个按揭贷款的 1％，而如今次级按揭贷款占到整个按揭贷款的 14％。房价一直在上升，但上升的幅度有所减缓，标志着房价已达到顶峰。这便是保尔森着手进行交易的大好时机。

各大投资机构的交易员告诉保尔森及他的团队，抵押保险合同的出售方既不懂得资产证券化，也不懂得房地产市场，一些人还特别看好房市。更有甚者，美林证券、摩根士丹利、瑞士信贷等公司之所以卖出 CDS 保险给保尔森，是因为它们急于从保尔森及其他看空投资者那里拿到保险款，好用来为客户进行新的投资。这也是保尔森之所以加快节奏购买保险合同的另一个原因。

"我们得尽可能地利用这次机会，这只是时间问题。"在按揭贷款出现危机之前，保尔森对霍尼说，"我们只能尽我们所能去做空。"

保尔森的基金每年必须支付 1 亿美元，以便为 100 亿美元高风险的按揭贷款购买保险。但要把这种按揭贷款衍生投资当作对冲基金投资，就超出了保尔森基金所约定的并购投资及其他投资的范围。保尔森自己也知道这有点说不过去。

保尔森决定拿出自己的钱，为个人账户购买更多的保险，然后随它去吧。他知道自己在孤注一掷。想要获得巨大的利润，他就必须建立新的基金，专门做空次级按揭贷款。之前伯利无法说服投资者筹建类似的基金。现在轮到保尔森出手了。

然而，事情并不如他想象的那样顺利。

第 6 章

保尔森策划直击要害

世人不会谴责循规蹈矩的失败，却常质疑特立独行的成功。

——约翰·梅纳德·凯恩斯

保尔森觉得，CDS 的成本很低，而收益却无法估量，是一桩"结果不对称"的完美交易。在走廊上遇见销售主管菲利普·列维，保尔森把他叫住，问他最近有谁对新基金感兴趣。列维的回答让人很沮丧。保尔森听完后开始抱怨："我不明白他们怎么就不懂呢？……这可是千载难逢的大生意啊。"

成王败寇论股市

登山者终须征服乔戈里峰，冲浪人必须体验过夏威夷的冲浪。在投资世界，最大的挑战莫过于如何把握市场的疯狂，它能毁灭无数业余玩家和专业老手。

翻开历史，有多少传奇人物因经不起诱惑而在市场大潮中灰飞烟灭，又有多少英雄试图从他们看准的价格大跌中大捞一笔，最后却身败名裂、一蹶不振。

18世纪初，牛顿发现了自然界的基本力量，即万有引力。身为英国皇家铸币局局长的他觉得南海公司（英国一家垄断南美交易的公司）的股价涨得过高，便把手中持有的这家公司的股票卖了7 000英镑，实现100％的利润。他以为这家公司的股票会立马大跌，然而，这家公司的股票却持续大涨，连牛顿本人也无法抵制住诱惑，又追加买入更多的股票，最后泡沫破裂，牛顿损失了2万英镑。

"我能计算出天体的运动规律，却算不出人性的疯狂。"牛顿后来总结道。

本杰明·格雷厄姆是公认的最伟大的现代投资家，他在 20 世纪 20 年代也被卷入热火朝天的市场。他当时做短线交易，住在中央公园旁的贝雷斯福德高档住宅区内，家中有男仆服侍。他通过贷款扩大投资规模，但却未能看出市场崩盘的到来，1929—1931 年间，他损失了 2/3 的投资。

　　知名操盘手杰西·利弗莫尔的境遇也好不到哪里去，他看准了 1929 年的历史性股票大跌，通过做空股票赚了整整 1 亿美元。腰缠万贯后，他开始担心自己的生命安全，雇保镖来保护自己和家人。然而股票市场瞬息万变，利弗莫尔在 1934 年惨遭破产，在芝加哥交易所的交易资格也被取消。六年后，在荷兰雪梨酒店大堂酒吧里喝了两杯烈性饮料后，利弗莫尔走到附近的衣帽间，用一把 32 毫米口径的柯尔特自动左轮手枪结束了自己的生命。在他钱包里有张便笺纸，上面用潦草的字迹写着给妻子的遗言："我已经厌倦了拼搏……我的生命就是一场失败。"

　　对冲基金经理迈克尔·斯坦哈特在 20 世纪 60 年代做空当时过高的股价，赚取了大量利润，90 年代他逆势而上，在投资者纷纷离场时大把买入股票，斯坦哈特的大部分老客户都弃他而去，认为他的投资会血本无归。然而，股票最终还是回涨，斯坦哈特的基金赚得 6 亿美元。

　　"做空股市是件非常危险的事情，但却有着世上最丰厚的回报，其中乐趣无穷，"斯坦哈特说道，"你只需坚信最终胜利会属于你，坚守寂寞是一种美德。"

　　然而，仅仅一年后，斯坦哈特就因为过于自负，导致他的基金损失了 30％的资产。

最近几年，站在华尔街风口浪尖的人物最终都铩羽而归。20 世纪 90 年代中期，杰弗里·维尼克掌管着富达投资公司麦哲伦基金——世界上最大的共同基金，他预判股市表现不佳，转而增持了债券基金。然而，他的许多客户却觉得错失了一个大牛市，纷纷把怨气发到维尼克身上，全然忘了他之前傲人的交易记录。1996 年，维尼克提出辞职，以便让自己实现更大的投资。几年后，富达投资的老同事乔治·范德海登掌管着 360 亿美元，也因拒绝买入泡沫过多的科技股承受了巨大的精神压力。他最后选择 54 岁退休，如他所料，最终科技股一落千丈。

朱莉安·罗伯逊在 20 世纪 90 年代末期的科技股热潮中处在有利的位置上。毕竟，他经营着当时最大的对冲基金公司，是华尔街赫赫有名的人物。

但罗伯逊持有航空公司及其他价值股，坚持不换成其他网络股，因此他的投资收益受到重创。科技股一直疯涨，持续时间远远超过他的预计。2000 年，罗伯逊缴械投降，将公司一关了之。仅仅几个月后，科技股开始大跌，但罗伯逊没能坚持到胜利的曙光来临之时。

科技股泡沫的破裂，也让乔治·索罗斯这位股市大亨付出了惨重的代价。在 2000 年的前几个月，索罗斯让他的顶级助理斯坦利·德鲁肯米勒抛售科技股以减轻风险。

德鲁肯米勒是位实至名归的投资专家，他与索罗斯的很多观点都不谋而合。"我不看好这个市场，"他当时对同事这么说，"我们得减仓，我可不想最后落得斯坦哈特那样的下场。"

虽说有这些担心，但德鲁肯米勒还是认为市场的疯狂会持续一段时间，他手中的股票暂时还算安全。

但是他错了。2000年初，科技股突然崩盘，索罗斯公司一下子动荡不安。最可怕的时候，地板上的电路恰好短路着火，整个公司充斥着一股烧焦味，警报声震耳欲聋，令人头痛欲裂，就像神谕中的世界末日一样。索罗斯公司的一位主管回忆起当时诡异的场景说："我们都以为这一切要烧光了。"

之后几个月，公司的损失超过20%。索罗斯结束了他与德鲁肯米勒多年利润可观的合作关系。德鲁肯米勒宣布他不再为他人理财，对以后的投资会采取更加保守谨慎的态度。

"也许，我看不懂这个市场，"索罗斯在随后的新闻发布会这样反思道，"也许音乐已经停了，而人们还在翩翩起舞。"

当面对"夺门而出、互相踩踏"的市场恐慌时，后果往往更为可怕。2008年，德国实业家阿道夫·默克尔和其他精明的投资家一样，认为大众汽车的股票估价过高。当时身价约90亿美元的他做空大众的股份。然而，大众的股票却一直疯涨。原来是跑车制造商保时捷一直暗中收购大众的股票，哄抬它的价格。最后，默克尔损失了数亿欧元，这对于74岁的他而言是生命不能承受之重。2009年1月，一个寒冷的夜晚，默克尔躺在德国南部布劳博伊伦的小村庄旁的铁轨上，飞驰而来的一辆火车夺走了他的生命。

"看出泡沫对于一位投资者不算什么，"索罗斯说道，"有些泡沫看似到了历史顶点，但还会继续涨下去，涨到你无法想象。"

房市的隐忧

约翰·保尔森不太关心前人的成败。在他看来，房市泡沫是板上钉钉的事实，他想从中获利。恰好，保尔森只是并购投资专家，对房市、按揭贷款、证券市场都了解不多。他不知道房产熊市的论调一直被忽略，也不知道有多少投资者不愿意购入房地产。最重要的一点是，虽然前面有不少人因做空房市而惨淡收场，但他不会因此望而却步。

2004 年，美国耶鲁大学的专家罗伯特·希勒的研究数据表明：1890—2004 年间，美国房价仅上涨 66%，也就是年均增长 0.4%。而在 1997—2004 年间，房价增长迅猛，共增长了 52%，年均 6.2%。希勒据此做了一系列讲座，并在他的畅销书《非理性繁荣》（2005 年 2 月的修订版）中附上了相关图表数据，以说明房地产价格已经虚高到什么地步。

其他国家也出版了质疑房价的研究著作，英国咨询公司 Smithers & Co. 在 2004 年初的报告中指出，英国的房价将下跌 30% 至历史最低水平。

实际上，早有种种迹象表明，房价已超出正常轨道。2000—2003 年间，在美国的出版刊物中，有 1 378 处提到"房市泡沫"。2004—2007 年间，这个词被提到的次数上升到 5 535 次，各大重要报刊的头版皆有涉及，令不少房地产投资商精神紧张。

"房屋业主从来没有这样进行杠杆投资，商品房市场也从来没有这样投机过。"2005 年 5 月，贝尔斯登公司分析员弗兰瓦索·特拉汉这样说。

与此同时，到处流传着这样一段视频：把房地产市场比喻成过山车，从 20 世纪初开始出发，按照历史统计的真实房价水平忽高忽低地飞驰着，最后到达一个史无前例的高度，高到连最坚强的人都开始反胃呕吐。这段视频形象透彻地揭示出，目前房价已达到极其危险的地步。

连那些做多房市的人也开始做对冲保护。2005 年末，拉尔夫·乔菲在贝尔斯登运作两只大型对冲基金。他一方面大肆收购按揭贷款产品，另一方面避开次级按揭贷款投资。国家金融服务公司 CEO 安吉洛·莫齐洛在 2004—2007 年间卖出了超过 4 亿美元的公司股份，这一举动显然不符合他所宣称的全国没有房产泡沫的言论。

其他人则在私下议论，不知道房价能持续多久。标准普尔的一位高管在给分析师同事的电子邮件中写道，公司给某个房产按揭的评估是很荒唐的，不该那样评级。他的同事回复道："只要有业务上门，我们就可以评估，哪怕是母牛组成的投资，我们也可以评级。"一位抵押债务集团的经理说道："但愿我们在房市崩盘前能早日退休，这样手中还有钱。"

2005 年 6 月，金融财经杂志《巨人》有这样一个话题："你的妹夫是房地产经纪人，他欠你钱吗？如果有，得找他要回钱。"

高难度的做空交易

虽说不少投资者开始不看好房市，但大多数人都无法从中获利，一些人甚至亏得很惨，另一些人则对保尔森所追捧的 CDS 保险很排斥，完全不懂得利用。

早在 2002 年，对冲基金经理威廉·艾克曼就认为，MBIA 的前景堪忧。这比保尔森买入 CDS 保险还早两年。艾克曼是个高明的投资家，喜欢对公司高管们的工作指手画脚，但他出手过早，到 2007 年底，他在这项交易中损失惨重。

"也许你的投资方向是完全正确的，但是选择的时机不对，于是全盘皆输。"艾克曼如是说。

居住在棕榈滩的奥特·克里克也是位享负盛名的投资家。他早就关注按揭贷款并做空金融公司，但他只能眼睁睁地看着市场一路飙升。这给其他做空交易者上了一堂真实残酷的课。埃利奥特管理公司的保罗·辛格和 Baupost 集团的塞思·卡拉曼这些优秀的对冲基金经理对房价不甚乐观，为高风险按揭贷款买了些 CDS 保险，但份额不多，并没有全仓买入。要知道，一下子对房市由看涨变成看跌，必然会伤害到客户，没人愿意这样做。

"买入太多的 CDS 保险是要冒很大的信誉风险的，"卡拉曼说，"这可不是件容易的事。"

一些人觉得，"CDS 合同"这个词听着就不大舒服，有点像衍生投资工具。投资大师沃伦·巴菲特曾把这些金融衍生工具称为"大规模杀伤性武器的金融工具",因为它们会造成巨大的损失。

加州新港滩风景宜人的办公室里,证券界巨头太平洋投资管理公司的总裁比尔·格罗斯坐拥 8 000 亿美元资产,掌控着市场的动向。2005 年,他的两个孩子不得不用激进式贷款按揭购房,否则以他们的薪水根本买不起房。其中一位还是一名教师,收入算是不错。格罗斯知道此事后,开始觉得市场不对。在对房市进行一番研究后,格罗斯召集员工开了紧急会议,派员工装做购房者到各大房市收集信息。2005 年,格罗斯公司首席按揭交易员斯科特·西蒙,向客户大力推荐为抵押债券购买 CDS 保险的各种好处,远远走在该行业的前头。

但是,格罗斯对 CDS 合同还是心存疑虑。他所掌管的大多数资金都在过时的共同基金里,他的大部分客户还不能购买衍生工具合约。因此,格罗斯重新配置了太平洋投资管理公司的投资组合,重点购入安全的短期国债之类的债券,只购买一点点 CDS 保险。然而这些小小的举措让格罗斯的这一"新派保守投资组合"在 2006 年远远地落在同行后面。格罗斯心情低落至极,只好给自己放了九天的假,在家中无所事事地待着,对着妻子生闷气。

"我不敢看电视上的商业频道,也没力气翻开报纸,整个人快崩溃了,"格罗斯当时说道,"我晚上都睡不着觉。"

最终,房价还是降了下来,太平洋投资管理公司的利润在同行中遥遥领先。格罗斯终于松了口气。但正如他所说,即使客户要求,他也未必有勇气效仿保尔森的做法。

"我在这个行业摸爬滚打 35 年，我已经老了，没有精力再承受对冲基金的大起大落，"格罗斯说道，"我们不能买衍生产品以求得个大满贯，我们的交易方式是保守的、慢条斯理的。"

投资顾问彼得·希夫看似能从房市崩盘中获利。他早在几年前就预计房价会下跌，整个金融体系将瓦解，人们称他为乌鸦嘴，常在商业电视频道中对他冷嘲热讽。有一回，希夫又公开发表了不受人待见的预言。福克斯商业新闻的主播尼尔·卡夫托就问他，接下来是不是要"揭开圣诞老人的真面目？"时事评论员本·斯坦也赶紧补刀，对希夫说道："你简直毫无道理。"

希夫和保尔森一样，把客户的钱从股票中转移出来，做空高风险的按揭贷款。但希夫押错了投资项目，他选择外汇、大宗商品和新兴市场等领域，在 2008 年损失惨重。一些客户账上的钱亏损过半。这些都说明：仅仅意识到泡沫会破没什么用，只有知道如何从中获利才能产生价值。

即便是经验丰富的投资者，也排斥购买 CDS。其中很重要的一个原因是，CDS 合同是一种典型的"做空获利"交易，投资专家们不喜欢这种交易，就像他们不喜欢高税收和经济舱座位一样。在做空获利交易中，投资者需要支付一定的保险费，以期获得巨大的财富。在 CDS 合同中，买家一般同意预先付款，而且按期交一定的年费，这两者都是烧钱的事情。

如果做空获利交易没有马上起到应有的保护作用，费用就会倍增。投资者每年花 5％的费用，4 年累加起来就是 20％的费用。这些损失相当于让竞争对手一开始就处在领先的位置，如今这世道，投资业绩哪怕只输给竞争对手一个百分点，都有可能让自己丢了饭碗。做空获利行为显然有欠稳妥。按揭贷款和证券专家对做空获利交易的费用尤为不喜，因为他们并不能次次获得巨额回报，为家庭买保险是一回事，为公司买保险是另一回事。

比尔·格罗斯公司的明星级按揭贷款员斯科特·西蒙早就领教过做空获利交易的负面影响。2006年，西蒙想为太平洋投资管理公司开设个基金，专门购买CDS合同，他把这主意向一些涉足房地产的客户如捐赠基金、养老金基金等进行推广。但这些客户一开始就不愿意掏钱，最终西蒙和他的团队推销无力，只好放弃。因此，他错失了良机，不然就是另一个保尔森了。

其至那些成功的投资家也对做空获利交易避之不及，犹如吸血鬼害怕大蒜一样。80年代，一些年轻的交易员建议垃圾债券之王迈克尔·米尔肯做空高风险债券，米尔肯也对此嗤之以鼻，觉得为债券付出高额利息并等着它降价，相当于把自己绑定了，还马上就得付款以期将来老天开眼撒钱。这种CDS交易连索罗斯之流的做空老手听了都没有兴趣。

"如果我处在保尔森的位置上，不知道会不会也那样做，"索罗斯说，"也许我根本不会做空房市。"

相反，大多数投资者喜欢做多获利交易，或者说利润是明确的且马上兑现的交易。比如，银行用低利率借钱，然后用高利率贷出。当然，也许借款人后来破产还不起钱，但起码白纸黑字，这笔交易先赚到了。

而当时最有保证的做多获利交易莫过于出售按揭贷款的保险，

哪怕是那些风险最高的按揭贷款保险。美国国际集团等保险公司、一些全球性的大银行及无数的投资商，都忙着赚取保尔森等做空投资者购买 CDS 保险支付的保险费。现在看来，它们当时被这点蝇头小利拴住了，好比捡了个可靠的小芝麻而丢了未知的大西瓜。

"做多获利是资本的源泉，这个观念在每个投资者脑中是根深蒂固的。"格罗斯说。

保尔森全力押注 CDS

约翰·保尔森的视角与华尔街的其他人是如此不同，就好像他来自另外一个星球。比如，一直以来，保尔森每隔一段时期就会卖空股票，所以对卖空一事他从来就没觉得有什么可大惊小怪的。如果某项投资势头不妙，他肯定会卖空，哪怕这可能会让他损失点费用，或者让竞争对手暂时领先，这些都不要紧。而承保按揭贷款的 CDS 合同可谓失小而利大，简直就是梦想中的交易，一本万利。

当然，保尔森的财运也不错，在他下决心放手一搏时已是 2006 年春天，房价已经开始持平，这是个做空市场的大好时机。此时，其他过早发力的做空交易者可能正在一旁舔着自己的伤口，因为他们过早下注，而房价继续上涨，所以损失不少。

保尔森想起他几年前读过的一本书《走在股市曲线前面的人：索罗斯》，里面详细介绍了索罗斯的各种观点。在书中索罗斯力劝投资者，一旦发现有巨大潜力的投资交易，就应该直击要害。

"我脑中立刻浮现出这句话，"保尔森回忆道，"这句话坚定了我的信心，既然房价有大量的虚高成分，我们为什么仅仅是买了 10 亿美元的保险，而不直接命中要害呢？"

保尔森公司的一些人认为，如果把 CDS 交易包装成新的信贷基金，可能更容易说服投资者来购买。因为一些客户已经表示，不大乐意用对冲基金购买太多的按揭保险。

保尔森对前景很有信心，预计这次次贷交易只有 10% 的失败可能。房市崩盘，按揭贷款将无法再行融资，借款人肯定在还款上有麻烦，而按揭债券的抵押物价值下降，这样一来 BBB 级债券就毫无价值。哪怕房价只是持平，那些在 2006 年签下可调整利率按揭贷款的借款人两年后也将面临很高的风险，因为他们的房产已经没有多少净资产值可用于抵押，无法再融资。

如果保尔森判断错了呢？房价还是一直上涨，大多数次贷借款人能在利率调高前借到新的贷款，从而不用支付高额利息。这样一来，保尔森买的保险将会到期，交易就会结束，保尔森所需要支付的只是 CDS 的保险费，损失很小。不论是哪种情况，到了 2008 年，保尔森就会知道这场交易的成败。

"我们发现了一座宝矿，"保尔森对同事们这样说，"难道我们只是上前摸一把吗？"

前景当然有可能不妙，但保尔森根本不去想那些。高风险投资越狂热，BBB 级债券就越有人追买，保尔森所面临的损失将是显而易见的。

但这些债券的利率已经低至最安全债券的水平，就算是最盲目乐观的投资者也不大可能接受这些有毒债券，除非它们的收益率远远超过美国国库券或者其他超级安全的投资项目。对保尔森而言，这限制了这些抵押债券的升值空间，也就是说，减少了做空这些债券的风险。

当然，如果美联储再次降低利率，那些高风险的借款人所借款项的可调整利率也随之降低，他们就可以解套，而保尔森购买的保险的价值也将受到影响。但美联储一直都在提高利率，联邦基准利率从一年前的 3.25% 提高至 5.25%。除非经济突然下行，否则美联储不太可能降息。而如果真的爆发经济危机的话，想出手挽救业主也来不及了。

一天，在南安普敦的塔兰特家里，保尔森情不自禁地对杰弗里·塔兰特说："这是个千载难得的好机会。"当时，高风险抵押债券池的损失约 1%，一旦高到 7%，BBB 级债券就会崩盘。

所以，保尔森决定直击要害，他猜测哪怕是他最铁杆的支持者，也不能接受三年亏损 25%，或者说每年亏损 8%。如果能够控制在这个水平，保尔森就可以筹措到大量的资金，他只需想好相应的步骤就可以了。

保尔森向他的交易员罗森伯格要了份报价。罗森伯格很快就从贝尔斯登公司经纪人那里带来了好消息：市场上对次级抵押债券的需求很大，而对相应的 CDS 保险的需求很小，BBB 级债券的保险费只有承保债券价值的 1%。假如保尔森还想买 10 亿美元 BBB 级债券的保险，那么每年只需要花 1 000 万美元的保险费。

保尔森认为基于这种价格，他的公司应该大力购进这类保险。

假如他能说服投资者出资开设一只 10 亿美元左右的新基金，就能为 120 亿美元债券购买 CDS 合同，每年费用约为 1.2 亿美元。

对一只新基金的大多数投资者来讲，每年 12％的费用显得太高。但是 CDS 合同跟其他保险一样，保险费都是到期才支付的，因此新基金可以把钱留到保险账单到期时才付款，这些钱每年还可以有 5％的利息。这样算下来，每年的费用就降到 7％，这个数字投资者比较容易接受。保尔森每年会收取 1％的管理费，因此投资者每年的总费用为 8％，这也是保尔森所希望的一个数字。

"我们想过 10％，12％，甚至更高比例的可能性，但是 12％对我们来说就可以了，我们相信，这对投资者来讲也是可以接受的。"保尔森说道。

那好处在哪里呢？如果保尔森购买 CDS 合同以保护 120 亿美元的次级按揭证券，一旦这些债券变得毫无价值，保尔森公司就会获利 120 亿美元。因此保尔森团队都热情洋溢地拓展工作，联系投资客户。

保尔森想到，他可以借助外力来经营这只新基金，让它朝着自己所希望的方向发展壮大。他拜访了华尔街各类公司的资深研究高管，希望他们能加盟自己的基金。佩莱格里尼也推荐了不少人才，把本行中有能力的按揭贷款空头专家都筛选了一遍。

但佩莱格里尼在为公司推荐人才这件事上，心情是很复杂的。一方面，保尔森信任他，让他挖掘人才，这让他很感动，他和保尔森一样相信此项交易可行；另一方面，佩莱格里尼是想出这个交易点子的有功之臣，他希望保尔森能在新基金里让他担任高级职位，他觉得自己完全能够胜任，否则，佩莱格里尼将被新聘请的人员领导，在公司中的级别又得低一级。

"我真的是左右为难，"佩莱格里尼说，"如果我不好好干，就没法完成所交代的任务。如果我为公司找到了人才，给老板留个好印象，总比什么都没有来得好。我当时是这样想的。"

之后的几个星期，这些候选人给保尔森的回复都是不确定的，一些分析师对做空房市并不是那么赞同，另一些人则认为，离开一个高薪岗位去开设一只做空基金，前景未必光明，还要冒一定的风险，而且，放弃轻松体面的华尔街职位而投身对冲基金去做空房市，就如同在身上刻下个红字（美国作家霍桑创作了小说《红字》，它是一种耻辱的标志）。一旦有了这个不光彩的经历，他们就无法回到以前那种靠房价上升来赚钱的行业。

"当时，那些符合招聘条件的人都认为我们的投资战略不可能成功。"佩莱格里尼回忆道。

对于这样的结果，佩莱格里尼窃喜，他认为这种情况有利于自己在新基金中担任高级职位。2006 年春天，保尔森对招聘面试的结果彻底失望，他在走廊里叫住了佩莱格里尼。保尔森微笑着，让佩莱格里尼一下子充满了希望。

"有件事我想了很久，"保尔森对佩莱格里尼说，"我们不招人了，就让你来当新基金的共同经理人。"

一时间，佩莱格里尼的脑袋有点转不过弯来，他不明白保尔森说的"我们"是指谁，想着在公司里他还得讨好哪些人。隔了一会儿他才反应过来，他终于得到了梦寐以求的职位，不禁欣喜若狂。

在对冲基金公司里，佩莱格里尼总算崭露头角，其年薪被写入合同。他的办公地点从会计小格间变成走廊另一头的办公室。他很自豪地在自己的姓名和电子邮箱下方加上了"保尔森信贷机会基金合伙经理"的头衔。

然而几天后，安德鲁·霍尼对佩莱格里尼说："你得把电子邮件下方的头衔去掉，否则投资客户会搞混的。"之后，保尔森的投资关系部主管吉姆·翁也说了同样的话，客户可能会以为，基金不归保尔森掌管，佩莱格里尼听了很尴尬，垂头丧气地把那头衔去掉了。毕竟，他在公司的地位还没那么稳固。

艰难的新基金推销

虽说佩莱格里尼对业务的熟悉程度不比公司其他人差，但他在拉拢潜在客户上还是有点生疏。在康涅狄格州的一次红十字会筹款活动上，对冲基金投资商马丁·汤伯格和一位大学捐赠基金的执行董事聊起来，这时，佩莱格里尼端着一杯红酒走过来，加入他们的谈话。

他们很快就聊到了保尔森的新基金，投资商一听都很感兴趣。然而，佩莱格里尼接下来的介绍却让他们摸不着头脑，他们不理解佩莱格里尼是如何选择做空的证券，公司又是如何进行具体交易的。

"我们听不太懂他在讲什么，"汤伯格回忆说，"很难理解。"

保尔森这头的推销就顺利多了，他擅长用简单的语言来解释自己的理念和交易方式。当然，有些投资者也不好说服。保尔森想让自己的母校哈佛大学加入新基金，这样一来好用哈佛的金字招牌去招揽其他投资客户，他去波士顿与马克·塔波尔斯基会面。哈佛大学捐赠基金选择保尔森的对冲基金进行投资，在这件事上塔波尔斯基功不可没，他曾在纽约办公室里见过保尔森和佩莱格里尼，对他俩印象不错。

但新基金每年的费用高达 8%，这让塔波尔斯基有点犹豫，他也觉得保尔森对房市过分悲观，而且这种交易方式不算新鲜。

"你们看，这种交易国内其实有人做过。"塔波尔斯基以这个理由拒绝保尔森。

后来，保尔森把这次失败的经历告诉了霍华德·维奇。保尔森对维奇说："他们应该加入。"（哈佛大学最终还是买了些抵押债券保险，但买的是便宜的那种，回报也不多。）

保尔森开始游说现有的客户加入新基金，佩莱格里尼根据图表预计房价会下降 40%，但保尔森团队很少将这一观点说给投资客户听，因为他们自己也不是百分百地相信这个判断。保尔森决定不做空 AAA 级这些最安全级别的债券，而选择做空高风险的 BBB 级债券，保尔森和佩莱格里尼相信，客户自己也能辨别出这些债券的风险。

尽管如此，一些投资者还是有所怀疑。理查德·列波维奇投资了波士顿 Gottex 基金管理公司的对冲基金，他在某个会议上喋喋不休地劝阻保尔森，说这些交易不好操作。他说他跟 Ellington Management 公司的迈克尔·弗兰罗斯交流过，这位优秀的抵押贷款交易员并不觉得房市有什么不妥。

"约翰，难道你觉得自己比弗兰罗斯还厉害？"

"听着，不是抵押贷款专家就可以预测未来。我不管他是不是抵押贷款方面的天才，"保尔森说，"关键是我说的有没有道理。"

列波维奇拒绝加入新基金，当然，他保留了对保尔森公司其他基金的投资。会议结束前，列波维奇一直希望保尔森能跟弗兰罗斯谈一谈，但保尔森没有采纳这个建议。

"保尔森一直从事的是并购投资，突然间他对房市和次级贷款有了自己的强硬观点，"列波维奇回忆道，"最厉害的按揭贷款专家，包括弗兰罗斯，都对次贷很有信心。"

得克萨斯州 Crestline Investors 公司的总经理诺兰·伦道夫也是保尔森公司的客户，当保尔森、吉姆·翁等人向他说明投资概况时，伦道夫把头摇个不停，他认为如果整个交易失败的话，代价是很大的，于是拒绝了这项投资。

"我不认为你们的基金能有超额收益阿尔法。"（阿尔法是基金的一个术语，指超额收益，具体而言就是基金的实际收益超过它因承受相应风险而获得的对应预期收益的部分，是与基金经理业绩直接相关的收益。）伦道夫用一个行业术语来回答。

有些投资者即使赞同保尔森的看空理念，也担心是否能挣到钱。因为保尔森所买的 CDS 合同，在投资领域中的交易量实在有限。他们担心如果不打折、不让利的话，这些 CDS 合同很难卖出去。

"你们打算如何脱手呢？"一位公司总部在伦敦的投资者这样问他。

于是保尔森耐心地向他解释，交易如何操作，甚至还预计在哪一天，紧张兮兮的投资者和银行会因为房市崩盘而排队抢购这些按揭保险。这样一来，保尔森公司就可以高价售出这些保险。这位客户祝保尔森好运，但不愿意加入。

"这看起来像是危险的游戏，一方下的赌注很难翻本。"Stillwater Capital 公司主席杰克·都克这样评价道。他的公司在纽约，主要业务是把资金分包给各大基金公司，他也对保尔森的新基金说"不"。

其他人则抱怨，新基金会把投资者的钱锁定，在 2008 年末之前不能取出。保尔森则坚持这一"锁定"条款，因为只有这样才能确保不会因为客户的撤资而导致交易中途失败。

"投资客户们都说，如果你想到的是个好点子的话，为什么其他人不这么做呢？为什么其他按揭贷款公司都跟你的观点不同呢？"保尔森回忆道，"于是，我说，我的工作不是跟你辩论。"

随着保尔森把注意力放在做空房市上，他的主要业务开始受到影响。一些客户开始担心，他之所以把重心转到按揭贷款上，是因为在并购投资方面的机会越来越少，另一些人则认为保尔森有些分心。老客户瑞士联合私人银行就收到过一封加急信，提醒它们保尔森不再做老本行了，得赶紧从保尔森公司撤资。瑞士联合私人银行没有撤资，但同样拒绝加入保尔森的新基金。

甚至连保尔森的老朋友也开始诘责他。

"他们会对你的交易造成什么影响，你想过没有？"彼得·索罗斯不论是在日常电话里还是在会议上，都会质问保尔森，他提醒保尔森，政治家们别无选择，必然会支援房屋按揭贷款人。大选之年快到了，国会怎么可能让两三百万房屋业主流落街头？

索罗斯同样没有投资保尔森的基金。

保尔森希望他的基金能发展壮大，所以他尽可能地买入按揭贷款保险。他想要尽快筹集资金，因为其他竞争者有可能也想到这种交易模式，从而买入相同的保险，这样一来保险费就会提高。因此，保尔森不愿透露太多的交易细节，这给他筹集资金带来了困难。

"做对冲基金的人要看出这事并不难，房地产的错误定价又是这么明显，我真害怕引起别人的注意，让这个投资良机化为泡影，"保尔森说，"我并没有对潜在投资客户全盘托出，因为我谈得越多，机会就越有可能溜走。"

作家詹姆斯·阿尔图彻投资了对冲基金，他在与保尔森团队会谈之后被深深震撼。出了纽约市中心办公室，阿尔图彻对他的一位同事说："我们错了，整个国家都错得离谱。"

当阿尔图彻回到自己的办公室，他打电话找了几位专家进行咨询。这些专家说保险很有可能先降后升，养老基金和其他相信 BBB 级债券的人不会轻易卖出自己手中的债券，这样一来，债券的价格不会大幅下降。这些建议很快就让阿尔图彻打消了加盟保尔森基金的念头。

"别人的一点意见都有可能让中立者改变立场，"阿尔图彻后来在《金融时代》的专栏里这样写道，"这些话都很有道理，但我还是没有投资……谁知道这种疯狂会持续多久呢？"

佩莱格里尼开始改变自己的沟通方式，在向客户们推销产品时也就顺利了很多。但有段时间，他简直受不了外界的各种误解与侮辱。在福特基金会的某次会议上，福特公司的总经理拉里·西格尔说，他们公司不会投资保尔森的基金，因为那是在与房屋业主对赌，可以说"有悖于我们社会的宗旨"。佩莱格尼里觉得他的言论极其虚伪，因为在之前，保尔森公司的另一同事转述了西格尔的话，西格尔说他有更好的方法来利用房价下跌获利。会议结束后，佩莱格里尼在会议室外拦下西格尔，问道："我听说您有更好的交易方法，请问您的方法好在哪里？"

西格尔说他不想具体讨论，但他的方法更加成熟，因为他比保尔森更稳重成熟。（西格尔现在承认，他当时不想谈这话题，是因为他的老板根本不可能批准做空按揭贷款。）

华尔街的名人也不怎么待见保尔森，罗森伯格曾邀请摩根士丹利的两位交易员约翰·皮尔斯和约瑟夫·尼格尔来办公室会谈，希望在了解市场信息的同时，能说服摩根士丹利公司入伙成为经纪人。

皮尔斯和尼格尔穿着休闲的卡其色裤子和 POLO 衫，说他们只能待一会儿，因为接下来还要和客户去打高尔夫球。

"我们就长话短说吧。"尼格尔说。

佩莱格尼里和罗森伯格则穿西装打领带，给他们递上一长串按揭贷款债券的清单。

"这是我们打算做空的债券名单。"佩莱格里尼说。

皮尔斯和尼格尔兴致不佳，显然他们不太想和保尔森公司做生意，也不愿意花时间回答他们的问题。

"这笔生意听起来很不错，也许我们会考虑的。"皮尔斯笑了起来。罗森伯格觉得皮尔斯只不过是在敷衍他们。

会谈结束时，皮尔斯说："好吧，如果我们有能力，会帮你们的。"

皮尔斯和尼格尔其实已经为他们自己的公司做了一些做空次贷交易，当然，他们不会告诉保尔森。对保尔森团队来讲，这又是一场无功而返的会谈。

"这简直是浪费时间。"佩莱格里尼向罗森伯格抱怨道。

保尔森到6月底都没能筹集到太多的钱，他的铁杆好友杰弗里·塔兰特本来想投资保尔森公司，但迫于客户的压力只能作罢。

"一位投资客户说，你怎么会同意做空获利交易？"塔兰特回忆说，"交易员们纷纷提醒，保尔森并不是这方面的专家，他不知道自己在做什么。"

每天，保尔森走进吉姆·翁的办公室都是一脸焦急，好似这次良机会像时间嘀嘀嗒嗒溜走。

"让我看看最新的投资客户名单。"保尔森每次都要求看名单，看完后他又泄气地问，"我们跟他们谈得怎么样了？"

还有一回，保尔森在走廊上遇见销售主管菲利普·利维，问他最近有谁对新基金感兴趣，听到的消息显然不尽如人意，保尔森嘟囔道："我真不明白他们为什么不投资，这可是千载难逢的好机会啊！"说完就转身走了。

2006年春，保尔森喜出望外地接到杰弗里·格林的电话。格林拥有的房地产价值上百万美元，他相信经济衰退即将到来，正极力为他的房地产寻求有效的保护。格林是保尔森的多年老友，显然，他是最佳客户人选，能马上开出大额支票，立即启动保尔森的新基金。

然而，格林这个客户后来却让保尔森悔不当初。

第 7 章

背叛兄弟的大空头格林

回到洛杉矶, 格林不断思考着保尔森的这档生意。 以低廉的价格为别人的高风险按揭贷款购买保险, 哪儿有这么好的事啊。 保尔森又说格林没法自己做这种生意, 但格林自己就创造了亿万美元财富。 也许他能用这种抵押投资方法来保护自己的财产。

精明的老友格林

杰弗里·格林是一个典型的好莱坞情场钻石王老五，在洛杉矶，他常常跟各种初涉娱乐圈的小明星和嫩模约会。拳王泰森、海蒂·弗蕾丝和帕里斯·希尔顿也常常是他的座上客。闲暇时，他就待在家里，那可是个豪宅，占地 5 英亩，俯瞰马里布海滩，他的小马驹温斯顿可以纵情驰骋。在好莱坞的大场面上，格林一贯以和蔼亲切、笑容温暖的形象出现。有着哈佛大学文凭的他在商界也是个成功人士。

然而，到了 2006 年春，在格林优哉的外表下隐藏着些许不安。格林当时已有 52 岁，却显得很年轻，他身高 6 英尺，眉如弯弓，一头茂密的棕色头发让他充满活力。在过去的 10 年里，他在南加州累计入手了 7 000 套公寓和几幢写字楼，按当时的市场行情，这些房产价值超过 5 亿美元。

一天早上，他在马里布的豪宅中醒来，翻阅《洛杉矶时代》，一下紧张起来。看完当地房市的种种报道后，格林意识到，只要来场经济萧条，他就会破产。他已经一把年纪了，不可能东山再起，因此必须寻求保护之道。

格林给他认识的每个人都打了电话，从股票经纪人到商业合作伙伴，询问接下来要怎么做。难道卖掉一些房产，然后做空住宅开发商的股票？这些方法似乎并不怎么样。最后，格林找到了他的多年好友约翰·保尔森。保尔森告诉他，自己正在做件有意思的事情，有点像做空抵押贷款债券。在保尔森的邀请下，格林赶到纽约商谈具体事宜。

很快，格林就来到保尔森的办公室，想到老友重逢，格外开心。回想起他们的第一次见面，那是在1990年，在南开普敦一家受欢迎的人气餐厅里，他们由一位熟人介绍认识。当时格林邀请保尔森次日和一些年轻美女一起去烧烤，保尔森欣然应允，骑行30英里前往格林在阿默甘西特的家。之后多年，他们的关系一直都很好。在保尔森的婚礼上，格林还帮忙引导来宾，保尔森和珍妮的蜜月就是在格林的马里布豪宅中度过的。格林与保尔森是截然不同的两种人，格林外向散漫，保尔森则严肃内敛。但格林喜欢跟聪明人聊天，他很爱听保尔森讲各种冷笑话和故事。

格林耐心地在保尔森公司的会客室里等待，他环顾四周，感叹万千。在他们两人中，格林更成功、更富有。保尔森到西海岸找格林时，格林总是让家中大厨精心地准备豪华盛宴，而格林来纽约找保尔森时，保尔森却只是从超市里买菜回去煮给格林吃。保尔森之前的办公室只有2 000平方英尺。

而现在，保尔森的办公室焕然一新，宽敞大气。会客室的墙上挂着路易莎·蔡斯的抽象画，屋角放的是各式饮料和锃亮的冰箱。

透过玻璃隔板可以看到，年轻而衣着整齐的交易员和分析师紧张地走来走去。当保尔森进入会客室，格林正要开口夸他管理有方时，却见保尔森神情严肃，一名员工紧随其后。保尔森关上门，准备与格林握手，格林却给了他一个大大的拥抱，格林没想到保尔森对这种热情的举动似乎有点不太适应。

隔着长长的抛光木桌，保尔森向格林介绍房产市场概况，这个概况他已对无数个潜在客户讲过了。格林一身休闲装，夹克衫里面是衬衫。而保尔森则是西装领带。格林意识到，保尔森是在对客户做一场商业演说，而不是在欢迎一位好朋友。

几分钟后，格林想说点自己的想法，却被保尔森打断了。

"先听我说。"保尔森提高了音调，直截了当。

格林不明白保尔森怎么变得这样奇怪，介绍过程中一点笑容都没有，更谈不上什么幽默感，一直保持一种奇怪的客套。为什么就不能和以往一样，在保尔森的私人办公室里谈话呢？

"好像他不认识我一样。"格林暗忖。

保尔森讲了20多分钟，以佩莱格里尼的房产数据为主线，把他们精心准备的房地产情况大致介绍了一下，同时也解释了保尔森新的信贷机会基金如何为次贷投保。格林暂时不去想保尔森的奇怪之处，努力地认真听讲。

其实，格林并不知道保尔森此时的两难处境，保尔森很想得到格林的投资，这样他就可以开始运作新基金。但保尔森也很矛盾，如果他让格林这位老朋友知道太多的交易细节，其他人就会知道这笔生意，很快就会复制他的做法，这样一来，他就无利可图。

"其他人很容易复制我的做法，而我能投在保险上的钱有限。"
保尔森这样解释他当时的做法。

格林对保尔森的演讲产生了兴趣，但他并没有明确表示要出资。
格林不明白具体的操作。让他疑惑的是，为什么要投资这个基金来
做空市场，而不是像以前那样，到保尔森这里咨询一下，然后自己
做这门生意。

"我不能自己做这档生意吗?"

保尔森露出失望的神情，回答道："你拿不到 ISDA 啊。"这里的
ISDA 指的是国际掉期与衍生工具协会提供的正式批文，即批准从事
复杂的 CDS 合同业务的文件。

星期五的晚上，他俩再次见面，这一回保尔森恢复了以前的样
子，显得亲热多了，让格林放松自在了些。

"杰夫，这是笔大生意啊，"保尔森对格林说了心里话，"要能做
成这个，我可就上了一个大台阶啊。"

然而，格林有点跟不上伙伴的想法。

"我都听不明白保尔森在讲些什么，什么债券、信贷违约掉期，"
格林回想起当时，"这些都很难听懂，事实上，根本就不是做空，只
是类似债券的一种衍生工具……我想我得找个人给我补补这方面
的课。"

第二天中午，格林邀请他的老朋友吉姆·克拉克和保尔森一起
吃午饭。克拉克是位数学家，还是个计算机科学博士，曾参与创办
了网络公司的先锋——网景通信公司。格林希望克拉克提点意见，
他们三人在保尔森的朋友开的一家餐厅吃完午饭后，克拉克告诉格

林，自己也听不太懂保尔森的意思。

回到洛杉矶，格林不断思考着保尔森的这档生意。以低廉的价格为别人的高风险按揭贷款购买保险，哪儿有这么好的事啊。保尔森又说格林没法自己做这种生意，但格林自己就创造了亿万美元财富。也许他能用这种抵押投资方法来保护自己的财产。

格林的草根致富之道

格林出生在马萨诸塞州伍斯特市的一个蓝领家庭，跟洛杉矶的富豪们相比，简直是隔了个银河系。格林的父亲马歇尔在一家纺织机械公司工作，跟他父亲一样做机器部件转售业务。杰弗里·格林有时也跟他父亲去新英格兰的工厂，推销线轴、部件及其他机械零件。

格林的家位于一个人口密集的犹太人社区，家中有三个卧室、一个浴室。格林的母亲芭芭拉在希伯来学校教书，每周上三天班。格林有个比他大两岁半的姐姐，还有一个比他小 8 岁的弟弟。他的家庭供不起三个孩子上夏令营，但他们在马萨诸塞州南部的南斯基特海滩租了套舒适的两居室，到海边只需要走两个街区。

格林跟外祖父的感情很好，外祖父本是从东欧来的一个小商贩，卖点针线等家居用品。因为当地治安不好，外祖父把他的店关了，常常带着自己的外孙走街串户上门推销。

格林像个小书呆子，穿得整整齐齐，一心扑在读书上。他不碰毒品，在高中乐队吹小号。他没有正式交往过女朋友，即便是在朋友家用木板搭成的地下室里，伴随着 Bee Gees 的音乐跳跳舞，对格林来讲，也已经是很出格的事情了。

20 世纪 60 年代，很多工厂搬到南部以寻求廉价劳动力，马歇尔的生意开始变差。他不得不跟着客户出差到其他城市，如田纳西州的查塔努加市、南卡罗来纳州的斯帕坦堡市、佐治亚州的福特奥格尔索普市等。这对一个原本和蔼可亲的销售员来说可是个不小的打击。每当他打电话回家，格林都能听出他声音里的沮丧。

"他想要显得很开心，但我能感觉到他其实过得很不顺心。"格林回忆道。

格林母亲的孩提时代是在大萧条中度过的。她很会精打细算，常常光顾当地一家大型折扣店。有一年，她给孩子们买了些次品丝绒衬衫，有些地方脱线了，但不是太严重，格林的朋友们不会注意到。马歇尔则与他妻子的金钱观有很大不同，一有钱就花掉，这样一来，两人的婚姻就亮起了红灯。

"我小时候是在父母的吵架声中度过的。"格林回忆道。

马歇尔当过一段时间的无照经营小贩，还当过拍卖员，后来在佛罗里达州的西棕榈滩卖苏打水，但都没挣到什么钱。

然而格林从小就有赚钱的天赋，下雪的日子，格林在每一个小区用铲子给人行道铲雪，比其他有钱人的孩子用吹风机吹雪还快。他帮人修剪草坪、发传单，在纪念日游行队伍中吹小号，还当过有钱人的球童等。后来他存钱买了一辆二手的黄色达特桑牌汽车。

马歇尔想让家人搬到佛罗里达州，但格林不同意，因为他不想离开朋友们。于是，父母让年仅 15 岁的格林留下来，搬去他姑妈家住。

"我和姑妈都不会开车，所以我常常搭公车。"格林说。

每逢假期，格林就飞到南部给他父亲打下手。他们用大卡车装满各种软饮料，为当地汽车旅馆、商店、农场的自动售货机提供补给，有时还要套上长筒靴走过泥泞地，以避开虫蛇。

"我父亲很自负，"格林回忆道，"但他的后半生过得很辛苦。"

格林的母亲后来不在幼儿园教书了，就在棕榈滩有名的布莱克斯宾馆当服务员。

在高中时期，格林并不是很出色。他进了竞赛班，班上的许多同学都被东海岸的名校录取了。格林只拿到半额奖学金，上了巴尔的摩市的约翰霍普金斯大学，这所大学刚好位于他在波士顿的家和佛罗里达父母家的中间，他额外选修了几门课，三年就毕业了，部分原因是为了省钱。

1973 年的一天，格林在当地报纸上看到了电话销售员的招聘启事。当时，很少有人知道电话销售这一市场，格林却挺感兴趣。工资报酬为每小时 2.50 美元或者采用佣金制，远远超过了当时的最低工资每小时 1.60 美元。工作内容是向当地企业集团推销马戏团的门票，顾客以为门票收入是给当地警察、消防员及其他非营利组织的，所以票销售得很顺利，而电话推销员可以从中拿到很大一部分收入。

格林每天都坐在一长排位子中，用标准音调打电话。

"您好，我这里是兄弟警察协会，我们将在跑马场举办马戏团表演，请问您想买票吗？"

这样的推销似乎没有什么用，格林不是一个习惯早起的人，很快他就无精打采、垂头丧气了。

午饭过后，格林的精神好了点，他觉得不应该再千篇一律地讲话，而应该在电话中即兴发挥。

他热情飞扬地问候："您好，最近好吗?"就好像自己是对方熟悉的邻居，"兄弟警察协会把马戏团带到小镇上，您会来观看吗?"

一天下来，格林的销售量是办公室其他员工的 6 倍多，他不再按小时计算工资，而选择佣金制。

"那根本算不上什么马戏团表演，"格林回忆道，"所谓的大象其实只是印在票面上的那只。但我一天就挣了 100 美元，我爱干销售这行。"

格林继续干着电话销售，一边还照样做运输。很快，他一周就赚了 500 美元，超过他父亲的薪水。有一天，公司老板把格林叫到一旁，问他愿不愿意辍学，帮他经营弗吉尼亚州的马戏团门票销售公司。格林一开始想拒绝，但他发现，老板才比自己大一岁，就已经开上凯迪拉克车，可见业务做得不错。所以，他找到老板说："我愿意跟你一起做推销业务。"

格林的父母劝他早点打消这种念头，说这工作太冒险，飞到南部的机票又很贵。但格林还是抓住了这个机会，事实也证明他天生就是做生意的料。

"我们的假日马戏团来了! 你愿意订票观看吗? 好的，索性一下子包圆儿 15 张票，可以吗?"

格林一夏天都在卖票。他发现自己能很快看穿顾客的心理，哪些人会出手大把购票，哪些人不愿意买，都一清二楚。他有自己的独特方法，可以轻松搞定顾客。当格林打电话给一个家庭，那家人的姓听起来像爱尔兰人时，他就把自己的名字变成爱尔兰风格的杰夫·欧哈拉。如果是意大利家庭，他就给自己取个意大利姓氏。有时候，他还会加上些口音，模仿接电话人的声音，一会儿用犹太人的腔调，一会儿又学爱尔兰口音。

"听到他们的声音和停顿，我就知道得下多少力气来进行推销。"格林回想说。

他到佐治亚州的萨凡纳市建立了一个分部，招募了 18 个年轻人，指定其中的一个人负责管理并向他汇报工作。20％的利润归当地的哥伦比亚骑士会，40％归公司所有，剩下的 40％ 则归格林。他支付完员工工资后还绰绰有余，仅仅三周，他就挣了 1 000 美元。

第二年的夏天，期末考试结束后，格林又接着干推销，他住在当地的经济型酒店，到必胜客或者时时乐吃自助餐，总共赚了 1 万美元。

"我的朋友们都在吃喝玩乐，而我却在四处奔波。"格林说。

1974 年，格林从大学毕业后，开始在一些小城市（如佐治亚州的罗马、弗吉尼亚州的詹姆斯敦、宾夕法尼亚州的葛底斯堡）从事电话推销业务。他的格兰丹姆车都跑了几千英里，不少当地公司对他的印象还是那个推销马戏团门票的可爱小格林。但很快格林每天就能赚到 1 000 多美元。

几年后，格林的银行存款已达到 100 000 美元，这对他那个年纪的人来讲可是很大一笔钱，足以负担他上哈佛大学商学院的费用。

于是，他于 1977 年 9 月上了哈佛大学。

格林在认真读书之余继续他的马戏团推销工作。到大一时，他赚了 5 万美元，比大多数大学毕业生的工资还高。格林开始想着投资理财，好让他的收益可以保值增值，购买房地产似乎是可行之道。格林在当地的吉瓦尼斯俱乐部（美国工商业人士的俱乐部）与生意人谈论房地产，在他到处销售马戏团门票时也和马戏团公司老板谈论这事。

在哈佛地区，格林的几个朋友炒三层楼的公寓房，赚了不少钱。他们一般将公寓楼中的一层用于自住，其他两层楼用来出租。格林花 37 000 美元从萨默维尔市一个蓝领社区的房屋中介手里买了一幢三层公寓楼，首付为 7 000 美元。几天后，学校为格林提供租金低廉的学生宿舍，但格林还是决定继续供楼，并把三层楼全部出租出去。

"父母说这样做麻烦，最好别做，"格林说，"但我当时真的很喜欢购买房产。"

如此一来，格林每个月就可以挣几百美元。格林马上就中了房产增值的毒。

"我应该拥有更多的房产。"他想道。

于是，格林买了好几套三层楼的公寓，将每个公寓以每个月 750 美元的价格出租给大学毕业生，这个价格跟附近剑桥的房租相比算是便宜的。他还重新装修了一些破旧的房子，然后出租出去。在哈佛大学的第二年，格林就忙着买房子，用这些房子再融资，然后再买更多的房子。他说动了同班同学杰弗里·利伯特一起买房子，利伯特后来创办了波士顿咨询公司，是约翰·保尔森的第一个老板。

　　格林整天电话接个不停，要么是马戏团推销员找他，要么是房地产中介找他，按揭贷款人员也找他。他虽然不会逃课，但有时他实在没时间去读完学校布置的案例研究。

　　"他一点都没读那个案例，所以他打电话给我，问我读了多少，"利伯特回想当年，"但他有办法找出班上最聪明的家伙，从他身上挖掘到自己想要的信息，这就是格林的独到之处。"

　　格林在 70 年代中期房地产不大景气的时候购置了便宜的房产。很快，房市回暖，他的房产价值大增，26 岁的格林比班上一些同学的父母还有钱。

　　格林的父亲平时每天要抽两包烟，在 1979 年得了严重的心脏病，年仅 51 岁就去世了。格林的父亲一生劳累，最后黯然离世，这让格林心痛不已。

　　当时格林就意识到："我绝不能像我父亲那样一事无成，每天都在挣扎。"

　　毕业后，格林前往洛杉矶，住在谢尔曼奥克斯地区的月租房里，离几位亲戚不远。后来，他在布伦特伍德高档小区买了套一居室的独立小公寓。

　　格林一直到那时都还没有什么社交生活，高中和大学时代，他一直是班上年纪较小的，一到暑假就忙着到各地销售马戏团门票。

　　但到了洛杉矶，格林就开始活跃在各大派对上，好比一只熊从冬眠中苏醒过来。他买了辆银色的敞篷奔驰，花 38.5 万美元在贝尔艾尔市的山上买了一幢 3 000 平方英尺的房子。26 岁时，他的房产价值超过 100 万美元。作为在校哈佛男生，他很快就在社交圈出了名，在各种派对和晚会上，格林都成为炙手可热的香饽饽，哪怕是他那说话不卷舌的伍斯特口音都成了他的标志。

"我在那里被当做天才，因为我有着特殊背景，"格林说，"一下子就踏入五光十色的社交圈，天啊，各种各样的辣妹美女到处都是。"

格林被邀请到双陆棋联赛中，他赫然发现，自己的对手就是儿时的偶像露西尔·鲍尔。那天晚上，他又遇上了著名歌手法兰克·西纳特拉。

格林想把他在波士顿的经验复制到洛杉矶，投资当地的房地产项目，但他对西海岸的市场没有把握。他的习惯做法是，只要一套房子能出租产生利润，就把它买下，这种方法很直接。但是在洛杉矶，格林只能不断出高价买房，房屋业主一直转手买卖，就算是对很好收租的房子也是如此。他们获利的方式是炒房，而不是收房租。

格林对这种游戏规则不是很适应，他决定另辟蹊径，他手下已经有近百人在帮他用电话销售马戏团门票，也许，他还可以考虑让他们推销别的门票。

他先是找了些宣扬正能量的乐队组合，演唱欧美经典民谣——适合全家一起听的那种。约翰·丹佛、肯尼·罗杰斯都曾参与其中，最出名的歌曲是《这是你们的土地》。乐队承诺在全国开40场巡回演出，这让格林马上有了利润。

接下来，格林还聘请了一些具有美国风情的歌手，如加里·刘易斯和花花公子组合、格伦·亚伯勒和里克·纳尔逊，这些过气明星很想再续他们的辉煌，仅1984年他们就为格林赚了100多万美元。

然而，当时大多数美国律师正在抗议各种虚假电话推销，格林也收到了警告信，说他的电话销售并没有公示门票收入中到底有多少用于慈善。格林只能小心为上，1986年，他把电话推销公司关了，专心发展他在当地的房产事业。

在洛杉矶炒房就得高价买入，以更高价抛出。格林决定大量买入房产。一开始，他在布伦特伍德买了一幢八单元的公寓楼，很快他的房产就增值到1 500万美元。房价一直上升，他的房产在6年内涨到1.1亿美元，扣除掉格林需要还给银行的8 000万美元，他净赚了约3 000万美元。他成立了公司，雇用35个人来管理这些房产，而各大贷款公司争相借钱给他。

"我借了大量的短期贷款，大笔买入房产。"格林说。

不过，到了90年代早期，加州房地产的崩盘令格林措手不及，他本以为房价会慢慢掉，而事实上，所有东西都在一夜之间崩塌，哪怕是格林手中最优质的房产也不例外。他名下的所有房产，包括5幢写字楼和350套公寓，一下子贬值到只剩下5 000万美元，格林所面临的负债达到6 000万美元。他的债主们个个急着拿房子抵债，他站在了破产边缘，不得不想尽一切办法先把贷款还上，这是格林在生意场上遇到的第一次危机。

"我一下子反应不过来，我没有预见到危机的来临，"格林说，"就好比有人一下子把绿灯换成红灯，直接跳过中间的黄灯。我每天都在问自己，该怎么办？"

格林已经在布伦特伍德为自己建造了一幢占地1万平方英尺的

房子，窗外是迷人的风景，朝南能远眺南太平洋，朝西是连绵起伏的圣莫尼卡西部山峰，东南边则是一大片百年松树林。当时，格林急需现金，他只好把这幢房子租给像歌手戴安娜·罗斯这样的人，每个月能拿到 5 万美元的租金。但是，另外一位租客——演员兼导演罗恩·霍华德跟格林起了纠纷，让格林在经济上更加紧张。

格林焦头烂额地应付着债主们，他相信很快就会有转机。然而，事态越来越糟，房屋不断贬值，低到卖的钱还不够偿还银行贷款。贷款的还款日即将到期，但房子却卖不出去。格林因为担心有人把他告上法庭，听到有人敲门都不敢去开门。

格林欠了 Glendale Federal 银行 5 000 多万美元，他同意把自己的一些房产抵给银行，将欠款减为 3 500 万美元。但格林的周转资金很快就不够了，他整晚睡不着觉，想了一个又一个办法以摆脱困境，数年的辛苦努力还是没什么改善，更可怕的是，他的负债已高于净资产。

1994 年的一天，格林要求会见 Glendale Federal 银行的副总裁。在一间小会议室里，格林与副总裁及几位职员面对面坐着。格林乐观地向对方分析自己的资产状态，接下来他将如何进行销售并且重新融资以偿还债务。

然而，总结完自己的计划后，格林从副总裁那里得到的答复是拒绝。

副总裁还给格林下了最后通牒。

"我简直不知道如何是好。"格林回忆起当时说道。

1995 年，在格林打算放弃时，洛杉矶的房市开始慢慢回暖。一年后，他的房产价值已经多于负债几百万美元。盖蒂博物馆花了1 200万美元买下格林的一幢大楼，这样格林的手头就不那么紧张了。格林拿到这些钱不是去偿还欠款，而是买了三幢正在低价甩卖的大楼。

在之后的几年内，格林倾尽一切购买房子，充分利用人们对房价的恐慌心理。好多人以很低的价格抛售房子，当他们想再买回来时，房价已高出好多倍。

格林采用的是十年期的固定利率无追索期的抵押贷款，而不用他以前所惯用的超级优惠的可调节利率抵押贷款。格林以最快的速度、最低的利率重新进行融资，将借款的成本控制在最低。

格林再次成为当地房地产经纪商最欢迎的人。他们知道，只要把房产描述得让人心动，格林就会花高价买下来。

"我可以用一幢大楼进行融资，15分钟后再用这些钱购买另一幢楼，"格林说，"整个市场好像一列高速运行的火车，我可不想太早下车。"

到了2003年，格林名下的房产据说已达到8亿美元。他住在好莱坞山上占地1.5万平方英尺的富丽堂皇的豪宅里。这幢房子之前的主人是喜剧演员 W. C. 菲尔茨。他常常举办派对，与名流、模特和各种新结交的朋友狂欢到深夜。《名利场》杂志把他列为洛杉矶夜生活的头号人物。好莱坞女星海蒂·弗蕾丝跟男友分手后，搬到格林家的客房住了一年，在逾越节与格林的母亲共进晚餐。格林还把他在布伦特伍德的房子租给安吉莉娜·朱莉、柯蒂斯·杰克逊、玛丽亚·凯莉等明星。

他很少有正式交往的女朋友，常常跟各式各样主动投怀送抱的女人上床，其中还包括刚来洛杉矶的俄罗斯模特。

"我很容易就会换人，因为总有各种各样的女人来到城里。"格林承认道。

他的母亲担心，儿子不知什么时候才能安定下来。

她到了洛杉矶，当面问儿子："你身边有这么多美女，为什么不找个当妻子。"

"哪个适合当妻子呢？"格林回答道，他知道身边好几个朋友都离婚了。私底下，他也问过这些朋友这个问题。

格林费尽心思，他的所有财产全由房产估值的大小决定，这让他焦虑不安。

"我总是会回想起那段噩梦般的日子。"格林说。

格林决定到全国各地走走看看，他弄不清楚为什么房价会一路飙升。格林有个朋友住在迈阿密，那里的房地产市场火爆得不行，这位朋友说，是因为美国南部的人都跑来买这个地区的房产，才把房价炒高。格林觉得这个解释有点牵强。

"那地方有许多富人，他们哪里需要这么多的廉价公寓呢？"

格林把手中的一些大厦卖了出去，但房价仍然节节高升。他觉得自己有点小心过头了，所以又开始买房。

然而，到了2005年，旅行途中的所见所闻让他忧心忡忡。格林和他的女友乘坐他那艘145英尺长的"夏日之风"游艇出海，整个航行历时两个月，从西班牙出发，历经伊斯坦布尔及黑海沿岸城市，停靠了基辅、奥德萨、雅尔塔市。一路上有各路朋友和熟人陪伴他们，比如迈克·泰森、比弗利山 Temple Shalom 的法师大卫·巴伦，还有土耳其朋友阿里·卡拉坎。格林还请了两位乌克兰脱衣舞娘到船上来表演，并从海边小镇雇了些女服务员，这些姑娘还兼任按摩师。他们玩完潜水、喷气式滑水艇或者皮划艇等后，就来享受这些姑娘的按摩。

白天，格林他们看到了遍布海岸线的各种未竣工的房产项目；晚上，他们和当地人联欢。有时，当地的高官显要会来游艇用餐，尽情享受格林的厨师制作的烤羊排和鱼子酱。每到一个城市，当地的官员们就会向格林大力推荐他们正在发展的房地产项目。罗马尼亚东南部港口城市康斯坦察的市长，还想向格林兜售一个数百万美元的沿海开发项目。

"这简直太疯狂了，"格林对阿里说，"每个人都想当房地产开发商，难道整个世界都成了房产交易所？房价这么高，到底谁会买呢？"

回到家里，格林的飞行员也向他请教一些房地产问题，格林摇了摇头，对房产市场的疑虑渐生。

到了 2006 年春，格林觉得房市已经失控，不再购买房产。格林不想出售手中的房产，向政府支付高额税金，但下一步要做什么，他心中并没有底。但他知道，自己必须得采取保护措施，以免遭遇房地产崩盘的灭顶之灾。保尔森的交易方式似乎是目前听到的最好方法。

从纽约回来，格林找盖利·韦尼克和弗雷德·桑兹谈了保尔森的生意。前者曾是顶级证券交易员，后者是当地重量级的房地产经纪人，他们二人都不太明白保尔森的交易方式，也不想跟格林一起投资。

"我希望能找到人跟我一起投资，这样我心里比较有底，"格林说道，"但没人愿意和我一起干。"

格林不断地追问：为什么会有人以如此低廉的价格承保未知的按揭贷款？与保尔森做交易的对手盘又是谁？

格林请桑兹问问国家金融服务公司 CEO 莫齐洛对次贷交易的看法。桑兹转述了莫齐洛的话，"你这样不会赚钱的，这是个糟糕的想法，你得不断地支付保险费，因为次级贷款不会有什么问题。"

高盛公司的经纪人告诉格林，保尔森买保险就如同为地震买保险，就是在浪费钱财。"千万别碰这事。"那位经纪人这样告诫格林。

但当地新闻报纸和商业杂志却开始抱怨，房价高到没多少人买得起房了，格林想，他可能忽略了什么。

格林与杰弗里·利伯特是哈佛商学院同学，利伯特离开与保尔森一起共事过的波士顿咨询公司后，自己开了家房地产公司，现在已经是成功人士。

"我在 80 年代就开始做次贷借款了，那是个可怕的行业。"利伯特对他的朋友这样说。

"现在这可是华尔街挣大钱的行业啊！"格林说。

"你在开玩笑吧。"

"我们必须做空，"格林充满激情地说，希望能说服朋友一起干，"CDS 显然是最好的方法。"

格林考虑过是否要向保尔森投资 2 000 万美元，但他在对这个投资业务还没完全搞明白之前，不确定是否一下子就投入这么一大笔钱。他其实更想弄清楚，保尔森所买的是哪种衍生产品，然后自己来做。

"其实我当时也想过，要不要对保尔森实话实说，"格林回想，"但是，谁知道我会不会继续跟进这种交易呢？"

他问了国家金融服务公司里的一位熟人，想搞清楚他们所操作的激进式贷款是怎么回事。

"这些'自报收入'贷款是如何操作的？这些人如何不用提供收入证明就能拿到贷款？"

这位熟人告诉格林，贷款公司并没有权利要求雇主出具雇员的工资证明。

"因此，我们只是到工资网站去查询某种工作最高的薪金水平，然后把它填入贷款申请里。"她解释道。

格林一下子就明白了，比方说在内华达州和得克萨斯州，一个建筑师、教师、会计师的工资，跟纽约或者其他高收入地区的工资相比，可能连一半都不到。但在申请按揭贷款时，他们却可以得到同样的高额贷款，这样一来，就可以买到原来他们根本买不起的房子。

一些从事按揭贷款业务的朋友对格林透露了获取高额贷款的内幕后反问道："要不你想想他们怎么可能买得起那些房子。"

格林走访了南加州的河滨县和其他地区，向按揭贷款经纪人了解更多情况。他发现一些次贷借款人偿还贷款的唯一方式就是不断地拿他们的房产融资，有时甚至一年融资三次。

"原来他们就是用这种办法啊！"格林感叹。

一些证券界人士告诫格林，假如他每年花上百万美元为按揭贷款买保险而房价又上涨的话，他肯定会破产。绝大多数次贷借款人都能在三年内为他们的贷款重新融资，格林将会被 CDS 保险套牢，在几年内不停地支付保险费。

格林相信，保尔森做这种交易肯定是有道理的，他原来是想为他的财产寻求保护，却发现了一个很棒的生意。格林打电话给他在美林证券公司的经纪人艾伦·扎弗兰，把保尔森的做法告诉他，让扎弗兰也如法炮制。

"我得告诉你，这可不是个人经纪账户的日常经营业务啊。"扎弗兰对格林说。

扎弗兰以前听说过保尔森和他的公司，他觉得这桩交易背后肯定有些道理。格林在很多经纪公司都有大笔股权，扎弗兰有点担心，美林证券公司可能不愿意为格林这样的个人账户操作这种复杂的交易。

几天后，扎弗兰的老板确定了他们不会进行这些交易。理论上，格林的净资产已达几亿美元，但主要在房地产上。他在美林证券公司有 5 000 万美元的资金，这对个人而言已经算是个大额账户，但比起经营 CDS 的大公司来讲，简直不值得一提。

扎弗兰听到有关微软公司创始人保罗·艾伦的传言，高盛公司的经纪人同样不愿意为格林操作这一交易，因此，看来想要通过高盛公司做这种交易是件遥遥无期的事情。

"你是个人，而不是对冲基金公司，做不了这事。"扎弗兰说。

格林几乎要放弃了。

"你是个聪明家伙，得想出个办法啊。"

格林每天都不停地催着扎弗兰到任何地方寻找可能的机会。扎弗兰找到各大公司的总裁，希望有人能批准这项交易，但都惨遭拒绝。美林证券公司的高管们认为，对大多数个人投资者来讲，衍生品交易太复杂，万一损失过大，公司可能会惹上官司。扎弗兰并没有把每次吃的闭门羹都告诉格林，因为不知格林会做何反应。

"你并没有尽力。"如果格林知道这种情形，肯定会这样说，"要倾尽全力。"

5 月初，扎弗兰终于找到几个通情达理的高管愿意为个人投资提供房产贷款违约保险。他们说，只要格林愿意签署一份声明，说明这项交易是他本人主动要求的，而且是一次性交易，他们就愿意尽最大努力满足扎弗兰的要求。这事得经过美林证券公司十几位高管的签字同意，格林喜出望外，他终于可以成为第一个购买 CDS 合同的个人投资者了。

格林精心挑选了 13 只 BBB 级高风险按揭贷款证券，这些证券背后都是高风险的抵押贷款，借款人全是加州和内华达州信用记录不良的人。他们中的大多数人被一开始的低利率所诱惑，但这些利率两年后都升高，而他们买的房子都没有产权。这些证券每只价值 1 500 万美元，总共价值 1.95 亿美元。格林为它们投保的 CDS 保险合同，每年按价值总额的 1.25% 缴纳保险费。这些衍生工具投资每年的费用约为 240 万美元。如果抵押债务贬值，那么格林的这些保险就价值 1.95 亿美元。

几天后，扎弗兰告诉格林，可以继续为价值 7 500 万美元的 BBB 级按揭债券购买保险。到了 5 月底，他们已经为 3.5 亿美元按揭债券和价值 2.5 亿美元的 ABX 指数购买了保险。ABX 指数是由各大银行根据前 6 个月的数据确定的，是反映次级房贷市场的"晴雨表"。格林甚至还为一些表面上看起来相对安全的 A 级按揭债券买了保险，因为这些保险是如此便宜，让他无法抗拒。

　　格林不断地买入保险，他在美国摩根大通银行找到一个经纪人愿意卖这样的投资项目给他。一番交易后，格林为 10 亿美元的次贷证券购买了 CDS 合同，每年保险费为 1 200 万美元。

　　然而，格林还是担心自己是不是忽略了什么。一个月后，在美国纽约网球公开赛上，格林应邀与摩根大通银行的 CEO 杰米·迪蒙在银行的私人包间里观赛。格林非常兴奋，因为总算遇上一个专家能指点自己所进行的交易，提醒自己是否有没注意到的事情。

　　我只是个初入门的新手，而对方是个专家。

　　迪蒙来到格林身边，和善地微笑着。格林看到机会来了，激动得无法自抑。

　　"嗨，杰米，我现在重仓押在通过 CDS 做空次级贷款上，跟你们做了 4 亿美元的生意。"

　　迪蒙听了没有什么反应。"你说什么呢？"他问道。格林吃了一惊，迪蒙可是金融市场上的重要人物。他看起来似乎对 CDS 一无所知，哪怕是 4 亿美元这个数字也很难引起他的注意，他继续看着网球赛。罗杰·费德勒与诺瓦克·德约科维奇正在决赛中难分胜负。迪蒙环视包厢，对其他客人微笑示意。

　　格林想，也许自己得详细解释一下，他努力向迪蒙介绍自己的交易情况，越说越快，对每个细节越说越兴奋。格林确定摩根大通也买了同样的衍生品。要不就是摩根大通发现这桩交易里有什么潜在的问题。格林惴惴不安，很想知道迪蒙对这事的看法。

　　但显然，迪蒙对此没有什么反应。

　　他是对此不感兴趣，还是一无所知呢？格林懵了，怎么会这样？

　　过了一会儿，迪蒙向他致意离开，去跟其他客户寒暄了。

　　在洛杉矶，扎弗兰打电话给他要好的一些客户，推荐了类似格林这样的交易。一些人觉得这生意不错，让扎弗兰放手去做。但美林证券公司的上层比较保守，只允许一个顾客做这种生意，而且交易规模远远小于格林。

　　格林刚好赶上了末班车。

保尔森与格林断交

　　格林一方面学习按揭贷款的有关知识，另一方面继续跟保尔森交流，时不时地发邮件告诉保尔森自己与各大按揭贷款经纪人交谈后的想法。然而，保尔森并没有回复。格林猜想，保尔森可能是太忙了，要不就是觉得他的这些想法和小道消息没什么意思。

　　6 月，格林乘坐他的那艘游艇去汉普顿斯和新英格兰。他很想见见保尔森和其他几个朋友，还要在萨格港为迈克·泰森举办 40 岁的生日庆典。

出发之前，格林发了封电子邮件给保尔森，说他正兴致勃勃地做着自己的新基金，还提到自己做的一些交易出了些问题。

保尔森火速回邮件问："是什么交易？"

"就是我们讨论的啊。"

"我简直不敢相信，你自己做了那笔交易，你背叛了我，"保尔森回信道。格林吃了一惊，发现保尔森发火了。

"那我得收手不干吗？""是的，收手。"

格林花了几天的时间来思考是否退出这项交易，他不想得罪朋友，也知道自己有做得不合适的地方。

这太复杂了，也许我该让保尔森替我做这项交易。

但格林之前花了那么多的时间和精力来研究，而且买入的 CDS 不太好卖出，因为它们在市场中的交易并不活跃。所以格林决定继续干下去。这个决定令他付出惨重的代价。

第 8 章

等不到希望的痛苦坚持

高盛 ABX 指数的 CDS 顶级交易员乔希·伯恩鲍姆
没完没了地给罗森伯格打电话，问他到底打算购
买多少保险。保尔森和佩莱格里尼接到伯恩鲍姆
的电话后，告诉罗森伯格千万别把情况透露出
去。他们担心，伯恩鲍姆一旦知道他们想买更多
的 CDS 会把价格提高。

金牌交易员罗森伯格的出击

约翰·保尔森找不到多少客户来投资他的新基金，如果他还想启动这一基金，就只能向家人和朋友求助。他的网球伙伴杰弗里·塔兰特最终说服了他的合伙人，从他们的投资商那里筹措到6 000万美元。塔兰特的几个客户也出资几百万美元加入新基金。安德鲁·霍尼的父母，保尔森公司的高管，也投资了几十万美元。保尔森把自己在当地摩根大通银行的个人存款全部提出来，投了约3 000万美元，他基本上把自己在公司外的所有钱都拿出来了。

这样一来，总共为新基金筹集到了1.47亿美元，这与当时启动资金动辄十几亿美元的其他基金根本没法比。出资者中有几位其实并不怎么相信该基金能成功。他们中有几位是房产专家，只不过是在为自己的房产寻找点保护而已。私底下，他们并不介意保尔森这个投资是否失败，因为如果保尔森赌输了，那意味着他们手中的房地产就不会贬值，这可是件好事。

如同猎人等待猎物出现一样，保尔森的整个团队都紧盯着房产价格的变化，一旦发现有下降的信号，他们就会扣动扳机，开始交易。

6 月初的一个早上，布拉德·罗森伯格冲到保尔森的办公室，手上拿着刚打印出来的一则新闻，美国房地产经纪人协会的数据表明，在过去的 12 个月里，房价上升不到 1%。保尔森听了露出灿烂的微笑，这正如他所愿。整个团队期盼着房价持平，BBB 级按揭贷款债券即将出现亏损。这一时刻马上就要到来。

那是"关键的时刻"，保尔森说。

那天上午，整个华尔街上上下下的所有投资者都在认真研究这个数据。保尔森担心他会错失良机，因为他到目前为止还按兵不动。他的基金是买了些按揭贷款保险，但是他新成立的信贷机会基金却还没有完成一笔做空房产的交易。如果他打算放手一搏，现在就得干，否则永远没机会了，只要稍微耽搁，他就会错失一切。1.47 亿美元足够当启动资金，保尔森决定开始运作新基金，他通知罗森伯格可以着手买入。

34 岁的罗森伯格身材短小，戴副眼镜，在对冲基金公司工作了 4 年。他就坐在保尔森的办公室的外面，可以随时跟保尔森探讨对市场的看法。他常常很早来到办公室，每天早上 8 点钟迎来保尔森上班，晚上 6 点钟准时跟他道别。

但罗森伯格不知道该怎样取悦自己的老板，他们之间很少开玩笑。保尔森也从来没见过罗森伯格的妻子和其他家人，罗森伯格跟保尔森好像没有进行过一次私人谈话。

保尔森与公司的大多数员工都是如此，所以罗森伯格并不在意自己跟老板的私交如何。罗森伯格的父亲是长岛鞋业的销售主管。

罗森伯格毕业于杜兰大学，是个认真的书呆子。他办公桌上的唯一摆设是由两块石头和纸片做成的海龟，那是小儿子送给他的礼物。他在交易成功后并不会和别人击掌庆祝，他和保尔森一样都不太习惯那种庆功方式。

从保尔森让罗森伯格放手去干那刻起，罗森伯格就背负起重重压力，他得赶在价格被炒高之前购入尽可能多的按揭贷款保险。同时，他还得做好保密工作，以防同行效仿，从而将CDS合同的价格炒高。罗森伯格开始打电话，向华尔街各大银行下订单，把1.47亿美元资金全部花在为BBB级按揭贷款债券购买CDS保险上，在做这些工作时还要尽可能表现出随意买点的样子。

"现在是什么价格？"他镇定自若地问各大银行的交易员。问完后，罗森伯格并没有马上下订单，而是过一会儿再买入，这样一来就不会显得很急切。罗森伯格平时喜怒不形于色的性格在这里派上了用场，没几个经纪人知道，他是多么急于大量买入CDS保险。保尔森就站在他身旁，神情严肃，但罗森伯格对他熟视无睹，继续打电话。

就像挖到个金矿一样，罗森伯格每次买保险时，好几家银行的报价都非常便宜。这令保尔森非常不解，整个房地产市场就像牛市伊始，一点都没有维持多年的疲态。

难道没人看今天的报道吗？房价已经开始下跌了啊！

保尔森加快了买入的步伐。

"这就像个黑洞，人们都被吸引过来，"保尔森回忆说，"只要报出我们想要买的保险清单，就有一堆人争先恐后地卖给我们，我简直不敢相信。"

2006 年，反映次级抵押贷款的 ABX 指数也公布了。保尔森团队立马针对 ABX 指数购买了相应的保险。这成为他们的另一支利箭，ABX 指数的保险费高于那些按揭债券的保险费，但 ABX 指数的交易更频繁，以后保尔森想要抛售会更容易。保尔森的新基金甚至还购买了一些保险，用于投保跟踪相对安全的 A 级次级按揭证券的指数。

一开始，证券交易员很乐意卖 CDS 保险给保尔森，因为可以赚取更多的佣金，还可以开发各种产品让做多投资者去购买。

摩根士丹利公司的一位交易员与保尔森打完电话后，难以置信地对同事说："这家伙肯定是个呆子。"他一边说一边窃笑，想不通保尔森竟然愿意付这些保险费，"他会赔光的"。

然而，这名交易员很快就开始揣测，这些交易将会如何收场。他们卖给保尔森的保险越多，就得找到更多的看涨投资者来做对家。有些人开始担心，如果没有其他投资者来接手这些保险合同，他们将被套在保尔森的交易中无法自拔，一旦房价下跌，就会陷入危险的境地。

有些人则把这种交易当成自己银行的投资，他们根据数学模型计算出，出售保险合同给保尔森是项安全的交易。但是，如果保尔森继续买入，银行为应对它们投资工具可能造成的损失，会将保险提价。

高盛 ABX 指数的 CDS 顶级交易员乔希·伯恩鲍姆没完没了地给罗森伯格打电话，问他到底打算购买多少保险。保尔森和佩莱格里尼接到伯恩鲍姆的电话后，告诉罗森伯格千万别把情况透露出去。

他们担心，伯恩鲍姆一旦知道他们想买更多的 CDS 会把价格提高。

伯恩鲍姆坚持要弄个明白，于是登门拜访。34 岁的伯恩鲍姆身材精瘦，虽说头上已有丝丝银发，但看起来比实际年龄要年轻些。保尔森、佩莱格里尼和罗森伯格跟他在一个小会客室里座谈。会谈后，伯恩鲍姆一下子就明白保尔森的打算了。

"如果你们愿意做空，我就会一直做多，"他说，"我有几个客户愿意做你们的对家，我会跟他们一起。"

伯恩鲍姆力图让保尔森明白，他们犯了个大错，不仅伯恩鲍姆的客户们想与保尔森对赌，就连伯恩鲍姆自己也想当保尔森的对手盘。假如保尔森团队连次贷中相对安全的部分也看空的话，那伯恩鲍姆真的得提醒他们注意风险。

"你们瞧瞧，我们一直这样做，并没有任何损失。"

保尔森这边的有些人实在不明白伯恩鲍姆是什么意思，他是真的来提醒，还是不想让保尔森公司继续做空 ABX 指数？他是不是担心这些交易会让高盛公司有所损失？

"如果我们一味强调我们比高盛公司更了解市场，那无疑显得我们很愚蠢、很无理，毕竟高盛公司有那么多专业的团队和良好的声誉。"佩莱格里尼当时是这样想的。

伯恩鲍姆离开后，罗森伯格走进保尔森的办公室，他心里有些动摇，伯恩鲍姆是市场专家，他们是否要改变立场？

保尔森看起来却是坚定不移。"继续买入！"保尔森对罗森伯格这样说。

伯恩鲍姆一回到高盛公司的交易大厅，罗森伯格的电话就打来了，他继续下单做空 ABX 指数。

"真的吗？"伯恩鲍姆惊讶极了，看来自己并没有说服他们。

保尔森从贝尔斯登公司请来按揭贷款的专家与自己的团队进行探讨，以确保公司的交易考虑周全。专家团队走进"公园"会客室，这个会客室紧挨着保尔森的办公室，有一长排朝北的窗户。从以往召开会议的效果看，窗外的风景会分散注意力。因为窗户对面是一幢具有玻璃外墙的大厦，内有一间宽大的展示厅，长长的 T 型台上常常有一堆女模特穿着袒胸露背的克里斯汀·迪奥泳装走来走去。

这个下午，窗外没什么可看的。作为华尔街看涨房市的代表，贝尔斯登专家团队一开始就说，次级房贷的亏损不大可能超过 3%，因此 BBB 级按揭贷款不会下跌太多。

贝尔斯登公司的一位专家说："你们是好顾客，我们肯定是为了你们好，你们真的需要对历史价格与估值好好研究一番。"

"你们的模型建立在什么基础上？"保尔森反问，"市场已经发生了变化，你们不需要任何材料证明就可以拿到贷款，你们的模型把这点考虑进去了吗？"

"我们的模型肯定没问题，"贝尔斯登的专家回答道，礼貌而自信，"我们干这行已经 20 年了。"

贝尔斯登的资深交易员斯科特·艾彻尔插话说，为一些按揭贷款池购买大量按揭保险有点误入歧途，做空交易不要过于集中。

艾彻尔对保尔森团队的理论迷惑不解，这听起来似乎过于简单，一家公司怎么可能会因为这个就投资几十亿美元，难道他们不知道按揭市场非常复杂吗？

　　佩莱格里尼认真地听着这场谈话，脸上却不动声色。他明白这些贝尔斯登的高管并不见得百分百相信自己的说法。他们只是不希望保尔森购买这么多 CDS 合同，以免给贝尔斯登公司带来什么麻烦。佩莱格里尼得出结论后，就静静地在一旁想对策。

　　游戏得双方都配合才能玩下去，佩莱格里尼最终明白过来，他假装开始考虑变更自己的立场，对方的说法似乎让他有所动摇。

　　会议结束后，佩莱格里尼微笑着对贝尔斯登的高管们说："很感谢你们的帮助。"他并不敢暴露自己内心真实的想法。

　　"我们嘴上说感谢他们的帮助，但事实上我们心里说的是去你的，"佩莱格里尼回忆道，"双方都是在作秀。"

　　保尔森在与华尔街专家的会谈中一直都是面无表情。他认真地消化了他们的观点，更加确定自己并没有漏掉什么。他没有表现出他们实际上对市场看空到什么程度，因为如果想继续用低廉的价格买到保险，就不能让别人知道他想买的保险有多少。

　　"他们觉得我这个管理者缺少经验，"他回忆道，"我不得不装聋作哑，他们要么骂我傻，要么认为我大错特错，我听了也很烦。"

　　保尔森的新基金规模不算大，市场上没有多少人像他这样买入按揭贷款保险。因此，保尔森的交易还是引起别人的侧目。接下来的几个月，他收到不少新客户寄来的支票，这些客户认为房价已经到顶了，保尔森将这些钱用于购买保险。保尔森的团队越发担心竞争对手会复制自己的做法。保尔森的一些客户把基金经营策略泄露出去，保尔森很恼火，于是采取技术手段禁止客户转发他的邮件。

　　保尔森给保险巨头美国国际集团公司的创始人汉克·格林伯格

打电话，看看他的投资公司 C. V. Starr 是否要投资新基金。美国国际集团在过去几年里卖出了几百亿美元次级按揭贷款的 CDS 保险，一旦房价下跌，美国国际集团肯定会有风险，如果它能投资保尔森的新基金，就可以抵消可能的损失。

格林伯格和他的团队对保尔森并不了解，因此他们请外面的专家阿诺斯·克里斯纳马斯来审查这个方案。一天交易结束后，克里斯纳马斯登门拜访了保尔森公司，他详细询问了佩莱格里尼和保尔森公司的投资关系部主管吉姆·翁，希望了解他们交易的每个细节。

"你们做这交易有什么好处呢?"

"这不重要，"保尔森回答说，"主要是那些证券快要一文不值了。"

听到克里斯纳马斯寻根究底地发问，保尔森团队担心他会从自己手中抢走这笔生意，教会他的老板们如何进行投资。

会议结束后，佩莱格里尼把吉姆·翁拉到一边说:"别在他身上浪费时间了。"

保尔森仔细阅读了按揭贷款服务报告，注意到借款人的拖欠行为日益增加。美联储在年初就已经将短期贷款利率从 4.25% 提升至 5.25%，借款人肯定会面临更大的压力。

2006 年 7 月，保尔森更加热情高涨。Option One Mortgage Company 的财务报告显示:公司的盈利状况堪忧，公司发放的贷款出了问题，许多客户甚至连首付都拖欠。公司被迫从银行赎回它们原先卖出的按揭贷款。该公司是 H&R Block 税务申报公司旗下经营次贷的一大重要部门，每年实现的利润占整个公司的一半。

"这是表明房市出现问题的一个最早的信号。"保尔森回忆道。

保尔森获胜的信心越来越足，他忍不住参与一幢房子的竞买，这幢房子位于南安普敦，占地 6 800 平方英尺，有七个卧室及一个室内游泳池。保尔森最后以 1 275 万美元的价格买了下来。

2006 年夏天，保尔森带着妻子、女儿和布鲁斯·古德曼一家，在南安普敦一家高档的网球洗浴俱乐部一起吃午饭。午餐结束后，两位老朋友在沙滩上走着，看到保尔森的女儿在玩沙子。他们聊起了工作上的事，保尔森比平时还小心谨慎，似乎心里藏着天大的秘密。

后来，保尔森还是对老朋坦露心声："我正用我的私人财产做一项重大投资，"他坦言道，"布鲁斯，如果这项投资能成功，将非同寻常。"

保尔森底气十足地说着这些，这么多年来，古德曼从来没见过他如此兴奋。古德曼想要追问交易的具体细节，保尔森却只对他笑而不语。

"布鲁斯，我很想告诉你，但现在不能说。"保尔森说道。

然而，保尔森的交易一开始却出师不利。他购买的保险在 8 月开始下跌。原因很复杂，美联储暂停调高利率，因为担心如果利率太高，房屋业主的还贷压力会变大。一些投资者希望美联储能把利率降到某个点，这样按揭成本就能随之降低。如此一来，房市能继续持稳。保尔森的投资似乎就要付之东流了。

在家里，保尔森的妻子珍妮也忧心忡忡，问她丈夫要不要改变主意。

"这件事只需耐心等待。"保尔森给珍妮吃了颗定心丸，说完就出门到中央公园跑了 3 英里。

一些朋友打电话给保尔森，想要卖出部分仓位以及时止损。

"你到底在坚持什么？"彼得·索罗斯问道，"接下来你打算怎么做？"

"我们继续做空。"保尔森回答道。

从保尔森的角度而言，这并不是件坏事。表面上 CDS 保险仍然不被看好，他多少亏了点钱，但实际上，保尔森可以继续买入更便宜的 CDS 保险，事后他对一个朋友说："这简直就是上天的馈赠。"

彼得·索罗斯旁观了几个月后，被保尔森的坚定所打动，他也决定投资新基金。很快，保尔森的新基金总额达到了 7 亿美元，他开始拟定做第二个基金的计划，进一步做空房市。

然而，保尔森和佩莱格里尼很快就意识到，他们在交易中犯了个大错误。有数据表明，2006 年房价下降了 2%，但是他们做空的次级按揭贷款大多数是 2006 年以前发行的，这些按揭贷款的房子在此之前是升值的。这些借款人完全可以轻而易举地用升值的房子再行融资，不大可能出现还款问题。保尔森定错了目标。

"我们过早地买入了，"佩莱格里尼承认，"哪怕房价在上年度有所下降，市场上的人们也不会因此受影响。"

保尔森从办公室里走出来，到了罗森伯格跟前，手里拿着份新计划。"我们得推翻以前的计划，"他说，"我们的目标得定位于最新的房贷违约保险，也就是说，要针对那些不会升值的房屋贷款，这些业主的房子不会增值，因此无法继续融资。"

于是，罗森伯格不动声色地调整公司的交易，只针对最近的按揭贷款购买类似的 CDS 保险。同样，保尔森和佩莱格里尼选择的保险对象还是那些风险最高的次级按揭证券。他们不光选择了那些信用不佳的借款人，还选择在房价不再上升的时候出手购买保险。

罗森伯格不停地给每个手中有按揭贷款保险的人打电话。

"你手中还有没有按揭贷款保险要卖？还有没有？"罗森伯格问了一个又一个交易员，他简直就像蝗虫过境。那个夏天每到星期五，一些老到的交易员都不急着回复罗森伯格，想把交易推迟到下周一，以期过个周末成交价能走高一点。而罗森伯格则锲而不舍地追在他们后面，不断地打电话催促他们成交。

反映最新按揭贷款的 ABX 指数从一开始就一直徘徊在 100 点左右，说明房产热还未降温。保尔森公司把保险转移到最新按揭贷款上，并未付出额外的代价。因为 ABX 指数居高不下，针对按揭贷款的 CDS 保险合同还是保持着低廉的价格，如此一来，保尔森公司很幸运地避免了过早中枪。

格林的挫败

远在西海岸的杰弗里·格林正面临巨大的挫折。在保尔森开始运作新基金前几个月，格林就开始了做空交易。2006 年夏天，房价回弹，抵押贷款保险的价格下降，这让格林的损失比保尔森更大。到了夏天，格林已经亏损了 500 万美元。

他找保尔森讨论房市，问自己是否该继续这项交易。格林对保尔森的新基金仍有投资兴趣，但他账户上的资金已经减少，他又不想结束交易以止损。他不得不向保尔森承认，他并没有听从保尔森的建议卖掉保险合同，而是继续进行交易。

在马里布的豪宅中，风铃发出清脆的声音，格林打开电脑，给保尔森写了封电子邮件。他写完后深深地吸了口气，按了发送键。在这封邮件中，他希望当他回到东海岸时能与保尔森见一面，他问保尔森能否接受他对新基金的投资。信中，格林顺便提到，他还在做次贷交易。

格林很快就收到保尔森的回信，保尔森很生气。

"我的新基金不接受你的任何投资，"保尔森火速回信说道，"你不是一个令人尊敬的人。"

保尔森怒气冲冲地走出办公室，禁止他的员工们跟格林有任何接触。

几天后，保尔森很伤心地打电话给杰弗里·塔兰特说："一个关系那么好的朋友，最后怎么变成这样？"

"我们当时其实是可以用格林的钱的。"保尔森后来说道，但他有种被背叛的感觉。

"我要求格林停止交易后，他答应了，可事实上他并没有这样做。"

格林有点后悔，觉得有点对不住朋友。但他心里感到奇怪，这有什么大不了的。这么多年来，保尔森告诉过他许多投资技巧，他采用了其中的大多数。保尔森把做空交易告诉过数十位投资者，这些人也都知道了。这并不是什么秘密，格林这样想道。

"他从来没对我说，不许做这个！"格林说道。

格林对这场争执感到特别沮丧，尤其是他的朋友找不到经纪人来帮忙运作这些交易。

"我很孤独。"格林说。

东海岸之行，格林始终没有与保尔森见上面。一个星期六的夜晚，天气温暖，格林乘船来到萨格港，参加了一场聚会。在人群拥挤的房间里，格林遇到一位魅力十足的女人陈媚诗，她是马来西亚的华裔难民，在澳大利亚长大。陈媚诗和格林一样，也经营着房地产，喜欢夜生活，不管在汉普顿斯还是纽约，有时一个晚上能参加五六个派对。陈媚诗已经 32 岁了，一直没遇上自己的真命天子。

格林与陈媚诗一见如故。她轻轻搭上他的肩膀，他握住她的手。两人在房间后头找到一个安静的地方开始讨论起按揭贷款。

几个月后，他们订婚了。

然而，格林的做空交易却不怎么顺利，他的挫败感与日俱增。他每天 11 点起床后，会第一时间打电话问他的经纪人艾伦·扎弗兰："今天价格如何？"

通常，扎弗兰反馈的数据都表明，格林的保险价值比前一天又掉了些。扎弗兰告诉格林，市场对次级抵押贷款的需求并没有下降。

"我觉得这没道理，"有天早上，格林说道，"说不通啊。"

扎弗兰带着交易资料，来到格林的豪宅中，两人一起研究庞大的电子数据表。

此后，格林给扎弗兰的电话越来越多，如果不向券商询价，格林甚至对自己的投资都没有底，这让他越发焦虑。他想不通，房市都摇摇欲坠了，自己买的保险怎么还不升值。他认为是美林证券公司的交易员不愿意降低那些次级抵押证券的价格。

"你们认为这个价格公道吗？"格林像吃了枪子一样，声音中弥漫着怒火，"我觉得这根本说不通，你们自己觉得呢？回个电话给我。"

格林看了报纸才知道，国家金融服务公司所面临的处境越来越困难。他打电话给扎弗兰，扎弗兰把电话转给纽约美林证券公司的总经理克利夫·兰尼尔。

"我是不是稳赚啊？"格林悻悻地问道。

兰尼尔从一名交易员手里为格林找到了最新投资报价和市场动态。反映次级贷款状况的 ABX 指数正在下降，但格林购买的保险不只是 ABX 指数保险，还有一大堆按揭贷款保险，而这些投资的损失更多。

"天啊，"格林说，"国家金融服务公司都上了报纸头条，怎么回事？"

格林每多打一次电话，就会发现报价有所上升，这让他高兴了些。但他开始怀疑，美林证券是如何得到这些报价的，美林证券解释说，它们只不过是转述最新的报价而已。

格林将数百万美元投入一个前景不明的市场。如今，房价下跌，他的按揭保险又没有什么起色，他甚至不清楚这些保险值多少钱。"我实在是想不明白，扎弗兰，请你解释一下。"格林只能请扎弗兰做出解释。

伯利的危机与坚守

迈克尔·伯利的压力也越来越大，他比保尔森公司早了整整一年做空房市，在没人买的时候就买入大量按揭贷款保险。2006 年，他的投资价值缩水不少。这次不比上一年度，之前有股票上的其他盈利可以抵消损失。伯利的基金业绩陷入有史以来的最低点。

很快，不少焦虑的客户打电话给伯利，他们并不像伯利那样看空房地产。实际上，不少客户对于伯利做空房市是公开质疑的。一些人建议继续做股票投资。"你对抵押贷款懂多少呢？"很多人这样问伯利。

2006 年 8 月，伯利的经纪人安吉拉打电话说，有人正在购买各种次级按揭证券的保险，包括住房抵押贷款证券的 CDS 保险、ABX 指数的保险等。大量的 CDS 合同被买走了，有时客户一出手就买了 10 亿美元的保险。安吉拉告诉伯利，此人以迅雷不及掩耳之势在购买，简直就是在扫荡。有位交易员在聊天时提起，是一位名为约翰·保尔森的人在购买这些保险。

伯利确定，这些交易能够提升公司的投资价值，但伯利的经纪人却不愿意调整他持仓投资品的价值，这样一来，伯利就无法实现自己的盈利。有时，投资品的估值是过时的，或者是前后不一。经纪人甚至同一天对同一保险的估价都会不一样。有时，他们整个礼拜都没有更新报价。

伯利简直不敢相信，保尔森每天都在买保险。房价最终持平，ABX 指数不断下跌，房地产开发商的股票开始疲软。但伯利的经纪人却说，伯利公司所购买的承保 85 亿美元按揭贷款证券和企业债券的保险却没怎么升值。一些经纪人解释说，伯利的投资标的在市场上的交易不活跃，因此很难证明这些投资品的价格有所上涨。

伯利恼火至极，他每天都到深夜才回家，蹑手蹑脚爬上他家的楼梯，直接上床，躲着家人。他不想让孩子们看到他满面怒容。

最后，伯利实在忍无可忍，他决定把按揭证券投资从对冲基金中分离出来，放在一个单独账户——"附加口袋"中。在这个账户里，资金会一直冻结，直至伯利觉得时机成熟，可以卖出之时才能解冻。这样一来，他就能够对这项资产给出合理定价，对投资者更公平，而不用依赖那些不可靠的经纪人给出的报价。

然而，就在伯利公布这一举措几小时后，伯利的公司就一片骚乱。他的客户们早就对做空房市持不信任态度，而现在伯利告诉他们，投资被锁定在房价保险中，直至卖出才能收回。按照伯利与投资客户之间的约定，伯利是可以这样做的，但这种做法有点像霸占钱财，即采用强硬手段防止投资者撤资，进而避免基金被抵押贷款保险拖垮。

到了 10 月，伯利最早的支持者乔尔·格林布拉特要求跟他面谈。几天后，格林布拉特和他的搭档约翰·佩特里飞到圣何塞，租了辆车直接开到伯利的办公室。临近黄昏时，他们坐在伯利的小办公室里谈话。就在几个月前，格林布拉特还在财经电视网络频道夸奖伯利是世界上的顶级投资者之一。而现在，格林布拉特怒气冲冲地抓过一把椅子坐在伯利的对面。

格林布拉特对伯利说，开立附加账户这一主意简直愚蠢至极，这会毁了他俩的名声。"现在马上清仓止损！"他建议伯利在客户反对之前，赶紧退出按揭贷款违约保险交易，免得毁掉公司。格林布拉特实在控制不住自己的怒火，他认为那些交易会使"一切归零"。

伯利觉得像是被一记重拳击中。格林布拉特是华尔街最受人敬重的投资者，是第一个信任自己的人，如今却命令自己中止有生以来最大的一笔投资，这笔投资可是自己花了一年多的时间精心打造的啊。格林布拉特与佩特里和其他投资客户一样，不愿意花时间去理解他为什么做这笔交易，自己写给他们的信件已经解释得很详细了，看来他们没有认真阅读。伯利觉得，在他职业生涯第一次遇到难关时，他们却弃他而去。

面对格林布拉特及佩特里的猛烈抨击，伯利坐在椅子上挪来挪去，越来越不安。如果他坚持投资而结果又是错误的话，他就可能得不到足够的支持来继续经营他的公司。

格林布拉特所说的无非是一再重复自己的观点，他并没有说出什么可以改变，或者动摇伯利最初投资信念的新东西。

伯利将眼光投向客人身后的窗户，透过玻璃，他看到了一幢独立公寓的红色屋顶。这只不过是无数过高估价的房屋之一，房子新建不久，而在这个地段，房子已是供大于求。

"格林布拉格想要证据的话，"伯利思忖，"证据近在咫尺！"

伯利并不知道，格林布拉特自己也压力重重。他的公司——Gotham Capital Management 在经营投资的同时，也将客户的资金投到各大对冲基金。如今，20%的客户向公司申请撤资，如果伯利不愿意抛售保险，将钱还给格林布拉特和佩特里的话，他们将举步维艰。

格林布拉特希望伯利能退让一步，将一部分投资变现，而不要全部都冻结，但伯利一点都不肯让步。

"我一点都不会卖，"伯利回答道，"现在的市场运作是不正常的。"

"你完全可以只卖一部分！"格林布拉特发火了，"我知道你在想什么，迈克尔！"

在伯利看来，格林布拉特所说的话就像在指责他，之所以不愿意放弃交易，是因为不想还钱给客户。伯利气得脸都发青了。

"听着，我是不会让步的。"伯利说道。他会按原计划将按揭债券投资放入附加账户中。

格林布拉特和佩特里摔门而出，顾不上伯利的感受。几天后，格林布拉特的律师打电话给伯利说，如果他一意孤行，他们将直接起诉。

另外一些投资者对塞恩基金当年下跌18%这一业绩很不满，也弃伯利而去，他们将其他能撤出的钱都提走了，几星期内就提走了1.5亿美元。几位潜在客户听说了那场争吵后，也打消了投资塞恩基金的念头。

伯利抑郁不已，面色沉重。他的妻子开始担心起他的健康。

2006年末，伯利觉得必须采取措施来挽救自己的公司和声誉。他开始不情愿地抛售些CDS保险，换取现金以还给不满的客户。三个星期内，他就卖出了一半的保险，这些保险承保了近 70 亿美元的公司债券，包括国家金融服务公司、华盛顿互助银行、美国国际集团等，它们的财务状况都岌岌可危。

伯利卖出的时机真是糟得不能再糟了，当时，华尔街大多数人都还看好房市。30 亿美元债券的保险，伯利最早每年得支付 1 500 万美元的保险费，而现在的新买家只需要一年支付 600 万美元。卖出这些保险，伯利亏大了，对他而言，就像将自己两年精心攒下的珍宝拱手让人一样。

基金的资金不断流失，伯利只能拼命削减开支，他不断裁员降薪，还飞到香港关闭了一家小公司。

"迈克尔，你不能这样做。"一位新录用的员工怒气冲冲地对伯利说。

伯利试图解释，他也是不得已而为之，但这位交易员越发生气。

"我以前的工资跟你现在承诺的工资相差太多。你得补给我。"他要求伯利赔偿 500 万美元。

"这个我实在做不到。"伯利低声下气地说。

伯利削减开支的做法，让留下来的员工士气不振。伯利陷入混乱之中，躲着他的朋友、家人、员工。每天早上上班时，伯利都是垂头丧气，直接走进他的办公室锁上门。然后一整天都不露面，甚至不吃东西，也不上洗手间。那些对他还忠心耿耿的员工们开始担心起来。有时，伯利上班来得较早，一整天锁着门，员工甚至都不知道他们的老板有没有来公司上班。有时，伯利甚至一边放着重金属音乐，一边拿拳头猛砸办公桌，以缓解心中的紧张。

交易成本与日俱增，伯利 2006 年末在给客户的信中坦露心声：
"一个金融理财经纪人，当他从默默无闻的无名小卒成长为全世界追
捧的成功人士，再到人人唾弃的失败者，这中间的心路历程对他本
人的影响是重大的。"

李普曼的危机应对

李普曼曾经说服德意志银行的老板购买 10 亿美元的次贷保险。
但到了 2006 年夏天，市场失常，德意志银行的高管们开始不耐烦，
并质疑李普曼的交易策略。他们似乎打算中止李普曼的交易。

"请再给我四年的时间。"李普曼请求他的老板拉杰夫·米斯拉。
李普曼提醒他，大多数次贷借款人会在几年后重新融资，他的交易
到那时才会见分晓，"请给我一个机会来证明一切"。

"我要看到你的调研结果。"米斯拉回答道。

李普曼上交调研结果后，他的老板还是不太同意继续做这项交
易。按期支付的 CDS 保险合同的费用越积越多，银行中的有些人开
始不高兴了。然而，李普曼还是没有足够的底气和自信离开银行自
创基金。因此，他得想出个两全之策，既能保住他这份工作，又能
继续做这项交易。

李普曼带领一个小组为投资客户从事证券交易。他想到，如果
他能说服一定数量的客户投资他所做的保险交易，就能够获得足够
多的佣金来抵消做空房市的费用，他的老板也就没话说了。而且，

如果新投资客户愿意购买同样的 CDS 合同，这些投资的价格就会上涨，李普曼也能从中受益。

他到上城区拜访了一家名为"韦斯利资本"的对冲基金公司，见了两位高管，想让他们购买保险。一开始，这两名高管像是被说动了。他们的一位朋友拉里·伯恩斯坦碰巧也在办公室里，于是就征求他对这桩交易的意见。伯恩斯坦以前在所罗门兄弟公司带领过一个朝气蓬勃的团队，专门从事证券交易。伯恩斯坦对这项交易持怀疑态度，"根据科斯定律，你们肯定是错了。"他不屑一顾地说道。

大家听了面面相觑，李普曼和韦斯利资本公司的高管都不明白他在说什么。科斯定律是指一个经济原理，但跟这桩交易没什么关系。于是，整个谈话变成一场争论。伯恩斯坦认为，如果出现问题，政府会出面帮助有麻烦的借款人摆脱困境，即便李普曼判断正确，按揭贷款保险的价格上涨，然而投资者一旦卖出保险，保险的价格就会随之下跌，这项交易也就没啥赚头。

最后，李普曼一无所获地离开了。

杰里米·格兰瑟姆的 GMO 公司看起来似乎是个潜在客户。这家波士顿理财公司几年来对市场一直采取谨慎的态度。格兰瑟姆一直是唱衰房地产市场，在各大报纸专栏写的文章都是对房市的悲观论调，提醒大众"耸人听闻的大萧条"即将来临。

但是，当 GMO 的高管向当地的证券专家艾伦·巴利恩特咨询李普曼所提出的投资意见时，巴利恩特否定了这个主意，他认为，这些按揭贷款有着重重保护措施，看起来没有问题。

有些投资者还对李普曼恶语相向。某人说："我兄弟在富达投资工作，也买了这些东西。"他指的就是次贷相关的投资。"你不是傻瓜就是骗子，就是想骗取交易佣金。"

华尔街的某些人在背后称李普曼为"小鸡仔"或"泡沫男孩"，嘲笑他不切实际的幻想。在同行会议上，一些交易员取笑他，"这疯狂的交易会让你破产的"。另一些人则引用一则金融格言攻击他，"滚石不生苔，转贷不聚财"。

李普曼不再跟那些自以为是的投资者打交道了，他们虽然在按揭贷款和复杂债券投资方面有着深厚的理论基础，但他们思维僵化，依据复杂的经济模型推断出房市没有问题，因而认为李普曼的投资注定失败。

他有时也会遇到难题——为什么南达科他州和北达科他州的按揭贷款拖欠率差异如此之大？

"你忽略了一件事，你应该看一下就业情况。"一位投资者这样建议。

李普曼被难住了。南达科他州和北达科他州看起来差不多，而李普曼却不明白贷款拖欠率差别巨大的原因。他从没到过这些州。因此他和徐尤金开始重新钻研数据。可以确定的是，两个州的就业水平相当，在其他方面也类似，唯一不同的是，北达科他州的房价上升得较快，这就解释了这个州贷款拖欠率较低的原因。这再次证明了影响还贷违约率的最大因素，就是房屋是否升值。李普曼对自己的做空交易越发有信心。

渐渐地，有人开始相信他。一些伦敦的投资者认为，美国的经济是很脆弱的，他们想从中获利。李普曼用不到一个小时的时间就说动了法尔科内前来投资。法尔科内是纽约的对冲投资基金经理，他觉得此项交易利大于弊。他甚至都没有过问按揭市场技术层面上的问题。第二天，他就打电话给李普曼团队，一下子买了 6 亿美元的次贷保险。之后，他又追加买入。

到 9 月，李普曼已经推销过他的项目不下百次，他的口才也越发厉害。

李普曼说服了几十个投资者，德意志银行的曼哈顿办公室每天都能售出 10 亿美元的 CDS 合约。有位投资者甚至还定制了 T 恤送给李普曼和其他人，T 恤上印着"我做空你的房子"，这句话当时看起来还很搞笑。

"李普曼所做的一件大事，就是他好几次跑来跟我说'做空这个房市'，"对冲基金经理史蒂夫·艾斯曼说道，"我这辈子还没见过哪个卖方分析员跑来对我说'做空我的市场'。"

好几个对冲基金经理在做了点市场调查后，迫不及待地加入李普曼的阵营，变得跟李普曼一样深信不疑。

2006 年，新泽西对冲基金 Pennant Capital 的创始人艾兰·福尼尔在给记者的电子邮件中写道："你最好赶紧跟上按揭贷款市场的脚步，要快点，这些糟糕透顶的贷款被投资者抢购一空，他们正焦头烂额，各种违约行为马上就要开始了。"

李普曼总共为 350 亿美元的次级按揭贷款买了保险，他自己的公司持有 50 亿美元 CDS 保险，其他的则卖给约 80 家对冲基金投资者。其他一些购买保险的投资者，如保尔森，与李普曼交流探讨后也从德意志银行购买保险。随着佣金收入不断增加，李普曼可以用自己的账户买入更多的保险。

然而，到了2006年末，李普曼的大部分客户都在这桩交易上亏损了。李普曼对朋友说，如果他的交易计划未能奏效，他的职业生涯肯定会受到影响。在银行里，李普曼已经成为大家嘲笑的对象。有一次，保尔森的交易员罗森伯格打电话给李普曼，接电话的业务员大笑："你为什么要给他打电话呢？那家伙是个疯子。"

德意志银行的其他人也讨厌李普曼。李普曼的佣金不断增长，但他的交易让银行每年得支付5 000万美元，这降低了银行奖金的发放额度，一些交易员在背后抱怨连连。

在焦虑中等待

到了2006年下半年，房价终于开始持平，不再上升。包括Ownit Mortgage Solutions 和 Sebring Capital 在内的次贷贷款商开始亏损。照理，约翰·保尔森、李普曼、格林和伯利应该能赚不少钱了，但他们的资产却没有一丝一毫的增值。

一天下午，一直没赚到什么钱的保尔森打电话给李普曼，跟他商谈次级贷款的事。保尔森在投资客户和员工面前总是自信满满，相信公司所买的250亿美元次级抵押贷款保险能大赚特赚。

而在李普曼面前，保尔森不再掩饰他的担忧。

"是不是有哪个因素我没考虑周全？"保尔森问李普曼，"难道人们都没意识到那些次级贷款就是堆垃圾吗？这一切太荒谬了。"

保尔森显得心绪不宁，满心不解。

李普曼回答说："约翰，放轻松点，我们的交易肯定没问题。"

李普曼之所以如此自信，原因就在于，他整天都在交易大厅，操作抵押贷款保险的买进卖出。大多数投资者都不知道跟自己交易的神秘对手是谁，而李普曼却了解得很清楚，抵押贷款的风险已经如此之高，却还有一群人急着卖出贷款保险，这些人正是自己的对手盘，显然，他们的好日子没多久了。

第 9 章

寻找更大的猎物

永远不要沾染自己贩卖的毒品。

——主演 《疤面煞星》 的阿尔·帕西诺

保尔森冷眼旁观火热的 CDO 市场， 他知道 CDO
也将走向崩盘， 他决定同样做空这些投资产品。
佩莱格里尼和保尔森公司的其他人开始寻找市场
上最差的 CDO， 就像去商场购物的人在水果堆里
挑挑拣拣一样， 只不过正常购物是挑选新鲜成熟
的水果， 保尔森团队则是反其道而行之， 专门找
那些快烂掉的水果。

强心针 CDO 的刺激

2006 年末，房市低迷，业主们的还贷开始出现问题，可保尔森、李普曼、格林和伯利等人却还是没能赚到钱，原因就在于 CDO，也就是抵押债务凭证。

20 世纪 80 年代，一些头脑聪明的金融专家发明了抵押债务凭证，即 CDO。这种投资工具似乎可以让投资世界得到更大的安全保障，当然有个前提——不能落入坏人手中。在这点上，CDO 跟大规模杀伤性武器很相似。

按揭债券让投资者对抵押贷款的现金流量拥有所有权。而 CDO 则更进一步，它们对一个由各种债务组成的巨大资金池拥有所有权，这个池子中包括各种公司借款、市政公债的还款，甚至包括租用飞机、汽车、房车的按月付款。

投资商买下一系列有价证券，标的均为有现金流量的资产。如同其他资产证券化一样，这些资产都有着不同等级的风险。最高风险的 CDO 给投资者带来最高的回报，但如果 CDO 得到的现金支付比预期少的话，这些最高风险的债券最先亏损。风险级别低的债券，回报率也低，但是能在第一时间得到现金支付。

2005 年前后，金融专家认为，资产证券化能分散贷款风险，但对消除大规模的经济危机并无裨益。因此，他们重新试验，整合出一种 CDO 抵押贷款，覆盖了上百只抵押担保债券，而每一只债券背后则是几千种个人抵押贷款。

CDO 大受欢迎，但也激起了人们的贪欲，银行家为扩大业务，将 BBB－级或者 BBB 级抵押债券，加上少量其他级别的抵押债券或贷款，包装成新的 CDO 投资产品，这种 BBB－级或者 BBB 级抵押债券看似有充足的现金流量，但实际上背后借款人的信用记录并不怎么样。这种投资产品名为"夹层 CDO"，排在危险的 BBB 级债券之后。

次级抵押贷款的利率很高，因此这种新的 CDO 投资工具回报丰厚，一经推出便大受欢迎。有些债券承诺年回报率近 10%。最重要的是，信用评级机构给这些 CDO 债券的信用等级打分极高，哪怕这些 CDO 只是一大堆危险的房屋贷款，评级机构也将其评为 AAA 级或者接近 AAA 级。银行家认为，越来越多的现金流入 CDO，数额远远超过所需支付的，CDO 背后的抵押贷款来自全国各地不止一家抵押贷款商，因此安全性很高。它们从茫茫的抵押贷款市场中，拾起稻草编成了金线，可谓现代社会的点金术。

这些 CDO 的发行给房地产市场打了一针强心剂。伴随着音乐、红酒、美人的迷人气氛，房地产越发火热。2006 年，CDO 的发行量为 5 600 亿美元，约为 2004 年的三倍。其中不少 CDO 的现金流来自高风险按揭贷款。用作家詹姆斯·格兰特的话说，"CDO 系统"甚至取代了"银行系统"。

在包装制造 CDO 上，很少人能与克里斯·里奇尔迪相媲美。里奇尔迪出生于纽约市北部的韦斯切斯特，家境富裕，父母是股票交易员。里奇尔迪从小就跟在父亲身边，出入华尔街交易大厅和纽约证券交易所。他对于各种交易的快节奏与大额进出印象深刻，产生了浓厚的兴趣。

20 世纪 90 年代出现经济大萧条，里奇尔迪毕业后找不到股票交易或投资理财方面的工作，只能从抵押贷款债券交易开始。几年后，华尔街开始追求高额佣金，投资商也要求高额回报，有些银行家开始将房屋按揭贷款和其他债务打包在一起，包装成高利率的债券，里奇尔迪成为最早吃螃蟹的少数人之一。

其他银行家推出了各自的 CDO，但里奇尔迪总是领先一步，不管是在保诚证券公司，还是后来跳槽到瑞士信贷集团，他都督促下属大量炮制出各种 CDO，他的团队业绩远胜同行。2003 年，美林证券公司的 CEO 斯坦利·奥尼尔颇具冒险精神，他把里奇尔迪招到自己麾下，在里奇尔迪的努力下，美林证券超过证券业老大雷曼兄弟，跃居行业第一。从事高风险贷款的新世纪公司及其他公司都知道，美林证券急需从它们这里买入投资产品，以便包装出售尽可能多的 CDO，越多越好。

不久之后，美林证券就成为行业中的龙头老大，以惊人的速度制造 CDO 产品。到 2005 年，美林证券销售了 350 亿美元的 CDO 证券，其中 140 亿美元的 CDO 证券由次级抵押贷款债券支撑。

每个季度，里奇尔迪都在美林证券的交易大厅旁挂出排名表，用黄笔标出哪些员工的销售业绩最好。员工每年必须实现销售量增长 15％，于是他们满世界地跑，希望完成销售，他们到澳大利亚、奥地利、法国等地，向各大退休基金、保险公司及投资银行出售CDO。在美国，他们极力向各大对冲基金投资经理促销，如贝尔斯登公司的拉尔夫·乔菲等，纽约市韦斯切斯特无头骑士俱乐部的如茵草坪，怀俄明州杰克逊维尔的滑雪场，到处都留下了他们的身影。

美林证券销售的每笔 CDO，都能按交易总额收取 1％～1.5％的佣金，或者每 10 亿美元的 CDO 收取 1 500 万美元。很快，美林证券每年在 CDO 上的收益就超过 4 亿美元。

里奇尔迪的老板觉得形势一片大好，相信利润将会翻倍。"我们把合适的人放在合适的位置上，在风险管理控制上也做得很好。"美林证券的 CEO 斯坦利·奥尼尔在 2005 年如是说。

但是，随着 CDO 风险的增长，美林证券的一些人不愿意再销售这些投资产品。他们甚至还没有进行市场测试，就对里奇尔迪撒谎说，投资客户对公司新推出的 CDO 产品不感兴趣。2006 年初，里奇尔迪怀揣着 800 万美元的支票离开了美林证券，那可是他上一年度的工作报酬。他加入一家专攻 CDO 业务的小公司——科恩公司，继续从事 CDO 业务。

据《华尔街日报》报道，里奇尔迪到新公司的第一年就对员工们说："这些交易将让我们功成名就。"他力图激发员工们对 CDO 的热情，于是，新公司连违约率最高的 CDO 都销售。

里奇尔迪离开美林证券时，公司沉浸在高风险的 CDO 带来的利润中不能自拔。美林证券当时的市场及投资银行业务部主管道·金宣称，"无论报价多少"都愿意购买。美林证券始终保持着 CDO 行业的老大地位。2006 年，公司更加致力于推销这些产品，共收取了 7 亿美元佣金，发行了 440 亿美元的次级 CDO，超过 2005 年的 140 亿美元。当年，奥尼尔的年终奖为 1 850 万美元，年收入共 4 800 万美元。

购买 CDO 债券的投资者，通常要么相信这些债券十分安全，要么相信他们可获得高额回报。就像消防队员在冲进一幢幢着火的大楼前所想的，他们每一次都安然无恙，因此也就把他们的救火工作当作安全的例行公事。

拉尔夫·乔菲在贝尔斯登掌管两大对冲基金，是个有 22 年从业经验的行家里手。自 2006 年初起，他开始担心次级贷款，作为曾经的军人，他几乎把他基金里所有的现金都用于购买信用等级高的 CDO，并借巨资买入，以至于基金拥有约 200 亿美元的此类资产。当年，拉尔夫的个人身价高达 1 亿美元。他并不是盲目买入，同时，他也为一些信用等级较低的抵押贷款债券购买 CDS 保险合同，采取一种比较保守的投资策略。

投资客户对乔菲及他的合伙人马修·坦宁可谓信任至极。

"我常常对基金赞不绝口，因为在三年中，它没有哪个月是下跌的，这对我来讲简直不可思议。"泰德·莫斯说道。他是田纳西州克利夫兰市的房地产开发商，已经 67 岁了，他在贝尔斯登公司乔菲的基金投了将近 100 万美元。

表面上看，是房价不断上涨才导致投资者对这些 CDO 债券趋之若鹜。但实际上，许多投资者购买 CDO 是出于精明的会计考虑。假如某个银行购买了一只 AAA 级 CDO 债券，同时又给这只债券买了 CDS 保险，那么只要这只 CDO 债券的利率高于 CDS 保险费，就立即有收益入账。比方说，投资者购买一只 CDO 债券，每年的收益率为 5％，同时，他为这只债券购买了 CDS 保险，保险费为 4.8％，这样一来，他每年就轻轻松松地得到 0.2％的利润。有时，投资者还可以宣称自己获得一笔收入，而该收入实际上是某笔交易后十年的预期收益。

交易者只要能借到足够多的资金，不断重复这项交易，就会有数额巨大的额外收入。即使是对房市持怀疑态度的人，也无法抵挡这笔横财的诱惑。根据瑞银证券的研究结果，这些"负面基础"交易，是导致 CDO 债券亏损的主要原因。

投资商疯抢 CDO

2006 年，格雷格·李普曼一直希望能找到房市出现危机的证据。大多数早晨，他从市中心的公寓乘坐公共汽车或者搭出租车到华尔街德意志银行办公室后，就开始寻找房地产衰退的新证据。但是，他做空的次级抵押贷款却并没有下降的趋势。

同事们看到李普曼时而摇头，时而发呆微笑。李普曼知道，眼下 CDO 依然畅销，维系着整个房地产市场的运转。

这对李普曼一点儿影响都没有，他照样在电话里劝说他的顾客做空 CDO 所买入的抵押债券，对于那些出现亏损的客户，李普曼则一再向他们保证，CDO 卖到一定程度肯定就没人买了。

然而，对 CDO 的需求还是与日俱增，人们对"夹层 CDO"的需求增长很快，而事实上，又没有足够多的次级信贷来满足那些高投资回报型"夹层 CDO"快速增长的利息需求。因此投资银行另辟蹊径，创造了一种新的 CDO，这种 CDO 以其他 CDO 的收益为保险索赔对象。他们还精心创造出一种"合成 CDO"，即将 CDS 保险合同卖给像约翰·保尔森这样的买家，将所得的现金流再做成 CDO。这种"合成 CDO"在 2006 年末成为 CDO 的主流。

投资银行喜欢合成 CDO，是因为构建这样的 CDO 更为容易，产生佣金收益也更快。合成 CDO 并不要求真的购买抵押债券，这样就省去了好几个月的时间。只要卖出足够多的房屋抵押贷款，一个数十亿美元的 CDO 就可以在几个星期内整合成功。2006 年末，市场上总共有 1.2 万亿美元次级贷款，占整个抵押贷款市场的 10%。但数量众多的 CDO 一起发行后，据估算，投资银行在那些高风险贷款上创造出 5 万亿美元的投资产品。这也就是 CDO 之所以有潜在破坏性的原因，大多数外行人认为 CDO 只是个小众市场，看不到它快速增长所带来的潜在危险。

这里还有一个障碍：信用等级高的 CDO 往往不好卖，因为它们的收益比不上那些风险高但收益更高的 CDO。因此，这种"超高级"债券就留在银行手中，或者由银行自行买下。到了 2006 年，保险公司巨头美国国际集团不再为这些投资产品提供保险，但银行却继续囤积它们，恨不得把它们包装成 CDO 卖出去。（当时，美国国际集团的金融部可以说对这些投资产品最为了解。）

美林证券、花旗、瑞士联合银行、摩根士丹利、贝尔斯登等投资银行，正是将有毒抵押贷款包装成CDO的始作俑者，它们把其中"超高级"的CDO放在自己的账户上，就好比屠夫将香肠带回家中自己享用一样。高级管理层批准了这些交易，可能他们对一切毫无所知，他们相信这些债券是安全的。没错，他们所持有的CDO跟美国国债一样，信用等级都是AAA。但除了信用等级相同，再没有其他任何相似之处。就好比在观众眼里，女歌手米利·赛勒斯和女演员梅丽尔·斯特里普的知名度一样高。但是，二者根本不能混为一谈。

一些银行家隐隐觉得有些不安，但他们没法细想，他们急于抢购大量的CDO，以免被别人买走。这就如同上演一场大规模的"抢椅子游戏"。

世界第一大银行花旗银行的董事长查尔斯·普林斯2006年的奖金为1 320万美元，年薪高达2 560万美元。他在接受《金融时报》采访时，一改往日作风，直截了当地说出很多人当时的感受："曲终人散时，人们的还贷能力可能会出现很多问题。但只要音乐还没停下来，你自然而然就会翩翩起舞。"（2008年6月，花旗银行的亏损超过150亿美元，大多数交易损失来自CDO投资产品，因此普林斯从银行辞职。）

另一些人则认为，信用等级高的债券就是安全的，或者说他们信赖那些量化投资专家，这些专家利用模型精心计算出的CDO债券没有问题，就像魔术师过于入戏，以至于把自己的表演都当真了。

继续押注 CDS

约翰·保尔森已经买了几十亿美元的 CDS 投资产品，如果信用不佳的房贷借款人无法还款，他的这些 CDS 肯定能赚钱。一旦 ABX 指数所追踪的次贷垮了，他所购买的保险合同就会利润不断。

但如果他真心想做成有生以来最大的一笔交易，这些还远远不够。就像拉斯韦加斯牌桌上称雄的赌神，他想一次又一次拿出必杀技。

"既然整个信用市场已经到了如此地步，我们必须找到可以做空市场的机会。"保尔森说道。

保尔森冷眼旁观火热的 CDO 市场，他知道 CDO 也将走向崩盘，他决定同样做空这些投资产品。佩莱格里尼和保尔森公司的其他人开始寻找市场上最差的 CDO，就像去商场购物的人在水果堆里挑挑拣拣一样，只不过正常购物是挑选新鲜成熟的水果，保尔森团队则是反其道而行之，专门找那些快烂掉的水果。新世纪公司贷款组成的 CDO？好，就把它放进购物篮子里。主要是由"骗子贷款"和仅付利息贷款组成的 CDO？嗯，这个也要。加州和内华达州虚高房地产市场贷款组成的 CDO？当然是双手满满地抓来。

保尔森做空房市已是业内公开的秘密了。佩莱格里尼发现，华尔街的专家对他不如以前那么热情，似乎将他视为妨碍他们机制良好运转的破坏者。2006 年，佩莱格里尼一度很想了解 Carrington

Capital Management 公司所整合的一系列抵押证券 CDO，这些 CDO 由对冲基金经理布鲁斯·罗斯运作。佩莱格里尼知道自己在 CDO 方面还是个门外汉，他担心如果没有详细了解 CDO 中真实的抵押贷款记录，可能会错过些什么。他跟贝尔斯登的经纪人说，如果对方能提供 Carrington 公司抵押贷款债券交易的详细记录，就会考虑购买那些比较安全的 CDO。

几个小时后，经纪人打电话给佩莱格里尼，带来的是坏消息。

"非常抱歉，"经纪人不好意思地说，"CDO 的发行人不想让你看到详细记录。"

"你这是什么意思？怎么会这样？！"

那天迟些时候，佩莱格里尼打电话给布鲁斯·罗斯，表达对自己被拒绝的不满。

"我已经看了你的投资情况说明，"罗斯回答道，"我觉得那很有意思，但我们不想跟你有任何生意上的往来。"

罗斯说完就挂了电话，佩莱格里尼气得火冒三丈。

"他们联合起来排斥我们。"佩莱格里尼说道。

保尔森公司唯一的债券交易员罗森伯格负责各种交易活动。有时候，保尔森要他买抵押贷款债券的保险，有时他得卖出次级贷款债券的 ABX 指数——这是做空房市的另一种方法。这些投资交易都不是在公开交易所进行的，而且也没有明确的价格，所以很难说清楚这些交易是赚还是赔。罗森伯格还会买某些金融公司的保险，偶尔，保尔森会让他买些债券。

每天早晨 10 点之前，罗森伯格会给七八位华尔街交易员一份

"OWIC"清单，即竞争性报价单，里面列出保尔森公司要购买 CDS 来进行保护的按揭债券名称。下午两点半，他会收到一份电子表格，列明最优惠报价。佩莱格里尼将这份报价单拿给保尔森，他们几个人就在保尔森的办公室里低声讨论。罗森伯格一般要过一小时才从办公室出来，然后开始新一轮的电话狂轰滥炸。

工作从早到晚排得满满的。保尔森为公司员工点了午餐，罗森伯格忙得只能在自己的办公桌旁凑合吃点。

罗森伯格每天都是筋疲力尽，不过，他说自己能适应这个工作节奏。

"我是从贝尔斯登公司出来的，那可是华尔街压力最大的公司，你们不用安慰我。"罗森伯格说，"我在贝尔斯登工作时，公司每年都对员工进行排名，最后一名就会被解雇。"

罗森伯格也不知道保尔森到底要买多少抵押贷款保险，他只知道，保尔森不停地买买买。

"我们必须赶紧交易，越多越好，要不就来不及了。"罗森伯格说道。

帮助对手盘做大有毒泡沫

约翰·保尔森一心想要做成一笔伟大的交易。不久后，他就走了一步遭人非议的棋，因为他的行为间接地制造了更多的有毒债券，引起了一些投资者的憎恨。

保尔森和佩莱格里尼急于找到合适的方法，扩大他们做空高风险抵押贷款的规模。他们想要大量购入这些保险，但在市场中却得慢慢来。他们找了贝尔斯登公司、德意志银行、高盛公司等其他公司的银行家，商量能不能创造出一种保尔森公司能做空的CDO。

保尔森团队挑出百来个抵押债券做成CDO，银行家可以保留某些债券或者替换掉其中一些债券，然后把这些CDO送到信用评级机构去评定信用级别。保尔森会购买这些抵押债券的保险，而投资银行则找一些看涨抵押贷款的顾客作为这项交易的对手盘。这样一来，保尔森一口气买了10亿美元左右的抵押债券保险。

保尔森和他的团队将这个想法向银行家和盘托出。

"我们想要快速买入。"佩莱格里尼向贝尔斯登的银行家阐明自己的想法。

保尔森和佩莱格里尼都相信，CDO背后的那些债务总有一天会崩盘。但佩莱格里尼建议老板先买风险最高的CDO，即股权CDO，这部分CDO是最容易先出问题的。佩莱格里尼认为：虽说这些股权CDO可能随着债券的贬值而贬值，但其回报率非常高，可先用它们的收益来帮助公司购买其他的CDO。退一万步说，即便他们的分析错了，这部分CDO的价值增长了，买入这些股权CDO也会为公司带来收益，这是一件好事。

"如果你们让我们做空其他的CDO，我们会买股权CDO。"佩莱格里尼对银行家这样说。

为了保护自己，保尔森团队要确保至少有一项CDO是"非触发性"交易，或者说将这些CDO设计成比其他CDO更能抗风险，从而为债券提供保护。保尔森的目的是想让这些债券更安全些，但这种做法会让购买其他"非触发性"CDO 的人面临更大的风险。

佩莱格里尼和保尔森并不觉得和各大银行联手制造有毒投资项目有什么不妥，这一创举可以让公司找到更多的债券来做空，扩大交易的规模。保尔森对他的客户说明了自己的计划，请客户多加支持。毕竟 CDO 产品的买方是各种对冲基金、银行、养老基金或者其他精明能干的投资家，而不是什么夫妻档的小投资者。这些投资者就算不买新创造出的 CDO，也会买类似的投资产品，而当时，市场上有高达 3 500 亿美元的各种 CDO 投资产品。

然而，还是有个银行家嗅到了危险的信息，拒绝了这个做法。虽然保尔森没有明说，但这个银行家猜测到了，保尔森会将各种濒临危险边缘的抵押债券和债务加入 CDO，让 CDO 毁于一旦。购买这些 CDO 的除了有财大气粗的对冲基金，还有一些捐赠基金和养老基金，这些投资者在购买时还是会有所迟疑。

贝尔斯登公司的资深交易员斯科特·艾彻尔和其他投资银行家耐着性子跟保尔森把会开完，但还是拒绝了保尔森的提议。他担心保尔森要的是 CDO 中质量最差的抵押贷款，就像一个赌徒为了赢钱让球队招了个橄榄球四分卫球星来踢球，以增加他赌赢的概率。无论如何，他觉得这样做都不合适。

"一方面，我们将 CDO 出售给投资者时并没有告诉他们，这项交易是由一家做空的对冲基金挑起的，"艾彻尔对同事这样说道，"另一方面，贝尔斯登公司将帮助保尔森做空这场交易。"

"我们跟保尔森谈了三次，想找到合作的机会，"艾彻尔说，"他持看空观点，并直截了当地告诉我们他想要做什么，他远远地走在其他人的前面。"

"但这项交易是不符合伦理规范的，关系到我们的声誉，没能达到我们的道德标准。我们认为，不能让客户买这种有人要卖空的产品。"艾彻尔说道。

而保尔森说，像贝尔斯登这样的投资银行并不需要担心卖出只由高风险债券组成的CDO会有问题，因为这无非就是个转让，我们抛出某些名目的投资，它们抛出另一些名目的投资，但银行才是抵押物的最终持有者。我们并没有创造出任何有价证券，也没有卖证券给投资者，我们只是认为这些贷款是不良贷款而已。

同时，每次有人买次级抵押贷款保险，必然会有另一方卖这一保险，保尔森强调，这些大宗CDO并无特殊之处。

事实上，包括德意志银行和高盛公司的其他银行家并没有觉得保尔森的要求有何不妥，他们同意跟保尔森团队合作。最后，保尔森公司做空了价值50亿美元的CDO。

保尔森并没有将这些投资产品卖给自己的投资客户。保尔森公司在为CDO挑选抵押债券时，甚至还征求投资者的意见，以确定它们是否对投资者有吸引力。投资者很简单就能理解这些交易，一旦他们选择了某些债券，这些CDO就不是"被安排"给他们的CDO。或者说，这些抵押物是他们一早就选定的，而且不像其他CDO后来还进行了调整。因此一切都是投资者愿赌服输，保尔森并没有什么过错。

其他一些对冲基金也和银行合作，创造出它们自己的CDO用于卖空。因此保尔森并非首创，他的这一行为既没有产生新的不良抵押贷款，也没有加大借款人的损失。交易只涉及建立在 CDS 合同之上的 CDO，而不是实际的抵押债券。"我们为 CDO 提供抵押物，"保尔森承认，"但这些合约并不是为我们创建的，我们只是向银行推荐了最近几年的抵押贷款作为 CDO 的抵押物而已。"

但也有一些投资者后来指责说，要是他们知道这些 CDO 背后的抵押物是保尔森选的，且保尔森准备做空它们，他们根本就不会买。另一些人则认为，保尔森的这种行为间接产生了更多危险的 CDO 投资产品，当市场最终崩溃的时候，持有这部分 CDO 的人因此额外损失了几十亿美元。

实际上，保尔森和佩莱格里尼当时仍然无法确定，他们日益扩大的交易能否奏效。

他们相信 CDO 和其他高风险抵押债券最终都会变得一文不值，但保尔森说："我们目前还不知道这一天会在什么时候到来。"

第10章

濒临绝境的草根拉赫德

保尔森开始思考其中的因果关系：次级贷款借款人如何导致房市的崩盘，而房市的崩盘又将怎样进一步拖垮整个国家的金融体系，甚至全球经济。然而，就连保尔森也想不到，他的预测应验得如此之快。

CDS——拉赫德的绝地反击

2006 年夏天，安德鲁·拉赫德失业了，银行存款也所剩无几，他只能栖身于狭小的公寓房间里。但他相信自己有样东西很值钱，那就是一项可以致富的交易，不过，当时没有人相信他。

35 岁的安德鲁·拉赫德曾在洛杉矶投资机构 Dalton Capital 公司工作，在跟老板发生几次冲突后，他所从事的对冲基金被突然中止，他只得离开公司。一开始，他并不在意，当时，从东海岸到西海岸，年轻人开个投资公司是很容易的。拉赫德认为他自己也不例外，但是，投资客户都无情地拒绝了他。偶尔有人愿意投资，只给一点点钱，还要求分得很大一块利润，拉赫德肯定不会接受这样的条件，哪怕他的公司没什么价值。除了他深信房市即将崩盘的幻想之外，整个公司不过就是他在圣莫尼卡的客厅里的一张玻璃桌和一把椅子。

拉赫德长得像个酷酷的冲浪运动员，而不像个对冲基金专家。因此，他的外表没有为他加分，他身高 6.2 英尺，一头蓬松的头发，轮廓分明的五官和一双好像睁不开的深蓝色眼睛，让他看起来像是刚起床，心情还乱糟糟的。人多时他会感到不自在，开会时，常常在椅子上坐立难安。他说话缓慢，语调低沉，声音喑哑，有时很难听清他在说些什么。

拉赫德的母亲邦妮住在密歇根州，一直打电话给拉赫德，催他找份实实在在的工作。拉赫德最好的朋友威尔也认为他的交易策略不会奏效，因为美联储和政府肯定会把房市撑到2008年大选。拉赫德一直是个很重视家人朋友意见的人，但这一回亲朋好友对他如此缺乏信心让拉赫德心烦意乱。实际上，拉赫德到附近的公司找过工作，只是没找到而已。因为拉赫德对低级岗位并不感兴趣，虽然他的简历上并没有体现，但其实他有着雄心壮志。

"哥们儿，我不想再找工作了。"有一天，他实在是被催他找工作的电话烦透了，告诉威尔说。

拉赫德出生在密歇根州罗契斯特市一个信奉宗教的家庭。当地人生活富裕，主要是白人，他的父亲是机械工作师，母亲是医生助理。拉赫德从小生性多疑，愤世嫉俗。

他的父亲弗兰克先是在福特汽车公司工作，后来就职于当地各大汽车供应商，但随着汽车行业的萧条，他常常失业。尽管如此，拉赫德家还是东拼西凑地在附近买了一套小小的房子，占地约2 000平方英尺，此举加重了家庭的经济负担。每到周日，他们全家都去当地的路德教堂做礼拜，拉赫德三兄弟都到教会学校上学，从四年级上到八年级。

拉赫德到14岁时，希望能自己赚点钱以减轻家庭负担。他先是卖烟花爆竹，后来卖大麻给镇上比较有钱的小孩子。有一次，他在做交易时被父母抓了个正着，他争辩说，大麻不会像酒精那样容易上瘾，所以没那么可怕。

"我当时就想明白了，要么就是做生意以获得充足的现金，要么就是富到不用工作，这样才会有安全感。"拉赫德回忆道。

拉赫德后来以优秀的成绩毕业于密歇根州立大学。上大学期间，他主修金融专业，他订阅的《华尔街日报》经常报道赚取上百万美元的交易员的事迹，让他非常向往。拉赫德学习数学课简直不费吹灰之力，但对其他课程就没什么耐心了。毕业后，他在宏达理财公司当了几年经纪人，年薪不高于 3 万美元。他向多家商学院申请入学，但都没被录取。斯坦福大学、芝加哥大学、沃顿商学院、耶鲁大学都拒绝了他的入学申请。最终，他以最后一名的身份被加州大学洛杉矶分校安德森管理学院录取。

在加州大学，拉赫德看不惯身边的那些优等生，他们中的很多人都是从预科大学或者常春藤名牌大学毕业的，但却不见得比自己聪明。当拉赫德告诉这些同学，他毕业于密歇根州立大学，而不是更有名气的密歇根大学时，他觉得同学们都瞧不起自己。拉赫德的学习成绩也不尽如人意，在人力资源课上，他得了个"F（不及格）"，差点被勒令退学。他认为自己之所以成绩这么差，是因为在班级讨论时，他觉得教授的观点站不住脚，并与之争论所致。这个 F 评分让拉赫德很恼火，因为他掏了昂贵的学费来上学，这几乎花光了他之前工作所攒下的存款，而他的同学可是拿着家里的钱来读书的。

"他几乎毁了我之前所有的努力。"拉赫德口中的这个"他"指的是他的大学教授。

这个不及格的成绩让拉赫德留了一级，2002 年拉赫德毕业时，就业形势不大好。在商学院课余时间，拉赫德参加了培训特许金融分析师的课程，这让他从毕业生中脱颖而出。通过加州大学熟人的介绍，拉赫德在罗斯资本公司找到份工作。罗斯资本公司是美国纽波特比奇市的一家三级银行，常常贷款给那些不是很规范的小公司。但拉赫德很快就在里面找到适合自己的位置，为客户挑选一些赚钱的股票，同时投入到对公司各种投资产品的学习中。

2004 年，拉赫德跳槽到了 Dalton 公司，成了一名分析师。这家位于洛杉矶威尔希尔大道上的对冲基金公司规模达 10 亿美元，业务蒸蒸日上。老板佩斯基以他久负盛名的母校纽约预科学校为荣，自己的公司也以此命名。斯蒂夫·佩斯基认为，拉赫德是所有应聘者中最有进取心的一位，但拉赫德很快就跟这位苛刻的老板起了冲突，因为佩斯基常在工作例会上批评员工的粗心大意。另一方面，佩斯基其实对拉赫德的工作表现很满意，但拉赫德却喜欢夸大其词，在讲到投资项目时，常常用"下一个微软"来描述一家有前景的公司，或者用"下一个安然"来指有问题的公司，这让他老板很不喜欢。

当时，无论是佩斯基还是拉赫德，在房地产领域都是新手。拉赫德刚到 Dalton 公司时就告诉老板，他打算买一套价值 60 万美元的独立产权公寓，首付只需付 5％或者 3 万美元。佩斯基简直不敢相信。

"你说的是真的吗？他们只要这点首付？"佩斯基问道。

"是的，现在的行情都是这样，"拉赫德回答，"我甚至还知道不用任何首付就可以申请按揭贷款。"

有一天，佩斯基的妻子告诉他，自己想投资热火朝天的房地产市场，虽然没有相关经验，但感觉没什么问题。佩斯基开始关注起房地产市场。几星期后，他在《巴伦周刊》上读到一篇负面报道，报道的是奥兰治县一家名为新世纪金融公司的大型次贷公司，佩斯基叫拉赫德去调查一下这家公司。

拉赫德在罗斯资本公司工作时就对这家公司有点印象，他向他的老朋友里奇·埃克特了解这家公司。埃克特还在罗斯资本公司当分析员时，对新世纪公司股票的评价就是"可以买入"。但拉赫德对房市产生了疑虑，他最近还说服父母把在密歇根的第二套房子卖掉。拉赫德花了几周时间研究新世纪公司，很快就发现其实这家公司没多少资金，它只不过是把抵押贷款卖给华尔街银行，投到抵押贷款的资产池，换回现金再发放新的贷款。拉赫德推断，一旦资产证券化市场停止运转，新世纪公司的业务就再也做不下去了。

拉赫德对资产证券化进行深入研究后，告诉佩斯基：一旦借款人出现问题，抵押贷款资产池中没有哪只债券能幸免于难。哪怕房价只是持平，房屋业主也无法再重新融资，资产池中最有风险的那些债券就会出问题。

一天，拉赫德走进佩斯基的办公室，告诉他公司应该做空整个奥兰治县，因为该地区的房地产发展已过头，激进式贷款泛滥成灾。当然，这又是拉赫德的夸张，事情显然还不至于如此，但佩斯基批准了。做空新世纪公司应该是接下来最好的做法，但拉赫德提醒佩斯基可能得一两年才能见成效。

2005 年初，Dalton 公司最大的做空仓位就是新世纪公司。新世纪公司很快要与同为次贷公司的 Accredited Home Lenders 合并。拉赫德和佩斯基拜访了奥兰治县另一家金融公司——唐尼存贷款公司，惊讶地发现，这家公司有很大一部分业务延伸到期权可调节利率贷款，允许贷款人用无息月付来维持运转。于是，拉赫德马上将唐尼公司一并做空。

2005 年，著名的对冲基金投资家大卫·艾因霍恩大肆收购新世纪公司股份，并加入公司董事会，因此新世纪股票整年都是扶摇直上。新世纪公司还给股东们年终大分红，股息相当于股票价值的13%。这令 Dalton 公司雪上加霜，因为它做空新世纪公司股票，从投资者那里借来的股票已经卖掉，而公司还得额外支付投资者应得的新世纪公司分红款，这无疑加大了公司的损失。

但 Dalton 公司并没有因此气馁，2005—2006 年间，又继续加大它的做空仓位，甚至还购买了另外一些房地产公司和抵押贷款债券的 CDS 保险合同。随着时间的推移，Dalton 公司的亏损越来越大，每天都能接到气急败坏的投资客户打来的责问电话，佩斯基深感挫败。

"我自认为投资谨慎，但业绩却不大好，投资客户对我不放心，处处掣肘。"佩斯基叹道。

佩斯基越发感到烦躁不安，他与拉赫德之间的争执也愈演愈烈。佩斯基指责拉赫德给公司造成了亏损，并扬言要扣他的年终奖。而拉赫德经常不甘示弱地顶回去，甚至在公开会议上也不例外。2006年 4 月，虽然佩斯基认为房地产崩盘不可避免，但他实在撑不下去了，开始割肉卖出所有做空房地产的投资项目，把现金还给他的客户。这个决定出乎拉赫德的意料，更让他没想到的是，佩斯基下一个决定就是解雇他，给了他三个月的遣散费，约 3 万美元。

拉赫德还是坚信房地产市场早晚要完蛋，一旦利率上升，新世纪公司和其他贷款公司肯定压力重重，它们借款的成本与客户向它们贷款的利率差不多，利润必然所剩无几，这样一来生意就维持不了多久。

拉赫德在 Dalton 公司不愉快的就业经历深深地困扰着他，他站在公寓的窗前，看着不远处的大海发呆，他几乎想要离开金融业，找个女孩子陪他好好度个假。但拉赫德最后还是想清楚了，他可以自己成立一家对冲基金，专心做空房地产，将来必定获利丰厚。

"估计要坚持两年，"拉赫德想，"如果超过这个时间，我也撑不下去。"

拉赫德在自己 800 平方英尺的公寓里成立了拉赫德基金。他把办公椅转了个方向，让自己能看到窗外的美景，就在几百码开外，蓝色的海水波光粼粼。每当天气晴好时，拉赫德就从没有中央空调的潮湿的公寓里走出来，纵身到附近的太平洋中畅游一番。

整个夏天，屋外的阳光灿烂，而房间内却死气沉沉。拉赫德相信房市已经是强弩之末，但他担心成千上万的金融公司会遭受池鱼之殃。他觉得自己赶在海啸来临之前踏上了冲浪板，在他看来，世界经历一番惊涛骇浪之后终会归于平静，但他在上岸之前也会被海水浇个透。

为了避免上述情况，拉赫德决定不像其他空头那样对各种 MBS

资产池都做空，他只购买次级房贷的 ABX 指数的保险。他认为 ABX 的交易活跃，流动性较好，万一势头不妙，抛售起来比较容易。

事实上，拉赫德对 CDS 合同如何买进卖出还不是十分了解，在 Dalton 公司，他只研究过新世纪及其他贷款公司。佩斯基并没有让他插手公司的 CDS 交易，因此，拉赫德只能从几个愿意在空余时间跟他交流的交易员那里寻求帮助。

拉赫德开始向潜在的投资客户推销他近两年对高危抵押贷款的做空投资战略，客户需缴纳的最低认购金额为 500 万美元，他计划筹集 1 亿美元的启动资金。但是，每次他与客户的会谈都以失败告终，没人对他的做空计划感兴趣。拉赫德越发觉得时间紧迫，他得抢在市场崩溃前进行投资，剩下的时间可能不会超过几个星期。

无望之时，拉赫德甚至还找过佩斯基，但同样遭到拒绝。拉赫德开始心灰意冷，脱下西装和领带，穿着 POLO 衫去见投资客户，倦容满面，似乎还没开口就放弃了。

"安德鲁在劝人投资方面不太在行。"诺曼·扎达博士说道，他也曾接到拉赫德游说投资的电话。扎达是成人杂志《完美 10》的创始人，该杂志以展示未经整容的女性的裸体为特色。他好几个月都没理会拉赫德的投资邀请，但最终还是给了他一些现金。"他是个年轻人，有点怪……跟人打交道时似乎有点紧张。"

起先，拉赫德无法说服经纪人跟自己签订 ISDA（国际掉期与衍生工具协会）协议，以成为自己基金公司的对家。这样一来，拉赫德就没法购买他想要的 CDS 合同。这些经纪人嫌他的公司太小。而且，拉赫德自己也没有太多的钱来进行投资。他的身家仅 15 万美元，其中大部分还得用于支付公司种种费用，更别提他自己的生活开销。

到处碰壁了几星期后，拉赫德对雷曼兄弟公司和贝尔斯登公司说尽了好话，说自己还将有大笔资金投入，能筹到 1 亿美元左右，希望它们能把 CDS 合同卖给自己。尽管这两家公司对他的说辞半信半疑，但还是开始着手起草复杂的交易条款，说不定哪天投资款就真的来了。

到了 11 月，拉赫德从几个投资客户那里筹到了 200 万美元，但他已经心生退意，再找到新的投资客户似乎无望。他小心翼翼地打电话给贝尔斯登公司和雷曼兄弟公司的经纪人，看能不能就他手上现有的一点资金开始交易，当然他也不忘提醒对方，自己的公司规模还会扩大，而且对方已为那些复杂的交易条款花了不少时间，何必让前面的工作付之东流呢？

拉赫德打这个电话时刚巧碰到了好时机。2006 年末，华尔街金融公司从房地产市场榨尽最后一点利润。拉赫德费尽一番口舌后，雷曼兄弟和贝尔斯登公司的经纪人征得上级批准，打算将CDS 合同卖给他，但是他们强调，拉赫德每做一笔交易，都得经过他们信用部门的审批，这就好比孩子们刚学会开车父母要求陪驾一样。

11 月的一天早上五点半，卧室的电话铃声把拉赫德吵醒。雷曼兄弟公司的经纪人打电话过来说，相关交易的书面工作已经做好，可以开始交易了。恰巧，由于拉赫德所要的 CDS 合同不太畅销，如果拉赫德愿意为这笔高风险抵押贷款的合同定期付费的话，他还可以得到一笔预付费用。拉赫德在黑暗中迷迷糊糊地听着电话，努力让自己清醒，好理解对方的意思。

"你想要做这笔生意吗?"经纪人问。

"当然想。"拉赫德回答完，翻了个身又睡着了。

接下来几个星期，拉赫德又追加购买了不少 ABX 指数的保险合同，从 BBB－级到 AA 级，主要是针对 2006 年上半年的抵押贷款。当时，房地产市场处于巅峰状态。

但随着新年的到来，拉赫德的压力倍增。他的公司请了个助手，各种应付账单快到期了，他的个人账户只剩下 10 万美元的存款。他后来又筹集到 150 万美元，买了更多的 CDS 合同。他总共拥有价值 1 700 万美元的高风险抵押贷款的保险合同，但这个数字按华尔街的标准来看简直微不足道。千载难逢的交易机会就要从他指缝间溜走了，除非拉赫德能快速筹到一大笔钱，否则就得关闭公司，另找工作。

拉赫德的朋友打电话来说：他发给潜在客户的投资手册中的投资理念让他像个外行，拉赫德意识到了这个问题。

圣诞节前的一个星期，拉赫德坐在他的圆形办公桌前，也就是他客厅的餐桌前，重新编写募资说明。他一遍遍地修改。他取消了圣诞节的所有安排，在与妈妈通电话时说自己要去潜水，无法与外界联系。拉赫德连续工作了几个通宵，就连元旦也不例外，总算在 1 月 17 日完成了任务。这份新的营销材料看起来很吸引人，但他自己也没把握能否把生意做下去。

坚守信念的保尔森

到 2006 年末，保尔森依旧信心十足。他在等着他的投资策略走向成功。到了 11 月，保尔森的信贷机会基金不再接纳新的投资者。他总共筹集到 7 亿美元，全部都用在各种抵押贷款的保险上。保尔森马上又设立了一只姊妹基金，进行同样的投资，此时，他所有的投资虽然利润可观，但还不是很顺利。

为缓解压力，他每天花数小时在南安普敦游泳冲浪，和他的老朋友塔兰特打打网球，他的发球可是糟透了。为了让员工放松、心情开朗，保尔森有时还故意模仿英国口音，一次跟客户吃饭时甚至从头装到尾。有一回，在抵押业务会议一开始，保尔森现场模仿了一则流行的电视广告：

"你刚刚申请破产？没有工作？这些都没问题，不需要首付！"

在保尔森平静的外表下，内心的焦虑却是与日俱增。如果次贷市场真的崩溃了会怎样？他所买的亿万保险的对手盘又会是谁？

"我们都不知道是谁卖给我们这些保险，"罗森伯格回想起当时，他是和银行交易，而不是直接和卖家打交道。"一旦卖家遭遇麻烦，投资银行肯定也会受损。"

佩莱格里尼对经纪人不太放心，因此他为公司在各大银行开设了独立账户，每天都与交易伙伴计算持仓量。

保尔森对整个金融体系的前景彻底失去信心的另一个原因是，

他接受了某位人士的建议。有一天，保尔森读到了一篇文章，作者是新泽西郊区不出名的经济学家加里·希林。这篇文章预测，接下来的经济将会很不景气。保尔森很赞同这个前景分析，他让罗森伯格打电话给希林，并邀请他到办公室会面。其实希林在十年间发表了大量文章，主题都是同一个：大势即将不妙，赶紧卖掉所有东西。大多数人对希林的警告熟视无睹，有时还嘲笑不已。毕竟，希林所预测的末日从未到来。

保尔森长期致力于并购投资，他并不知道希林就是华尔街版的"狼来了"。当希林见到保尔森时，说他预测房价会下跌，抵押贷款止赎率将快速上升，保尔森十分重视。

希林年过七旬，眉毛浓密，头顶见秃，喜欢穿蓝色西服，口袋里别着鲜红的手帕。他对保尔森团队强调说，次贷市场不是边缘区域，而是整个房地产市场的重要支柱，一旦它出现问题，房地产就跟着垮了，一连串问题将产生。

听完希林所做的可怕的预测，保尔森脱口说道："如果您的预测没错的话，那整个金融体系将会土崩瓦解。"

"是的，约翰，肯定是那样。"

希林至今仍对父亲在经济大萧条时所流的眼泪记忆犹新，他估计这次房价将下跌37％。

听了这个可怕的预测，保尔森问道："您认为事情真会这样糟吗？"

"这是再确定不过的。"

保尔森开始思考其中的因果关系：次级贷款借款人如何导致房

市的崩盘，而房市的崩盘又将怎样进一步拖垮整个国家的金融体系，
甚至全球经济。

　　形势会变糟，我们这笔交易的规模还得再进一步扩大。

　　然而，就连保尔森也想不到，他的预测应验得如此之快。

第11章

市场顶部的危与机

在保尔森离开会议室的那几分钟内肯定发生了什么事。客人们越看越觉得，保尔森像是揣着个秘密急于与人分享一样。于是，有个客人问是不是需要再找个合适的时间和地点另行开会。保尔森总算把心里憋住的话说了出来："我们刚刚算了下业绩，今天我们赚了10亿美元。"

房市顶部到来

2007 年初，保罗·佩莱格里尼突然接到一家大银行交易员的紧急电话，希望施以援手。一些房屋抵押债券的价格开始下降，这对保尔森公司来讲是件好事。但这名交易员提醒佩莱格里尼，2005 年末，次贷投资项目的价格也曾下滑，但很快又反弹。历史可能会重演，这名交易员担心保尔森从之前交易中所获得的那点薄利可能又赔进去。

"要不把你们手中的一部分持仓卖给我们，这样你们有可能在 3 月以更便宜的价格买回来。"那位交易员对佩莱格里尼这样建议。

佩莱格里尼认为，他的对手盘只不过是在放烟幕弹，如果佩莱格里尼按他所建议的卖出持仓，这名交易员就可以从他卖给保尔森公司的 CDS 合同中脱身，或者是他不想让保尔森再买入更多的保险，以免他的银行在抵押贷款保险合同上承受更大的压力。

"我实在不知道我们持仓多少，"佩莱格里尼回复，"我们可能早就卖出了。"

佩莱格里尼其实是在打太极，他知道他老板并没有兑现利润的意思，而是不动声色地继续加大做空的脚步，把每天从新投资客户那里拿到的资金再投进去。保尔森甚至还让罗森伯格购买 A 级抵押贷款的 CDS 保险，这个级别的贷款可是公认相对安全的贷款，不像那些 BBB 级债券。

对保尔森来讲，房市崩盘在即。信用不良借款人的还款能力快要出现问题了。汇丰银行及其他贷款商正在着手处理各种麻烦事，而次级贷款人正发愁找不到借款人，一再降低已经低得不能再低的贷款标准，将抵押贷款借给那些信用更不佳的贷款人。

尽管前景堪忧，可投资银行却还忙着自相残杀，以吸引更多的次级贷款人，好像妄图从财宝箱中搜刮最后一点值钱的东西。2007年1月，美林证券的斯坦利·奥尼尔公开宣布，他们将花 13 亿美元收购第一富兰克林金融公司——规模最大的次贷公司之一。尽管美林证券的经济学家预测房价可能下降 5%，但公司目前仍持有超过 110 亿美元的次级贷款。摩根士丹利和德意志银行本身就有几十亿美元的贷款出借给信用不良的借款人，但它们却还在收购次贷公司。

保尔森从自己的彭博计算机终端看到了这一切，不禁摇了摇头，百思不得其解。他拿起电话打给老朋友霍华德·古雷维奇。

"这一切毫无道理。照理说，这些人都是聪明人啊。"

然而，到目前为止，抵押债券的价格并没有下跌多少，建立在 BBB 级贷款上的 CDS 保险几乎没有什么变化，保尔森并没赚多少钱。

"要到什么时候市场才能有所反应呢？"保尔森思索着。

保尔森对新世纪金融公司尤为不满意，这家全国第二大贷款商专门为那些信用有问题的借款人提供贷款。在其他次贷公司已经开始出现问题的情况下，新世纪公司的收入仍创新高，它的股价也不断攀升。一些房屋购买者甚至连首付都没付，而新世纪公司却宣称公司经营状况一直良好。新世纪的总裁解释说，他们的贷款调查比竞争对手更为全面周密，所以在对手迟疑的时候，他们能更好地抓住商机。

保尔森对这种说法并不买账，他让分析员对新世纪公司的贷款进行跟踪了解，结果发现新世纪公司所面临的问题反而比同行更多，这更坐实了保尔森的猜测。

"他们满口谎言，所说的都是不可能的。"一天，新世纪公司的股票又上涨了，保尔森恼火至极，对佩莱格里尼说道："这些人是在压榨穷人。"

1月初，保尔森认为新世纪公司的股票肯定会下跌，开始做空它们，遭到了同行的嘲笑。新世纪最大的股东大卫·艾因霍恩是深受好评的大投资家，还是扑克比赛的冠军，连演员迈克尔·福克斯都是他的忠实客户。

一位业务员打电话给罗森伯格，提醒他小心："你知道艾因霍恩是新世纪公司的董事会成员吧，他做事认真，尽职尽责。"

华尔街对新世纪公司的推崇令保尔森更加生气，他每隔几个小时就起身走到罗森伯格的办公桌旁，看看交易情况和市场波动。有时，保尔森还拉张椅子，把自己的脚跷上去，收看 CNBC 的节目。

保尔森外表的平静安抚了员工的心情。但其实他一直焦急地等待着 2 月 7 日的到来。这一天，新世纪按计划将公布 2006 年年报，新世纪公司可以在第一季度、第二季度甚至第三季度谎报收益，但年终业绩需要由会计师事务所进行审核，新世纪公司无论如何都瞒不下去。

2 月 7 日那天下午，保尔森一直在办公桌旁等着，旁边放着一袋樱桃。他抬头看到安德鲁·霍尼几乎是一路小跑来到他面前。霍尼将一份新世纪公司的新闻报道放到保尔森的办公桌上，看着他认真地阅读这份文件：新世纪公司声称在 2006 年的最后一季度遭受了意外亏损。

"约翰，这些家伙已经搞砸了!"霍尼高兴地脱口而出。

保尔森戴上他的玳瑁眼镜，读道："新世纪公司的许多借款人的还款出现问题，因此公司被迫赎回它卖给各大银行的贷款，公司之前公告的几乎一整年的利润被抵消。看来，新世纪公司也难逃其他次贷公司的厄运。"

保尔森望向霍尼，脸上露出如释重负的微笑。

"总算等到这一天了。"

这则新闻如同向投资者泼了一盆冷水。第二天，新世纪公司的股票下跌 36%，这是保尔森的第一个大胜利。

那天早上，证券交易所一开市，罗森伯格就打电话给经纪人询问最新的 ABX 指数报价，结果让他目瞪口呆。

"你再说一次？你说它下跌了 5 个点？"

保尔森目前持有 250 亿美元次贷的保险，ABX 指数只要浮动 1%，或者说每下跌一个点，就意味着公司获得了 1% 的利润，数额

约 2.5 亿美元。ABX 指数下跌了 5%，就意味着保尔森公司获得了
12.5 亿美元。这比乔治·索罗斯那次做空英镑的传奇交易还多了
2.5 亿美元。而这仅仅是一个上午的战果！

保尔森在他的办公室里盯着屏幕上的 ABX 指数，看着数字不停
地闪烁，整个人如同被钉在那里。"这简直令人无法置信。"他喃喃
自语。

接下来几周，ABX 指数继续下跌，保尔森依旧不动声色。当
然，公司员工偶尔还是能察觉到他的情绪高涨。每天下班时，保尔
森总是笑容满面，员工们犯点小错，他也不再责难，而是变得耐心
多了。

2 月的一天下午，股市收盘后保尔森来到霍尼的办公室，坐在他
身边的一把椅子上，跷起二郎腿，忍不住得意地笑起来。他慢慢地
将双手放在椅子扶手上，不说一句话，微笑变成开怀大笑。霍尼也
不多问，显然，这又是美好的一天。

保尔森和他的几位员工忙着跟踪计算机屏幕上 ABX 指数的变
化。公司的其他投资项目（比如某些选择性做空的次贷债券和各种
CDO）难以知道结果。因为这些投资产品在市场上的交易量很小，
而且没跟指数挂钩。

为了掌握整个投资组合的成效如何，公司风险部经理亚当·卡
茨每天去两次保尔森的办公室，将公司的每笔持仓情况打印出来给
保尔森过目。每当看到卡茨走向保尔森的办公室，公司团队所有人
就激动得心怦怦乱跳，好像小孩子听到冰淇淋车的叫卖声一样。他
们心里很清楚，公司业绩越好，他们的年终奖就越多。有些职员还

偷偷去瞧保尔森对报表的反应，但他往往面无表情。

保尔森的许多客户并不了解次贷面临的种种危机，因为报纸并没有报道这些。几星期后，他们收到基金2月份的财务报表。公司投资关系部主管吉姆·翁接到了一位重要客户的电话。

在电话里，这位客户简直不敢相信："报表没印错吧？应该是收益6.6％，而不是66％吧？"

事实上，报表一点儿错都没有。保尔森的信贷机会基金光是那个月收益就增长了66％，投资者都难以置信，保尔森之前从来没有66％的收益，哪怕是一整年加起来，也没有达到过这个数字。一些投资者无法相信这个事实，以至于翁经理和他的部门员工要反复说明这个数字准确无误。

"他们想要确认再确认，才会相信这是真的，"翁经理回忆道，"当时他们都惊呆了。"

翁经理在公布业绩时越发感到不轻松，因为投资客户都不相信他，有时还认为公司做了什么高风险业务，才会有这么高的利润。

"一切都异乎寻常，我感到很不舒服。"他回忆道，整个金融界开始恐慌。曼哈顿市中心的摩根士丹利交易大厅里，对冲基金经理都急着打电话给他们的经纪人，声音里充满着绝望。

"我们错失了良机！"有人在电话中怒吼，为他们没买抵押债券保险而后悔不已。一些人根本不了解CDO和CDS，希望能有速成教材。花旗银行、美林证券和瑞银的交易员都打来电话，急于购买CDS保险。这些买盘又进一步加剧了ABX指数的下跌，整个金融市场弥漫着焦虑的情绪。

保尔森的投资初显成果，他的两只信用基金总共花了 10 亿美元
为价值 110 亿美元的各种次贷投资购买 CDS 保险。他的并购基金和
其他基金加起来又花了 10 亿美元左右为超过 140 亿美元抵押贷款购
买保险。如今，他已经坐拥 20 亿美元的超额利润。

银行和其他机构欠保尔森一大笔钱，金额之大超过任何一项金
融交易。一些银行在 CDS 合同到期之前拒绝支付现金。佩莱格里尼
和他的团队搬出合同条款据理力争，直至这些款项终于兑现。一家
银行扬言要违约，但最终还是投降，如约交还了抵押物，还缴纳了
一大笔违约保证金。保尔森这位非专业人士让许多金融专家都栽了
个大跟头。

保尔森卖掉了一些 CDS 保险合同，使一部分利润落袋为安，但
他仍然持有大部分的 CDS 保险，因为他坚信房市会变得更糟。然而，
这笔投资交易的风险也越来越大。以前抵押贷款保险非常便宜时，
保尔森可以用很低的价格购买保险，这样就控制了风险。而现在
ABX 指数已从 100 点降至 60 点，保尔森如果不及时兑现利润，可能
会失去一生难求的机会，因为 ABX 指数反弹到 100 点是轻而易举的
事，如果抵押贷款投资价格反弹回升，保尔森可能就会错失良机。
接下来的几天，佩莱格里尼越发担心他们的保险业务。于是，他去
保尔森的办公室提了自己的建议。

"约翰，现在我们也许该卖掉一些了。"

保尔森直视佩莱格里尼，给了他简单明确的答复："不卖。"

佩莱格里尼知道保尔森听不进去自己的任何建议，只好失望地
离开办公室。

事实很快证明，佩莱格里尼的建议是对的。因为次级抵押贷款背后涉及整个金融业。那些危在旦夕的公司，如贝尔斯登公司，是最不希望房市垮掉的公司。该公司是次级抵押贷款的第五大担保人，之前从次贷中获利颇丰。贝尔斯登公司还运营着由拉尔夫·乔菲掌管的两大对冲基金，基金的所有投资都在这些次贷上。

贝尔斯登公司的首席抵押贷款分析师吉安·辛哈召集所有客户开了一次紧急会议，讨论如何应对 ABX 指数的变化。保尔森和佩莱格里尼也在 900 名与会投资者中，他们认真倾听辛哈的演讲。

辛哈给出的建议直截了当："现在是买入 ABX 指数的好时机。"按照贝尔斯登公司的模型分析，"市场对汇丰银行和新世纪公司的新闻有点反应过度"。事实上，没什么大不了的事情值得投资者如此惊慌失措，辛哈一再强调这点。

保尔森简直不敢相信自己的耳朵，在提问环节，他忍不住要与辛哈辩论，但他还是控制住自己，因为他不想让其他人知道他的交易总量有多少。

保尔森回忆道："辛哈说，'我的职责就是告诉人们，整个市场被过度卖空了'。我只能闭上我的嘴。"

辛哈指责一群没有经验的投资者对抵押贷款不大了解，抛售了大量的证券。这似乎是指保尔森团队。

"因此，整个价格的波动无非是投资者不理智的跟风抛售行为导致的，"辛哈继续说，"也许是我过于传统，不该再去考虑这些市场的基本价值原理。"

在保尔森看来，辛哈是个不可救药的市场看涨者。佩莱格里尼对他的评价更差。"他简直就是狗屁不通。"佩莱格里尼说。

其他机构一起努力托盘次级房贷，ABX 指数开始反弹。2 月底，一场业内会议在纽约罗斯福酒店举行，乔菲和里奇迪的市场评价让广大投资者安心下来。有些人还私下嘲笑保尔森和其他空头，认为他们不过是"走马观花的投机者"，一点都不了解这个市场。

然后，纽约对冲基金 Ore Hill Partners 的主席山姆·德罗莎·法拉格站起来发言，号召数百名投资者一起出手购买 ABX 指数。他指出，前面还有一段艰难的路要走，但前景是美好的。

"我们没有足够强大的冒险精神，"他说，"实际上，我们是一群恐慌的懦夫。"

罗森伯格桌上的电话此起彼伏，不少投资者听到同行基金都在忙于购买抵押贷款，纷纷打电话过来求证。

"塞伯拉斯也出手了。"某交易员告诉罗森伯格，他说的是纽约对冲基金这一行业的老大。"还有一堆人拿着大量现金在一旁观望。"

罗森伯格紧张起来，也许那名交易员说得对，所有的金主都在蠢蠢欲动，如果保尔森此时不抛售，可能就没有机会了。

一天早上，罗森伯格对保尔森说："我可是听说外面有一大堆买家。"保尔森从椅子上站了起来，似乎被罗森伯格的苦口婆心给逗乐了。他从手中一堆材料中翻出一张表格，指着上面的一个数字问罗森伯格："布拉德，上个月房屋的平均价格是多少？"

显然易见，房价还是居高不下，但最终它会下跌，现在还不是全身而退的时候。

然而，ABX 指数还是被拉升了，先是超过 70 点，后升至 75 点，在 5 月中旬涨到了 77 点。保尔森的利润一下被砍掉了一半。甚至在新世纪公司宣布无力偿还债权人并申请破产保护后，ABX 指数还持续上升，抵押贷款市场似乎已经熬过了最糟糕的时候。

德瓦尼的错误抄底

在这场指数反弹之中，涌现了不少如约翰·德瓦尼这样的投资者。德瓦尼曾发誓再也不碰次贷市场，但如今看到有利可图，又急忙冲了进来。德瓦尼十几岁时，曾因为行为散漫而被寄宿学校勒令退学，父母离婚后，他过着漂泊不定的日子。

1999 年，他在佛罗里达州比斯坎湾创立了一家交易公司——联合资本市场公司。没过多久，这家公司成了从事资产支持债券交易的大公司之一。所谓资产支持债券就是指由来自信用卡及租赁的现金流支撑的各种债券。"9·11" 恐怖袭击之后，众多投资者落荒而逃，而德瓦尼却买入许多冷门的投资产品，包括房车制造商和飞机租赁服务公司的股票，取得了不俗的业绩。

到了 2007 年，德瓦尼自夸有 2.5 亿美元资产。他出行乘坐喷气式飞机，住在阿斯彭的占地 16 000 平方英尺的维多利亚大厦。德瓦尼常在他那艘 140 英尺的游艇上招待客人，游艇名为"正利差"，源自证券市场术语，指的是以低息借款，然后高息放贷，获取收益。在招待晚宴上，他出钱邀请过喜剧明星杰·雷诺，还有"数乌鸦"、

"多比兄弟"等乐队组合。有一次，德瓦尼为赞助当地的男孩女孩俱乐部，举办了一场 70 年代主题的义演。在义演中，德瓦尼扮演猫王，穿着一身人造钻石闪亮登场，他的妻子塞琳娜则装扮成迪斯科女王。

德瓦尼的豪宅中挂满雷诺阿、塞尚等人的油画名作。他捐款赞助各种事业，从文化项目到共和党，在佛罗里达社交圈中是不可或缺的人物。

在金融界，有不少人赞许他超凡的交易技术。

"在金融界，人人都想成为约翰·德瓦尼，"纽约野村证券的资深分析师在接受《纽约时报》采访时说，"都希望能像他那样拥有洞察力、敢于做自己的勇气、成功的管理能力以及分析技术。"

2006 年，德瓦尼名下的一家对冲基金管理着 6 亿美元，运作良好，每年收益率高达 60%。但他从来不买那些高风险的抵押贷款投资项目，还会取笑做这项投资的人。

2007 年，在一次行业专题讨论会上，德瓦尼说道："就我个人而言，我讨厌次级贷款，我巴不得这个市场整个完蛋。"

新世纪公司倒闭后，投资者都紧张得不行。然而，此时德瓦尼却觉得投资机会来了。整个春季，他花了 2 亿美元购买他自认为高质量的次级抵押贷款。他认为，不管保尔森之类的投资者持什么观点，并不是所有的抵押贷款都是危险的。

"噢，又有一条类似于新世纪公司的传言了，恐怖啊。"德瓦尼用嘲讽的腔调对记者说，取笑那些惶惶不可终日的投资者。

贝尔斯登的反击

1月份，在拉斯韦加斯举办的一个以次级债券为主题的会议上，罗森伯格与一个银行家在会议厅外聊天，这时，一位投资商走过来，说起他前天晚上和贝尔斯登公司的几个交易员的一场不愉快的对话。

"这可不是做空抵押贷款那么简单，"贝尔斯登公司的一名交易员对投资商说，"贷款服务商从资产池中就可以买到抵押贷款，所以你们不可能从保险合同中获利。"

原来，贝尔斯登公司旗下有一家"服务"公司——"EMC 抵押贷款公司"，负责收取业主的还贷。一旦 EMC 公司将资产池中表现不佳的贷款换成表现良好的贷款，或者给资产池中注入现金，这个资产池就有足够的现金流来偿付所有的投资者，保尔森的保险也就一文不值。

在那场会议上，另一位空头凯尔·巴斯告诉佩莱格里尼类似的不妙消息，他说他是碰巧在一个酒吧中从贝尔斯登的首席抵押贷款交易员斯科特·艾彻尔那里听说的。

后来，艾彻尔否认了这种幕后操纵行为，他说他只是想提醒空头们考虑下自己该担心什么。但佩莱格里尼的心一直悬着，几个月以来，他一直在苦思冥想，公司的利润是怎么被市场上的一些玩家蚕食的。他也想过，是不是投资银行对抵押池采取了什么护盘措施。"我很关心这事，因为我如果处在贝尔斯登的立场上，可能早就这么做了。"佩莱格里尼说道。

圣诞节时，佩莱格里尼和大儿子去杰克逊维尔度假，他在滑雪场上与 Markit 集团的高管开了个电话会议，Markit 集团正是 ABX 指数的开发者，它们提议，得弄清到底是什么在影响指数。但它们把这个责任推给国际掉期与衍生工具协会（ISDA），这个协会代表市场中使用各种投资工具的交易者。佩莱格里尼从来没注意到这个协会。

回到纽约，罗森伯格又购买了一单抵押贷款保险。跟以往不同的是，贝尔斯登的交易员说："我们有份文件要传真给你。"

"噢，那肯定不是好事。"罗森伯格心里嘀咕。

罗森伯格仔细地阅读了这份传真过来的文件，发现贝尔斯登公司保留了一项权利：与 EMC 一起调整抵押贷款。罗森伯格立刻将这份文件拿给佩莱格里尼看。他们气急败坏地打电话给艾彻尔，警告他不要插手抵押贷款。

"交易业务部门不应对贷款服务部门指手画脚。"佩莱格里尼直截了当地说。

"但是，保罗，我们有权这样做，"艾彻尔回答，"请看一下文件。"

这位资深交易员说，贝尔斯登公司正向 ISDA 提出一项新的申请。当借款人有还款困难时，可以调整贷款，这将有利于贝尔斯登的对外公关。贝尔斯登创立了 EMC Mod 小组，这个小组可以跟当地社区合作，对那些拖欠还贷的业主调整房屋贷款。

佩莱格里尼和罗森伯格把文件拿给保尔森看，保尔森简直惊呆了，他打电话给公司律师迈克尔·沃尔多夫。在大多数公司，交易员往往是张扬外向的，而律师则是内敛保守的。但在保尔森公司却刚好反过来，沃尔多夫年约35岁，一头短发，他看完文件后，怒气冲冲地离开保尔森的办公室，脸涨得通红。

"他们打算操纵市场，"他吼道，"这样一来，他们就可以把我们公司所有的盈利通通拿走。"

沃尔多夫几个月来看着保尔森和佩莱格里尼下这盘交易大棋，现在轮到他出手助一臂之力了。

沃尔多夫召集了其他次贷空头，包括李普曼和巴斯，还聘用了证券交易委员会前主席哈维·皮特，将贝尔斯登公司造成的威胁传播开来。皮特和沃尔多夫等人在华盛顿等地举行一系列会议，宣称EMC将会调整它的抵押贷款，如果对业主的按揭付款进行调整限制，会导致进入按揭池的现金流变少，这实际上有助于保尔森的交易。但是他们认为，EMC不能为了防止次贷池出现问题，就与贝尔斯登联手调整还款，或者将抵押贷款池中的贷款进行置换。

皮特和沃尔多夫已经制造了恐慌，达到了他们的目的：贝尔斯登只好收回它原先的提议。保尔森躲过了一劫，但他还将面临其他困难。每次罗森伯格打电话给交易员要购买次贷保险时，对方提供的报价都很高。交易员说："现在市场越发疲软，对冲基金只好多出点钱。"但当保尔森的经纪人计算每日业绩或者投资组合的估价时，价格又低很多，甚至在同一项投资上都不一样。

罗森伯格把这些不同的报价告诉了保尔森，保尔森听了恼火得很。有时，他直接打电话给经纪人。

"你们就不能给我们同样的价格吗?"一次他对经纪人这样说,"你卖给我们 95 美元,而我们的买入价才 75 美元。"

"是的,我们做不到。"交易员回答道。

有些时候,保尔森简直难以理解,为什么有些 CDO 的报价高得如此离谱,明明这样的报价根本就没人买。由于 CDO 和其他投资的价格不下降,因此保尔森所买的保险也没有增值,这样一来他的投资收益也十分有限。

这回保尔森一改常态,向投资者和朋友们极力痛斥贝尔斯登的做法,诉说对方如何将他的保险低估,以至于他的业绩显得不好。但保尔森仍然是贝尔斯登的客户,对老东家忠心不变。

保尔森思前想后,越发怀疑那些经纪人是有意在针对他。要不然就是这些经纪人依靠错误的模型,算出一个跟保尔森在市场上所见的大相径庭的价格。如果在那些有毒投资项目上他们给保尔森的报价远高于实际,保尔森就明白他们肯定是给银行自己持有的类似投资项目增加了额外的价值,如此一来,就意味着银行自身并没有表面上看起来那样"健康"。

多头地狱与空头天堂

不久后,拉夫尔·乔菲经营的两只对冲基金的表现让保尔森有更多的理由去怀疑贝尔斯登公司的经营状况。乔菲的对冲基金掌管着 20 亿美元的资金,但他们对外拆借了大量的钱,拥有约 200 亿美元的抵押贷款相关投资项目，在 2007 年先赚了一笔。

乔菲和他的合伙人马修·坦宁的大部分仓位是各种 CDO，包括那些信用评估最安全的 CDO，以及相当大数额的 ABX 指数保险。因此，当 ABX 指数下跌时，乔菲的两大对冲基金的净值都不涨了。

然而在私底下，乔菲却显得忧心忡忡。

根据后来的庭审材料，2007 年 3 月 15 日，乔菲先生在给同事的一封电子邮件中写道："马修，我觉得这个市场很可怕，要么是一场灾难即将来临，要么是有史以来最好的买入机会，但我倾向于前者。"

春天，CDO 的价格开始一路下跌，就连 ABX 指数回涨都挽救不了。乔菲的基金在三四月间就损失了 15%，他的债主开始紧张起来，不断收紧贷款，给乔菲和坦宁带来了很大压力。

4 月底，坦宁给他的老同事乔菲写电子邮件说，他担心他们所投资的那些复杂的债券是烫手的山芋。在这封发自坦宁先生私人账号的电子邮件中，他建议关闭基金。后来，这对合伙人觉得自己过于小心，很快又对投资客户信誓旦旦地保证基金运作良好。

然而，市场形势每况愈下，他们急急忙忙抛售了价值 80 亿美元的 CDO 投资。一些投资银行在前几年大量买入了 CDO，少说也有几十亿美元，随着它们纷纷抛售，整个 CDO 的价格一路狂跌，CDO 市场的繁荣假象终于被戳破了。

一开始，贝尔斯登的董事长詹姆士·凯恩并没有将对冲基金的问题放在心上，他认为贝尔斯登公司的资金还是很安全的。然而，各大投资机构、有钱的个人投资者和贷款商都知道风险即将来临，如果再与基金打交道，肯定会亏损。凯恩当时 73 岁，曾经做过废铁销售员，他喜欢雪茄，爱打高尔夫球和桥牌。那年夏天的好多个星期四下午和星期五，他都在新泽西的度假别墅里打高尔夫球。当各种抵押贷款投资产品继续下跌，对冲基金的亏损日益扩大时，整整一周的时间，凯恩还在田纳西那什维尔市参加桥牌比赛，似乎胸有成竹，认为乔菲的对冲基金对贝尔斯登不会造成多大的影响。

但是，贷款商很快就要求贝尔斯登公司向对冲基金增资 16 亿美元，以维持基金的运营。投资者心中的警报已被拉响，需要小心贝尔斯登公司的问题。

到了 7 月，贝尔斯登的基金终于崩盘，它的客户遭受了几十亿美元的损失，引发了整个金融市场的混乱。投资者个个对抵押贷款避之不及。经纪公司无法遏制各种 CDO 和次级债券下跌的趋势，保尔森的保险因此一路高升。现在，保尔森已经赚取了 40 亿美元的利润，起码账面上有这个数字。持仓表现令保尔森兴奋不已，但他并没有兑现收益。

投资者和银行纷纷抢着买各种保险，保尔森明白，这是卖出手中部分仓位的好时机。但他的唯一证券交易员罗森伯格正陪他的太太丽莎进产房，迎接他们第二个儿子的出生。

康涅狄格州格林威治医院的产房一角成了罗森伯格的临时办公室，一张放不平的桌子上支着台笔记本电脑，旁边是一张可折叠的椅子。他通过手机执行保尔森下达的交易任务，前一分钟刚抚慰完要生产的妻子，下一分钟则跑回临时办公室一角进行下一单交易。丽莎在宫缩阵痛中看着这一切，对丈夫报以宽容一笑。

下午 3 点，宫缩持续了 8 个小时，丽莎的医生诊断说，孩子就要出生了，罗森伯格的工作也该停下来了。

医生对罗森伯格说："你该放下手中的电话，孩子就要出生了。"

而在华尔街交易大厅，包括乔菲在内的投资者乱成一团。瑞士银行业巨头瑞士联合银行集团设在纽约的一家主要对冲基金公司，亏损超过 1 亿美元，原因在于它持有投资性的次级抵押贷款，这种贷款名为"二手抵押贷款"，是新世纪公司和一些贷款商发行的。两个月后，瑞士联合银行撤掉了它的首席执行官彼得·伍夫里。

几天后，ABX 指数急剧下跌，罗森伯格将他的椅子掉个头，朝向他身后的老板办公室，并随时调出市场的最新情况。保尔森在一个消息接一个消息中指挥着公司的运作，因为他最喜欢滚动的实况播报。

"约翰，现在掉了两个点。"

"掉了十个点。"

"市场又被拉低了。"

公司日进斗金，但保尔森并没有喜形于色，他致力于集中整个团队的注意力。一天下午，他坐在办公室里吃着沙拉，设想到底市场和整个经济会糟到什么程度。翁走到保尔森的门前，想要问个问题，他发现保尔森陷入沉思，把婚戒当成硬币在桌子上一次次转圈。翁在门口等了足足十分钟，最后等不下去只好转身离开。

在没有通知其他人的情况下，保尔森悄悄地召开会议，时不时地讨论卖掉公司股权的 10%。其他的对冲基金已经将公司的股权或者债券卖给投资者，保尔森和另一位银行家也开始研究类似的行动。

2007 年夏天，保尔森悄悄地跟两位有意向的主管会谈，他们对购买保尔森公司的股份感兴趣。会议在公司会议室里召开，持续了大半个下午。保尔森坐立不安，像是在等一则重大消息一样。他谨慎细致地介绍了公司的发展历史，及实施次贷交易的来龙去脉。与会来宾想不通保尔森为什么毫无表情，哪怕在讲述公司及其成就时也是这样。但他们并没有多想，认为这可能是老派人的作风。

在他们眼里，保尔森公司的规模太小。在闷热的 7 月，公司的空调制冷效果不佳，会议室的椅子坐得也不是很舒服。但这两名投资商被保尔森谦逊的态度打动了，对他的次贷交易很感兴趣。虽然保尔森看起来像个书呆子，也不像其他对冲基金经理那样口若悬河，但保尔森对公司业务了如指掌，他们佩服得很。

会议进行到一小时的时候，罗森伯格轻轻敲门，打断了会谈。他一边道歉，一边弯腰凑到保尔森耳边小声说着。保尔森立马站起身来，向大家道歉，走出了会议室。客人们只好面对着一排斯纳普冰红茶发呆。

十分钟后，保尔森回来了，喜形于色。在他离开会议室的那几分钟内肯定发生了什么事。客人们越看越觉得，保尔森像是揣着个秘密急于与人分享一样。

于是，有个客人问是不是需要再找个合适的时间和地点另行开会。

保尔森总算把心里憋住的话说了出来："我们刚刚算了下业绩，今天我们赚了 10 亿美元。"

投资商都惊呆了，他们从没听过赚钱赚这么快的，一时间不知道说什么好。从那刻起，他们明白已经买不起保尔森公司的股份了。几分钟后，大家起身离开，握手道别时，他们问保尔森下一步交易会如何进展。

"我觉得那些次级贷款将会一文不值，"保尔森告诉他们，"但我需要早点清仓让利润落袋为安，这点很重要。"

决策争议

保尔森跟投资者在几乎每个问题上都产生了矛盾，甚至跟佩莱格里尼也是如此。大多数客户都被突如其来的收益惊呆了，其中一些人开始担心起来。保尔森认为，如果将辛苦所得的获利机会白白浪费掉，是件很傻的事情。同样，很多投资客户认为，如果他们继续跟着保尔森守下去，可能把收益给赔进去，那样更尴尬。尤其是投资保尔森的其他基金同时也持有一些 CDS 抵押保险的客户，心情更是紧张。他们在衍生品投资上没有太多的经验，很少经历过这么快速的回报，所以更是忐忑不安。

瑞士信贷的投资商坚持要从保尔森的并购基金中撤资，再投到另外一个并购投资基金，因为前者持有次贷保险，而后者没有任何CDS 保险，这让保尔森大为不解。

一位投资人打电话给保尔森公司："如果我能从你们基金撤资，我肯定会这样干的，你们太疯狂了，应该把收益兑现才是啊。"保尔森耐心地向他解释说，现在的次级抵押贷款只是刚刚下跌而已。

"那就先捞一半再说嘛。"这位投资人很不高兴地回答，他想起某位投资者因没有及时收手，到嘴的鸭子又飞走了。

"我无法说服他们。"保尔森回忆起当时说道。

一些投资客户开始找公司的员工。

"我们退出吧，你们都已经赚了 60%，还不够吗？"一位投资客户对某职员唠叨个不停，"他为什么不平仓？他在忙什么呢？"

保尔森的员工蒂娜·康斯坦蒂尼德斯负责与投资客户沟通联系，她去佛罗里达参加了一个行业会议。汤姆·穆雷一直打电话追问蒂娜。穆雷在保尔森旗下几大基金都有投资，他在日内瓦 EIM 公司的美国分部上班，这家公司投资了阿帕德·布森掌管的对冲基金公司。阿帕德是国际上有名的投资家，跟超模前女友艾丽·麦克弗森生了两个儿子，后来又跟演员乌玛·瑟曼订了婚。

"你们这是在大冒险，"穆雷对蒂娜说，"我怎么跟我的投资客户解释？"穆雷及其公司的人都说，保尔森所做的投资不是他所擅长的，而且这项投资的比例在他的公司中最大。

蒂娜·康斯坦蒂尼德斯试图对穆雷解释，购买 CDS 合同正说明保尔森的基金总体上没有什么风险。穆雷和他的员工经过几个星期的分析，决定将 EIM 的资金从其他基金撤出来，转入保尔森的并购基金，该基金持有的次级贷款不多。

康斯坦蒂尼德斯受到客户的电话轰炸后终于不堪重负，她走进老板的办公室，请教如何应对这些投资客户。

"数据显示次贷在走下坡路，"保尔森温和地对她说，"告诉他们耐心地等待。"

保尔森的成竹在胸给康斯坦蒂尼德斯吃了颗定心丸,她知道该怎么应对客户了。但基金公司的一些员工对次贷交易不大了解,私下偷偷议论说,保尔森应该卖掉更多的仓位,以防次贷市场再次复苏。就连整个交易的总设计师佩莱格里尼也认为公司可能正在犯一个大错误。

佩莱格里尼的烦心事

佩莱格里尼那年可谓鸿运高照,2 月,对冲基金赚了个盆满钵盈,这是佩莱格里尼这么多年来第一次大获全胜。虽说 ABX 指数后来反弹了,但佩莱格里尼已被提拔为对冲基金的总经理,这奠定了他在公司的新地位。

基金加大了 CDS 保险的持仓量,佩莱格里尼每天都在埋头研究最新的房屋数据,有时甚至忙碌到深夜。一天晚上,翁向他道晚安,佩莱格里尼如此专注于工作,以至于没注意到同事是在跟他打招呼。

有时,佩莱格里尼也会放松一下,时常到纽约北部的蒙蒂塞洛赛车场开着法拉利跑车跑个一两圈,然后再回家。

这时,佩莱格里尼与一位在英国出生的零售业主管订婚了。那年 5 月,他们结婚了,在意大利北部的德尔巴比亚内罗别墅度蜜月。这是个历史悠久的老别墅,坐落在科莫湖边,风景宜人。丹尼尔·克雷格主演的詹姆斯·邦德 007 系列电影《大战皇家赌场》就在这里取景。

佩莱格里尼总有一点迷信，他把这个归因于他的意大利血统。公司的交易初见成效后，他越发迷信，在每件事情上都很注意忌讳，以防不好的运气降临在他和公司身上，比如，不要把帽子放在床上等。他说服了妻子卖掉她的公寓，卖出的价格接近市场最高价。他们在上西区租了套公寓，乔迁新居时，房间里撒了大量的盐以避邪，他们还订了个规矩：不谈论交易情况。

因此，佩莱格里尼的妻子只是隐隐约约地知道他赚了不少钱。有时，妻子也会关心一下他的业务进展如何，佩莱格里尼只是温和地微笑着，不吐露任何详情。

2007 年的夏天，佩莱格里尼的妻子读了一篇次贷市场问题的报道，问佩莱格里尼："这对我们是有利的，不是吗？"

"是的。"他回答，然后不再多说。

佩莱格里尼现在是保尔森两大信用基金的共同经理人，但只有保尔森才有权决定如何交易。佩莱格里尼有时觉得不受重视，他建议保尔森只持有最便宜的保险，而不要购买 ABX 指数保险，因为 ABX 指数保险比较昂贵，但保尔森常常不听他的。

"不要考虑这个，这有什么区别呢？无非是出价 150 个基点和 100 个基点的问题。"保尔森回答道，他对佩莱格里尼说，他们反正赚得不少。

"约翰本身就很有钱，他是站着说话不腰疼啊。"佩莱格里尼心里想。

他们对交易是否应当保密也产生了分歧。在保尔森看来，保持低调可以让基金以便宜的价格买入更多仓位。但佩莱格里尼认为，纸是包不住火的，他们的打算在华尔街尽人皆知。佩莱格里尼一年多来一直小心地压抑自己的情绪，现在还要继续压抑显得越来越难。

一天，高盛公司的经济学家简·哈祖斯和分析师迈克尔·马斯楚恩召开电话会议讨论房地产市场，佩莱格里尼和保尔森各自在办公室旁听了会议。

在电话会议中，哈祖斯预测接下来房价会下跌，而下跌的房价会导致抵押贷款投资的损失。然而令人吃惊的是，哈祖斯对抵押债券还是充满信心，因为他认为房市的前景还是很乐观的。

在佩莱格里尼看来，这只不过是投资银行的虚伪做法之一罢了。它们所做的无非是要推动价格上涨，这样一来，保尔森等公司所持有的抵押贷款保险就无法有准确的定价。佩莱格里尼认为，华尔街的这种做法掠夺了他很大一部分利润。

到了提问环节，佩莱格里尼耐着性子听了几分钟，终于忍不住提了个问题。

"我只想知道，哈祖斯先生和马斯楚恩先生为什么相互不说话呢？"

这话刚出口，保尔森就派下属冲到佩莱格里尼的办公室把电话给掐断了。

几分钟后，保尔森也冲进佩莱格里尼的办公室，脸涨得通红。

"你真是聪明反被聪明误，保罗。"

"当时他大发雷霆，"佩莱格里尼回忆道，"但在我看来，投资银行简直就像是在合谋对付我们。我说，好吧，它们的定价是不合理的，我们按原来说好的办。"

次级抵押贷款和房市每传出一次坏消息，保尔森就让罗森伯格有选择地卖出一些 CDS 保险，以锁定利润。到了夏天，保尔森公司 1/3 的位都已兑现成数额巨大的利润，公司上下欢庆不已。华尔街开始有传言说，美林证券和花旗银行已经损失了数十亿美元。高盛公司的乔希·伯恩鲍姆之前十分质疑保尔森大量购买保险的做法，现在也转变观点，开始做空投资，并获利不菲。

保尔森公司卖出的大部分仓位来自各种基金的持仓，如保尔森并购基金等。然而，保尔森仍拒绝卖出佩莱格里尼所负责的两大信用基金中的许多持仓。

贝尔斯登公司放弃了通过购买贷款来操纵抵押贷款池的价值这一做法，解除了对保尔森做空交易的威胁。但佩莱格里尼始终不放心，他在大型投资银行的工作经历让他有警惕之心。任何一家银行都不得不回购一些有问题的贷款，以保证贷款池的损失不超过 5%。这样一来，保尔森的交易就会有麻烦，佩莱格里尼为此焦虑不已。

入夏以后，在一个繁忙的交易日，佩莱格里尼走进保尔森的办公室。

"约翰，我们得调整一下仓位，"佩莱格里尼说，"让我们多一些仓位保护。"

保尔森从一堆文件中抬起头来，看了佩莱格里尼一眼，然后继续埋头工作，没给任何回复，保尔森已经听够了这种话。

几个星期后，佩莱格里尼跟保尔森挤在办公室里，悄悄地讨论市场情况。罗森伯格将椅子转过来，对他老板喊道："约翰，我们有一个大单，能打低整个指数。"

佩莱格里尼眼巴巴地看着保尔森，他们接到个大单报价，想要购买数额巨大的对冲基金的 CDS 保险。

"约翰，我们同意成交吧。"

保尔森毫不犹豫地拒绝了："不，我不想把指数打低那么多。"

和保尔森不同的是，佩莱格里尼把所有的身家都压在这两大信用基金上。因此，佩莱格里尼越来越担心，他致富的机会要白白溜走了。

佩莱格里尼认为，保尔森之所以坚持不清仓，是因为投资者的资金在两年内都必须冻结在这两大信用基金里。保尔森卖掉其他基金的次贷保险已经为自己收割了利润，但佩莱格里尼的身家却只能靠这两个信用基金的业绩表现。日子一天天地过去，保尔森一天不清仓卖出，佩莱格里尼就得揪着心，担心公司错失良机。

"约翰已经从交易中赚到钱了，"佩莱格里尼暗忖，"而我却得整天提心吊胆。"

伯利在胜利中仍焦头烂额

在加利福尼亚库比蒂诺，迈克尔·伯利博士也做了跟约翰·保尔森相似的投资。2007 年初，次贷市场的各种问题纷纷涌现，伯利的抵押贷款保险终于在两年后升值了。

但他的许多投资客户并没有因此而开心庆贺，相反，他们责怪伯利几个月前不应该将投资资金强行移入附加账户。但伯利的经纪人和保尔森的经纪人一样，并没有及时说明大量次级房贷证券的贬值。伯利向投资客户保证，目前附加账户里有为价值 18 亿美元的抵押贷款证券购买的保险，其实际价值远高于经纪人给的 1.2 亿美元的估值。伯利的投资客户从他的对冲基金提走了 5 000 万美元，给伯利带来更大的资金压力。

客户的责难让伯利很愤怒，他不想再把客户的资金强行冻结在账户上，被迫开始卖出一些抵押贷款保险。伯利希望，通过卖出获利说明他的投资策略是有回报的，这也许能挽回客户的心。

2 月，伯利开始试水，卖出一小部分抵押贷款保险。伯利赚到的收益十分惊人，他卖出的价格是经纪人所估价的两倍。

"我就知道他们是在骗我！"伯利心想。

接下来的几个月，伯利卖出更多的保险，获取了巨额利润。但经济状况的好转并没有缓解伯利办公室的紧张气氛，塞恩基金的财务总监没能及时做出公司 2006 年的年度审计。伯利不得不通知投资客户，2006 年的税务报表得延期公布，因为早些时候寄给他们的报表有些出入。投资客户原本就对伯利不满意，只不过一时没找到理由发难，现在机会来了。

财务总监很快就辞职了，把公司弄得手忙脚乱。公司必须赶在 6 月之前完成年度审计报告并寄给投资客户。伯利发现，公司的现金数额与财务报表上的数额相差了 100 万美元，公司内部可能有人玩忽职守，但伯利不太确定。

伯利觉得自己需要好好放松一下，周末，他带上家人到附近的伯克利山上的豪华度假村旅游。半路上，伯利的手机响了，一位生气的投资客户打电话来索要税务报表。当他到了酒店房间，刚放下行李，另一通电话又来了。

"我想知道，这里面是不是有什么骗局?"另一名投资人兴师问罪。

伯利不知道该如何回答。他不觉得自己做错了什么，但毕竟年终审计还没有完成，他无法给投资人一个明确的答案。他的这种态度更让投资人紧张怀疑。

伯利的公司终于如期完成了审计，但客户还是争先恐后地大量撤资。伯利整夜睡不着觉，拼命思考他到底做错了什么，如何才能扭转乾坤。

次级抵押贷款终于下跌了，一如伯利所料。然而，迈克尔·伯利却举步维艰，他和他的公司不知该如何维持下去。

第12章

利伯特的做空负罪感

利伯特似乎总是能从房地产崩盘中获利，他已有30年的房地产从业经验。他和格林在哈佛读书时就买了几套房子。利伯特早就预料到次级抵押贷款会出现问题，他鼓励格林购买CDS保险。当其他人欢呼庆祝好日子又回来时，只有保尔森少数几个人知道，次级抵押贷款的多米诺骨牌实际上已经被推倒。但是好戏还在后面。

市场并不总是有效的

扎弗兰办公室的电话又响了，快到中午了，他助理的屏幕上显示电话是从洛杉矶打来的。扎弗兰心里清楚，肯定又是杰弗里·格林怒气冲冲地打来电话。

几个月前，扎弗兰为了让孩子们远离好莱坞的声色犬马，从比弗利山庄搬到北加州的圣马特奥县的门洛帕克。

当然，扎弗兰还是很乐意跟格林做生意的，很大一部分原因是高额的佣金，但不止这个。扎弗兰越了解格林的交易，越愿意帮助他走向成功。在他看来，格林就是位孤独的勇士，以一己之力对抗整个金融行业的各种盲目乐观主义者和自私自利的骗子，犹如现代版的大卫与歌利亚之战（《圣经》故事）。扎弗兰越来越欣赏格林刻苦钻研的精神，也乐于帮他分析那些扑朔迷离的房地产数据，以助他一臂之力。

到了 2007 年初，两人之间的通话日益频繁，而格林的压力越来越大。

表面上看，格林家财万贯，似乎生活得无忧无虑。当初，他以

3.5 亿美元向美林证券申请购买 CDS 衍生品合同，同时他也是洛杉矶社交圈的知名人士。

但在美林证券内部，一些人并不确定格林的净资产是否属实。他背负着几百万美元的债务，过着挥金如土的生活，在马里布的豪宅中请了两名管家，拥有三架喷气式飞机，其中一架还是湾流的豪华飞机。他的房产估值 2.5 亿美元，但房价在不断下跌，且这些房产的流通性并不好。格林还拥有价值 1 亿美元的其他资产，但公司近几年经营不善让他损失不少。

实际上，格林每年需要支付 1 400 万美元为价值 10 亿美元的次级抵押贷款购买 CDS 保险。同时，为了做这单生意，他还得支付 6 000 万美元给经纪人。格林购买了这么多的保险，没有多少剩余资金。因此 2006 年末，次贷抵押价格才上涨一点，他就接到美林证券追加保证金的通知，要求他必须从其他账户转入几百万美元，否则经纪公司就会终止他的交易。

格林在朋友和商业伙伴面前常常自夸他的交易将如何获利。他的名声和自我价值感与他交易的成败息息相关。但目前，格林的投资没有什么起色，他也不知道原因何在。他试图找一两个朋友加入他的投资，但没人愿意，所以格林越发倚重他的两名经纪人。

有时候，格林与扎弗兰的电话一打就是好几个小时，扎弗兰耐心地解释为什么按照美林证券的最新估价，格林的交易没有赚到多少钱。如果房市大跌，而格林的交易却还没有什么起色的话，格林的麻烦就大了。

听到这种令人失望的消息，格林一时接受不了，急火攻心，暴躁不安。扎弗兰只好硬着头皮听他在电话里发火。

"阿兰，你了解我们保险所承保各类贷款的情况吗？我有点不明白，这些贷款的价格为什么一点变化都没有？"

扎弗兰心里也不是很明白其中原因，他只好使出浑身解数来安慰格林。房价走势越发不妙，但美林证券的交易员还是告知扎弗兰，格林名下的保险价值并没有比几个月前增长多少。

"阿兰，这里面肯定有黑幕！赶紧把它弄清楚。"格林说完就挂了电话。

格林最为关心的莫过于他做空房市的结果如何。但目前，他只能眼睁睁地看着比弗利山庄一幢占地 27 英亩的楼盘准备出售。这幢大厦已经开工四年多，但只完成了 80% 的工程。它原先的主人是沙特阿拉伯人，因忙于离婚而决定将它转手。整幢大楼占地 6 万平方英尺，带一个 7 英亩大的葡萄种植园，还有一条 2 000 英尺长的双向私家车道，通往冷水峡谷。

"这房子我怎么能错过呢？"格林心想。

2 月的一天早上，格林和他的未婚妻陈媚诗参加了洛杉矶市中心的法院拍卖活动。他们中标的可能性似乎不大。屋内站着几大律师，他们的身后是芝加哥豪门身价过亿的继承人，以及房地产业白手起家的亿万富翁艾伦·卡斯登。这两个人在《福布斯》排行榜上名列世界 400 强。

拍卖从 3 300 万美元起拍，每次加价 50 万美元，价格很快就被抬高。格林出价 3 500 万美元，这个价格连两位富豪级的竞争对手都觉得太高。格林心花怒放，因为在比弗利山庄附近，比这小得多的房子的售价都超过 3 000 万美元。现在，格林必须花数百万美元盖完这房子并支付房产税，这又加重了他的经济压力。

为了将大厦完工后转手出售套利，格林把这幢大厦装修得颇为吸引眼球。他选了两张巨大的图片挂在大楼的东翼。在大门上方悬挂的是一美元图样的黑色金属装饰物，房屋四处是当代的越南艺术作品和欧洲古董。此外，格林还请了秘鲁木工艺家来制作壁炉的雕刻和天花板吊顶。

他为这个豪宅取了个具有基督教色彩的名字"Palazzo di Amore,"即"爱的宫殿"。这名字听起来很俗气，但格林却认为这是个卖点。

"每幢高档住宅都应该有个高端大气的名字。"格林说。

格林现在手头上的房产数量又增加了，他认为房价肯定会下跌。

"如果交易失败了，我就完了，"他对老朋友杰夫里·利伯特坦露心声。利伯特原本以为，格林买这个豪宅是为了博取未婚妻的欢心。"格林做事很大胆，这相当于把所有鸡蛋放在一个篮子里。"利伯特评论说。

然而，格林对自己的交易有点困惑。如果说他以极低的价格购买这些次级抵押贷款保险，那么到底又是谁卖给他的呢？

"我问许多人到底谁是交易的对手盘，"格林回忆说，"问这个问题时，我多少有点尴尬，我已经买了价值 10 亿美元按揭的保险，而到这时我才想起要问这个问题。"

答案却是扑朔迷离。

"人们一直说 CDO 创造收益……即使他们解释完，我还是不大明白，难道他们不想收回本金?"

格林知道 CDO 的概念，但是这些抵押贷款已经如此危险，承保这些贷款的保险却能以如此低廉的价格卖出，他是不是疏忽了哪些因素?

"我一直希望有人能对我说，你没有看到他们这样做的真正原因。"

格林的交易在 2007 年开始有起色，他与扎弗兰日常通话的气氛变得轻松起来。

格林做空 ABX 的保险终于升值了，他对扎弗兰说道："市场总算开始意识到问题有多严重了。"

格林从报纸上看到有个名为"希望就在眼前"的政府主办项目，致力于为那些努力保住自己房子的业主提供帮助。他开始感到恐慌。他认为他终于发现自己投资策略的致命漏洞了。

如果这个政府项目奏效了，政府采取了强有力的措施来帮助那些借款人，这将有助于稳定房地产市场和减少次贷资产池的损失。格林思前想后："我要及时从那些保险中抽身而退吗? 趁一切还来得及。"

格林决定自己打一下"希望就在眼前"的免费电话，看看情况如何。他足足排队等了 40 分钟才打进这个电话。

"这个情况对房屋业主可不大妙。"格林想。

电话那头的项目负责人总算接了电话，格林假装自己是位焦头烂额的房屋业主。

"嗨，我在卡诺加公园买了套公寓。现在的问题是，我的按揭贷款是 20 万美元，而旁边的那套公寓才卖 16 万美元。按揭贷款我实在无力偿还，您能给我些建议吗？"

"再继续还贷实在是没什么意义了，"电话那头友善地说道，"你无法从中受益，不如把那些钱省下来再买套房子。"

这个回答让格林惊讶极了。

"实际上，政府是在告诉人们，不要再还贷了。"

如果这就是政府所提倡的，那房价真是没救了，格林心里这样想。

春季，ABX 指数反弹，格林的投资随之贬值，他又紧张起来。他赶紧出售了一部分保险，还让经纪人安排他与 J. P. 摩根公司的三位资深抵押贷款分析师进行电话会谈，以了解他们对房市的看法。三位分析师认为，房价上下浮动的幅度不会超过 24%。格林实在没法相信他们的话，他自己的房产都跌破 24% 了。纽约的这些家伙们到底知道自己在讲些什么吗？他们的数据又是从哪里得出的？

格林找的其他分析师预测，即使出现大规模的还贷违约现象，也不会导致抵押债券的损失，因为如果业主无力偿还房贷而搬出，那套房屋还是可以全价卖出。格林觉得这套说辞更不切实际。他的大楼里信用不佳的房客在拖欠租金被驱赶时，往往会把房间里能搬走的东西都搬走。

"他们往往有种被剥削的感觉，"格林对一个朋友这样说，"次级贷款人也是一样。"

"债券持有人在这场混乱过后能得到的利润会很少，因此他的抵押贷款保险的价值就会增加。"

然而，那年春天 ABX 指数不断上升，格林的投资贬值得厉害，他气急败坏。格林的投资中，承保 ABX 指数的 CDS 保险多少还有点收益，但相对而言，其他类似的各种次级抵押贷款的保险就没怎么获利。格林之前花了几个月从抵押贷款池中挑出一些有毒债券，这些债券背后没什么资产，都是来自房市出了问题的一些州。然而，承保这些债券的 CDS 保险的价格几乎没有任何变化。

"这些资产池更多的是佛罗里达和加州的贷款，里面有更多信用等级差的无价值贷款和'骗子贷款'，但它们的价格居然高于 ABX 指数，这究竟是为什么？"格林怒气冲冲地问扎弗兰。

后来的日子里，ABX 指数剧烈变动，格林有时都拿不到各类抵押贷款 CDS 保险的最新报价。当他问到资产池中基础贷款的具体情况时，他的经纪人表示无可奉告。格林正在经历有生以来最大的考验，却不知最终结果会如何。

格林每天都要打好几通电话给扎弗兰，甚至连周末也不例外。他们一起分析了格林做空的成千个贷款，试图理清头绪。格林在电话里越发焦虑激动，他们的对话有时短促且不客气。

"你和我看的是同一个市场吗？"格林有次在电话里咆哮。

格林想不通为什么他赚不到钱。扎弗兰也无法理解这一点，这让格林倍感挫败。扎弗兰不断地质问公司的交易员，为什么给格林的报价如此糟糕，而美林证券的同事开始质疑扎弗兰的立场问题，似乎他是站在客户那头，而不是站在自己的老板这头。

在格林看来，扎弗兰从交易员那里得来的答案似乎与事实不符。房价最终下跌了，而他的交易却成了一堆废纸。有时，格林在电话里气急败坏地乱吼一通，前言不搭后语，以至于扎弗兰有时都听不清他到底在说什么。

"价格不断下降，你怎么能不理解这些，给我回电话！"格林挂了电话。有一天，他在挂电话前不停地追问："为什么？为什么？为什么!?"

房地产商利伯特的内心冲突

随着房市问题逐渐浮出水面，杰夫里·利伯特的焦虑与日俱增。51岁的他长相英俊，头上有丝丝白发，他是波士顿的房地产开发商。他的公司中等规模，在新英格兰和佛罗里达掌管4 000套公寓和占地150万平方英尺的商用楼盘。

利伯特似乎总是能从房地产崩盘中获利，他已有30年的房地产从业经验。他和格林在哈佛读书时就买了几套房子。利伯特早就预料到次级抵押贷款会出现问题，他鼓励格林购买CDS保险。也正是利伯特点拨约翰·保尔森，房地产投资并不像大多数人所想的那样有利可图。

利伯特的父亲毕业于西点军校，第二次世界大战期间，他参加了坦克大战，并在乔治·巴顿将军的部队服役，后来成为雪佛兰汽车在纽约韦斯切斯特郊区查巴克的代理商，收入不菲。利伯特上的是当地的高级私立学校，后来在阿默斯特大学主修经济学专业，毕业时成绩名列班级前茅，还是罗氏奖学金的候选人。当格林还在西海岸过着逍遥自在的单身生活时，利伯特遇见了玛蒂·布朗，玛蒂毕业于史密斯学院，是通用电气公司高管的女儿，两人喜结良缘。

利伯特先是在波士顿咨询公司工作了几年，其间还与约翰·保尔森共事过。他想要改变一成不变的工作，于是辞职离开，跟他哥哥做起房地产生意。2005 年，利伯特认为当地房地产市场前景不佳，就将公司 1/3 的股份卖掉。他本想卖掉更多，但这样一来就得解雇职员，他不忍心这样做。此外，他的孩子也在这家公司上班，如果把剩下的资产都卖掉，他们就没事可干了。所以，尽管利伯特对前景忧心忡忡，但他还是得提心吊胆地继续经营下去。

"我认识的每个医生都卷入房地产大潮，去任何一家高档餐厅吃饭，每张桌子上人们谈论的都是房地产投资，"利伯特回忆道，"2006 年的许多按揭贷款已经出现违约。"

但是，利伯特自己却对市场的崩盘没有做任何准备，哪怕这将直接威胁到他的公司和近亿美元的家产。得知格林在做空楼市，利伯特打电话给几个经纪人想购买 CDS 保险。高盛公司、美林证券、所罗门美邦证券都拒绝了他。这些公司认为利伯特的投资额太小。利伯特没有像格林那样下大力气催促经纪人同意他的要求，可能他认为这事没什么指望。保尔森愿意吸纳利伯特的投资，加盟自己的对冲基金做空次级抵押贷款，但利伯特既不愿意冻结自己的资金，也不愿意支付 20％的佣金。

"那就随它去吧，"利伯特回忆说，"格林当时没赚什么钱，我也提不起劲，被拒绝几次后，也就没热情了。"

2007 年 2 月，新世纪公司的消息震惊世人，利伯特找到格林，要加入格林的生意，他觉得自己错过了大赚一笔的良机。

"你肯定狠赚了一把。"利伯特说。

"事实上，只是开始有起色，但并没有赚到很多钱。"格林回答道。

格林让利伯特抓紧时机，趁还来得及赶紧想办法自行购买CDS合同。

"你太懦弱了，利伯特。"

到那时，利伯特也决定放手一搏。"我不能只是站在一旁干看着。"

利伯特再次打电话给J. P.摩根公司，为获得购买CDS合同的批准再行努力。这回，电话转到约翰·保罗·托马塞蒂那里，他刚好也是格林在纽约的经纪人。2007年，复活节周末的一个晚上，托马塞蒂开通渠道，让利伯特可以购买格林买过的那种CDS合同。（托马塞蒂跟保尔森一样也有个绰号叫"J. P."，利伯特跟格林讨论生意时，有时会混淆。"当格林说到'J. P.'时，我常常不知道他说的是哪一位，是保尔森还是托马塞蒂。"利伯特回忆起当时的情形说道。）

几天后，格林的另一经纪人扎弗兰开通了利伯特与美林证券交易的渠道。利伯特跟格林的做法类似，也花了大约50万美元购买CDS保险，投保BBB级的ABX指数。

"一切都太简单了，以至于我觉得肯定有欠缺考虑的东西，"利伯特回忆道，"我想我对这业务不大了解。"

利伯特一旦进行做空投资，他就发现自己有种奇怪的冲动：更希望一大堆房屋业主无法还贷，这有助于他投资成功。这种感觉让利伯特越来越不自在。他知道自己并不能左右业主的还贷能力，但他还是觉得有负罪感，怎么能希望身为平民老百姓的业主们过得不好呢？

利伯特内心十分矛盾，他想把注意力从生意上转移开，规定自己每天只在收盘时看一次 ABX 指数，这有点像是控制自己不要上瘾一样。

"格林一整天都盯着指数的涨跌，但我没办法这样做，"利伯特说道，"我不想去看那些数字的起起落落。"

2007 年春，ABX 指数上升，利伯特的投资立马缩水，他发现自己更加希望抵押贷款出问题。之后，次贷市场摇摆不定，他多少赚了点钱。一方面，利伯特犹豫是否要购买更多的保险；另一方面，他又为自己的道德倾向感到深深地羞愧，内心纠结无比。

利伯特平时私底下会悄悄抽烟，如今，他开始从员工手中接过烟来抽。他的办公室坐落在波士顿郊外的牛顿地区，他开始跟一些员工在办公楼前一起抽烟。

一天，利伯特特别苦恼，他对一个同事说道："米歇尔，如果我够聪明，就该追加更多的做空投资。"米歇尔听着老板向自己倒苦水。没有人会买他做空的那些债券，这点她同意。

一天，利伯特的父亲路过他的办公室，便上来坐会儿，他的看法则截然不同。

"你知道自己在做什么吗？"他父亲急切地问道，"你现在讨论的可是华尔街，这些人肯定了解得更多。"

"爸爸，你会在这些价位买入债券吗？"

"我是不会买的，但华尔街的那些人知道自己在做什么。"

格林经常打电话给利伯特，提醒他不要过多地买入保险，这让他感觉更糟糕。

每个月的25日，利伯特都会打电话给他的经纪人，查阅最近"汇入款"的报告。这个报告体现了次级贷款池的运行情况，以及当月有多少业主拖欠按揭还款。

利伯特很想客观理智地观察房地产市场，因此，他迫切希望早点拿到这份报告。

"报告还没出来吗？拿到手了吗？"他常这样问。

"我想知道还贷违约率是否一直在上升。我祈祷又有成百上千个家庭流离失所。"

利伯特询问其他人对这项新投资的看法，想要再次确认自己的决策有没有错漏之处。当地的牧师史蒂夫·史密斯是利伯特的好朋友，对他的做法很不赞同。

"你该收手了，"史密斯对他说，"我简直不敢相信你会乐见其成。"

"我心里也不舒服，这让我感到很可怕。"

利伯特的妻子这时插话进来，想要为自己的丈夫辩解几句。

"这就好比在赌桌上，杰夫里无非是压其中一头，他又不是那些专门放贷的。"

"但房市一旦出现问题，利伯特还是会幸灾乐祸。"史密斯牧师反驳道。

利伯特的几位好友也这样批评他。有些人还打电话过来对利伯特指手画脚，这让他时时刻刻处于一种戒备状态。

"这些问题并不是我造成的，可以说我跟它们一点儿关系也没有。"他对其中一个人这样回答，而他的妻子，作为利伯特的道德指南针，则在一旁点头表示赞同。

"这些朋友让我有负疚感，"利伯特回想当时说，"我百口莫辩，但我确实会对人们失去家园这事欢呼雀跃。"

利伯特打电话给他的经纪人扎弗兰，诉说自己的感受以求心理安慰。

"我自己也觉得毛骨悚然，阿兰，我居然把赌注压在别人的痛苦之上。"

"我能理解你的感受。"扎弗兰充满同情地回答道。

然而，利伯特在格林面前却很少提到他矛盾的心情，因为格林一点儿也不能理解。

"利伯特，你为什么要这样紧张兮兮呢?"

"这事让我很不安。"

"这又不是你造成的。"

"是的，我知道不是我造成的，但是我们却乐见其成。"

在讨论到有关这类交易的道德层面问题时，利伯特和格林简直是鸡同鸭讲。

"我连想都不会想这方面的事情，"格林承认，"如果早些时候有更多人做空抵押贷款，那么债券的价格不会更高，市场就不会如此疯狂。如果有更多的人做空，情况还会好些。至于房屋业主的遭遇则跟我们一点儿关系都没有。"

利伯特多少也同意格林的部分观点，但他还是摆脱不了自己良心的谴责。这让他神经紧张，痛苦不堪。

按揭购房者的忧苦

马里奥·蒙茨和利蒂西娅·蒙茨夫妇就是当时房屋业主的典型代表。利伯特做空房市的背后正是这样一群人，他们的遭遇也是利伯特纠结的原因。

2005 年中，蒙茨夫妇在奥兰治县的中档社区里看中一套房子，灰泥粉刷的小屋后院还有个按摩浴缸，这套房子的售价为 56.7 万美元。但他们手中的钱不够首付，无法买下这房子，除非他们同意采取抵押贷款的方式。在头两年，贷款的利息很低，之后利息就提高很多，每个月的还款额一下子提高 50％。蒙茨夫妇年工资加起来为 9 万美元，抵押贷款经纪人向他们保证，他们能在利率提高之前重新办理按揭。蒙茨夫妇和两个十多岁的女儿坐在厨房的餐桌前，他们毅然做了决定，省下今后度假和外出用餐的费用来购买这套房子。

然而，2007 年夏天，他们房子的价格缩水，贷款公司最终又提高贷款标准，蒙茨夫妇没能重新按揭。他们每年需偿还 5 万美元的房贷，这个数字基本就是他们家庭的税后工资总额。

48 岁的马里奥是仓库主管，他对记者说道："我们手头有个烫手的山芋，整天提心吊胆，担心房子被贷款公司收回。"

"此时此刻，我们真不知道该怎么办。"他当时这么说道。

"保住自己小小的家，这是我们的底线。"利蒂西娅对记者说。

"希望我们不会被击垮，即使我们最终倒下，也会拼死抗争。"

次贷数据进一步恶化

到了夏天，贷款违约数据让利伯特不得不重视起来。2007 年发行的价值 10 亿美元的次级房贷的资产池，6 个月内光记录在案的就有 8% 的违约率。在之后的不到 9 个月内，违约率高达 15%，而且情况越来越糟糕。

贷款违约并不一定意味着抵押贷款池的损失，但如果资产池的损失达到 12% 或者 1 200 万美元，那么，就算是 AA 级的债券也会崩盘，这一点利伯特心里很明白。

利伯特把他承保 BBB 级债券的保险全部换成承保 AA 级债券的保险。这些 AA 级债券看起来似乎很安全，因此它们的保险价格很便宜，可以让利伯特最大限度地买入。他现在以 1 美元保险费承保 25 美元的有毒债券的价格买入保险。

"你该买入 AA 级债券的保险。"利伯特对格林说。

现在轮到格林纠结了，他拿不准自己该不该跟在利伯特后面，换成承保 AA 级债券。格林与美林证券和摩根公司的分析师进行了电话会谈，他们一致认为，比起格林手中的 BBB 级债券保险，购买 AA 级次贷债券显然是个更好的选择。

格林购买了一些 AA 级债券的保险，但很快就忙别的去了。9 月底，他和陈媚诗在他的比弗利山庄豪宅中举行婚礼，豪华的婚宴花了 100 万美元，成为洛杉矶社交圈热议的劲爆新闻。来宾包括好莱坞导演奥利弗·斯通，洛杉矶 NBA 快船队老板唐纳德·斯特林，辛普森的律师罗伯特·夏皮罗。格林的伴郎是迈克·泰森。陈媚诗穿着用施华洛世奇水晶手工制作的婚纱，在精美的法国砂岩露台上举行了仪式。

午夜后，客人在格林拥有 24 个车位的车库的旋转舞台上继续狂欢。约翰·保尔森没有参加婚宴，但他送来了一张精致的贺卡。

格林并没有抛下生意不管。在婚礼的中间，格林把利伯特拉到一旁说了个紧急消息："今天 ABX 指数涨到了 89.72 点！"

利伯特吓傻了，他在 ABX 指数为 80 点时买了一些跟踪 AA 级次贷的 ABX 指数的保险，而现在指数上涨了近 10 个点。他从 BBB 级债券保险中赚的利润赔了近一半，因为他过早将这些保险转成 AA 级债券保险。

利伯特很快就回过神来。格林不可能对指数价格了解得这么精确，因为 ABX 指数的报价从来就没有具体到多少分。格林只是在开利伯特的玩笑，知道他没有安全感，故意捉弄他。

他转身对妻子露出轻松的笑容。

"他刚说了什么？89.72 点？"利伯特说道，"我是个傻瓜，他在跟我开玩笑呢。"

"他知道我对那项投资交易勇气不足。"利伯特回忆道。

夏天快要结束，利伯特将自己的负罪感抛到脑后，开始制定计划扩大投资，他相信，很快会有大事发生。

李普曼的乘胜追击

2007 年初，格雷格·李普曼的电脑屏幕上跳动的每一个新的数据都意味着同一个好消息——收益在飞涨。

2 月，ABX 指数暴跌，李普曼和他的团队坐收万利，因为他们买了 30 亿美元次级抵押债券的保险。月初的一天，他们的日收益为 2 000 万美元，这是有史以来最好的业绩。第二天，他们又赚了那么多！第三天，整个团队再接再厉，收益也不错。这样辉煌的战绩持续了一个星期，李普曼团队实现了 1 亿美元的利润。彭博终端系统成了他们最好的朋友，每个报价都可以让他们欣喜若狂，每个交易日的结束都令他们意犹未尽。

一开始，李普曼竭力抑制自己的兴奋之情，毕竟要到年底才能结算他的奖金，在此之前，这项投资还会面临许多潜在危险，但他总算是松了口气。一次与对冲基金新客户谈完，李普曼和分析师徐尤金走在曼哈顿大街上，李普曼露出惊喜交加的笑容，对徐尤金说道："总算成功了。"

其他交易员纷纷向李普曼取经，希望他给自己的业务提些意见和建议，询问他对市场走向的看法。那些曾经嘲笑过李普曼的同事现在个个都向他求助。

"这一切才刚刚开始！"李普曼回答，力促他们也进行做空交易。

很多人自己也购买了 CDS 保险合同。另一些人则按照李普曼的建议，对自己在抵押贷款方面的投资进行了调整。

一天，德意志银行伦敦分部的全球市场总管安素·简来到公司的纽约办公室。简走向李普曼，朝他热情微笑，这相当于认可了李普曼的业绩和他银行地位的提升，但还没有祝贺李普曼的意思。

"你有没有考虑过减仓？"简问道，直接建议李普曼卖出些仓位以变现利润。

李普曼调出房市的最新数据，让简了解市场的恶化情况。

"不会的，我们必须继续持有。"李普曼说道。旁边的一名交易员解释说："房价还会继续下跌。"

简没有再往下说什么。但 ABX 指数每下跌一次，李普曼都会收到银行高管和风险专家的电子邮件，催促他清仓或者调整仓位。一些人甚至是下命令。他们的言下之意很明白："你最好没判断错，否则一旦利润蒸发，你就得为此负责。"

李普曼简直无法相信他们的决定，有关数据表明房市并非好转，而是越来越糟，这时应该扩大而不是缩减投资。

难道他们不明白这个道理？

春季，ABX 指数有所反弹，李普曼的情绪随之低落。然而这个反弹令抵押贷款的保险变得更为便宜，李普曼正好能够指点其他对冲基金进行这项投资，从而收取更多的佣金。房价不断下滑，李普曼越发相信 BBB 级抵押贷款债券注定要灭亡。

对于那些高等级债券，李普曼的把握不大。和约翰·保尔森讨论之后，他相信 A 级债券也会出现问题。李普曼开始劝说客户购买保险，承保那些信用等级优良的债券。

在李普曼的指点下，各大对冲基金开始和其他经纪人合作进行次贷投资。李普曼的观点很快就在华尔街传播开来。李普曼不久就接到贝尔斯登公司斯科特·艾彻尔的电话。

"你为什么告诉人们房市要崩盘？"艾彻尔问他，"你就这么肯定吗？"

艾彻尔认为房市还会复苏，李普曼的投资不会成功。

"老弟，若房价下跌，整个次贷市场就成为我们的盛宴。"李普曼回答道。

拉赫德的转机

在圣莫尼卡公寓，安德鲁·拉赫德正凝视着同一份数据，数据表明房市在恶化。2 月份指数的下跌让拉赫德和保尔森、格林、李普曼一样坐收渔利。而这距离拉赫德第一次购买抵押贷款保险，成立对冲基金——拉赫德资本的时间还不到三个月。他公司的资产已达到近 600 万美元。

但拉赫德身上的压力有增无减。他的投资利润攀升了几十万美元，但他并没有出售以实现利润。因为要付给几位员工工资，他的成本不断上升。拉赫德只从他的小基金赚了几千美元，这点钱只能勉强支付房租。如果钱不够用，他就只能卖出 CDS 保险，带着那区区几十万美元的利润重新找工作，眼睁睁地看着其他人从房市崩盘中赚大钱。这可不是他愿意做的事。

拉赫德得想办法来维持自己的投资，让基金继续运行。无论如何都得找到相信他的投资者。为了节省花费，他很少离开公寓。他往往在附近的熟食店买个火腿三明治当午餐。至于晚餐，他会把书桌上的文件搁到一边，凑合吃个吞拿鱼罐头。

春季，ABX指数突然反弹，让拉赫德损失不少，他仿佛听见自己的宏伟计划鸣响了丧钟。他不接家人朋友的电话，竭尽一切地寻求投资者来支持他。他的存款快要山穷水尽了。拉赫德每天把大部分时间泡在附近海滩上，晒着日光浴，对穿着比基尼的女孩子抛媚眼。

"难道我只能整天在这海滩上晃荡吗?"他想。

按照拉赫德的想法，他并没有赚多少钱。从他开始投资至今，ABX指数下降了10％，这样一来，相对于他最早构思投资并试图拉拢客户时而言，保险的价格高了很多。如果这些投资客户一开始就对这些投资不感兴趣，那么当投资价格提高时，更不会有人感兴趣了。拉赫德似乎运气不佳。

然而，拉赫德时来运转。在圣莫尼卡总督岛酒店的一次会议上，有人将拉赫德介绍给诺曼·斯尔克，当地的一位投资商，曾经出资协助过一家名为 Balestra Capital Partners 的小型对冲基金。斯尔克在自己的公司开始做空最具风险的 CDO 及 ABX 指数中信用等级最低的债券。当他遇见拉赫德，他有些惊讶，想不到还有人比他更加不看好这个金融世界。

"他认为世界末日快到了，"斯尔克回忆道，"这个邋遢的家伙一直说，一切都快完蛋了，赶紧把钱换成黄金。"

在拉赫德的上一份工作中，老板不喜欢他说话夸张，这大大破坏了他们之间的关系。这一回，斯尔克反而被拉赫德的激情和自信打动了，折服于他对房地产市场的深刻见解。拉赫德建议斯尔克购买 ABX 中信用等级高的债券保险，他认为 AA 级债券很快也会一文不值。这个观点可是惊世骇俗，哪怕是斯尔克也无法理解。

然而，拉赫德还是赢得了斯尔克的信任，让他拿出 650 万美元进行投资。虽然这点钱跟保尔森等人的基金相比不值得一提，但对拉赫德来讲已经足矣。他赶紧将这些钱派上用场，还清了各种债务，购买了 ABX 指数的保险。拉赫德终于能如他所愿地进行投资交易了。他确信，只需要几个月，他就可以成为一个非常富有的年轻人。

假象被拆穿却无人重视

拉赫德的投资赶上好时机。2007 年 7 月，证券评估的大公司标准普尔公司下调了 2005—2006 年间发行的 612 种、总价 120 亿美元的住房抵押证券的信用等级。这些证券恰好是保尔森、李普曼、格林、伯利和拉赫德做空的证券。标准普尔公司还发出警告，对那些用次级贷款做抵押的 CDO 进行重新审查，这对近百亿美元的附加债券而言是个沉重的打击，它们将眼睁睁地看着自己的信用等级大幅下降。债券业巨头雷曼兄弟和贝尔斯登公司发行的价值 120 亿美元的债券，也被标准普尔调低了信用等级。这两家公司的债券信用等级已接近垃圾债券的水平。穆迪等其他大型信用评级公司调低了 50

亿美元次贷的信用等级，并且发出警告——还会有更多抵押债券的信用等级被调低。

2007年夏天，次贷市场处于水深火热中。跟踪高风险住房贷款的 ABX 指数已跌至 37 点。抵押借贷市场惨不忍睹。一天，格雷格·李普曼的团队赚到超过 1 亿美元的利润，坐在回家的地铁上，李普曼显得有点不知所措。

次贷抵押市场一片愁云惨雾，华尔街巨头们却似乎淡定自若，因为经济的其他方面看起来不受影响。6 月下旬，杠杆公司老大黑石资本首次公开募股就破纪录地筹集到了 50 亿美元。联合创始人史蒂文·施瓦茨曼在公司的股权价值近 80 亿美元。

几个月前，施瓦茨曼为自己的六十大寿举办了奢华的宴会，纽约帕克大道的几条路都进行了交通管制，以方便来宾出入。

世界金融领袖似乎在向公众传递这样一种信息：次贷市场的混乱不足以影响整个经济。我们继续前行，不用关注这点小事。

6 月 5 日，美联储主席本·伯南克发表演讲："基本面因素最终将支持房产的需求，包括工资的稳定增长，以及低廉的抵押贷款利率。我们会密切关注次贷市场的发展。次贷市场的这点小问题不可能影响到整个宏观经济或者金融体系。"

位于加利福尼亚纽波特比奇的全国最大的证券投资公司太平洋投资管理公司，开始购买一些大型券商发行的债券，因为它们的价格非常便宜。8 月，太平洋投资管理公司主管比尔·格罗斯说："全球经济正在稳健运行，美国经济完全可以避免大萧条。"

美国国际集团保险部门主管约瑟夫·卡西诺（2005 年末离任）

为数十亿美元的抵押证券背书。他在一次投资者电话会议上说："我们可以郑重声明，在现实情况下，那些交易连 1 美元的损失都不可能出现。"

于是，就连跟踪 BBB 级次贷的 ABX 指数都反弹了一些，上升到 40 点。跟踪 AA 级贷款的指数飙升超过 95 点。10 月初，道琼斯工业平均指数创纪录地达到 14 164 点。人们认为经济的低谷已经过去。

当其他人欢呼庆祝好日子又回来时，只有保尔森少数几个人知道，次级抵押贷款的多米诺骨牌实际上已经被推倒。但是好戏还在后面。

第13章

空头群英的杀戮时刻

保尔森将香槟酒分下去，也给自己倒上一杯。他笑容可掬，有些员工从来没见到自己的老板这么高兴过。保尔森向员工们敬酒，特别致敬平时默默无闻的后勤保障部门。"我要感谢每一位员工，"保尔森边说边环顾四周，向每位员工致意，无论他们级别高低，"这是公司成立以来最辉煌的一年。"

围猎纸包不住火的投资银行

8月初，一个悠闲的星期五，约翰·保尔森早早就下班了，走进附近的地铁站。整个曼哈顿地区热浪袭人，保尔森期待着周末能回到汉普顿斯的家里好好放松一下，但在这之前他得见个人。

保尔森搭乘了开往皇后区的 7 号地铁，这条线路上的人流熙熙攘攘。地铁开了两站后，到达猎人大道站，保尔森从这站出了地铁，转乘下午4：06分的"子弹特快列车"，一辆向东行的长岛铁路专线，这就是保尔森大多数周末的固定路线，一般情况下，他能在两小时内到达他在南安普敦的家。开汽车或者乘坐直升机都不可能这么快，他常常这样对朋友们解释，这是他选择搭乘火车的原因。

保尔森走进车厢前部已经预留的座位，跟他的好朋友杰弗里·塔兰特打了个招呼。车厢很快就涌入大量的乘客，过道上的有些乘客还带了啤酒。

列车驶离纽约，保尔森开了瓶冰水喝，神情轻松起来，仿佛卸下了肩上的重担。保尔森经常在周末乘车时享受这放松的片刻，恍惚间又见到了以前悠闲的自己。几星期前，保尔森在火车上还遇见了大学同学布鲁斯·古德曼和他的儿子约翰，就邀请他们跟自己坐在一起。

"我想告诉你，我过去做了什么。"保尔森说起自己的事，不是为了自夸，而是出于热情。

他花了一个多小时的时间耐心地解释他做空次贷的种种细节，约翰·古德曼是学经济学的，某年的整个夏天曾在保尔森公司实习，他听得十分认真。

然而，8月的这个周五，整个金融市场似乎不堪一击。保尔森和塔兰特在一起交换市场信息，讨论这个十几亿美元的谜底：今年保尔森如果能坐拥上百亿美元的利润，那么谁会遭受巨大损失？哪家公司在隐瞒重大问题？最终结果又会如何？这些问题如同晴天出现的一片片乌云萦绕在他们的心头。

保尔森把领带松开，他看起来很疲惫，需要好好休息调整。这是仅仅一周就赚1亿多美元的代价。塔兰特平时喜欢穿戴整齐，上身是利落的蓝色运动衣，头发呈银白色，戴着帽子，整个人看起来就像刚从GQ杂志封面上走下来。然而，那个周末，塔兰特却显得无精打采，他的Protégé Partners公司投资了若干对冲基金及其他金融公司。塔兰特担心整个经济还会发生一场场灾难，将他的公司击垮。他得了解清楚，他所投资的公司是不是保尔森投资的交易对手。

"到底谁会是最后一个接盘侠？"塔兰特问保尔森。塔兰特曾跟一大堆专家探讨过这个问题，这些专家说，欧洲的一些保险公司向保尔森这样的投资者出售很多CDS保险。他们向塔兰特保证：按照会计惯例，这些公司无须承担任何损失，起码目前不需要承担。所以这些问题会被掩盖起来，不会造成太大的影响。

塔兰特并不接受这样的观点。他的许多客户正是欧洲的保险公司，它们都向塔兰特保证不会涉足次贷保险。

"那到底是谁呢?"他再次问保尔森，然后飞快地诉说他对金融体系的各种担心。

在塔兰特喋喋不休的诉说过程中，保尔森却显得异常平静。

保尔森决定是时候让好朋友知道自己的投资机密了。早在几个月前，保尔森就在思考，为何可以如此轻而易举地买入几十亿美元的保险以承保所有这些有毒抵押贷款。当时，他的交易员布拉德·罗森伯格在大量买入 CDS 保险时，听到的是同一个回复："交易完成"，这个术语代表完整的买卖，没有任何麻烦或者问题，他们所要的保险简直是唾手可得。

保尔森开始好奇，如果他的基金可以这样轻轻松松地购买几十亿美元的保险，那卖家是谁? 如果房市崩盘，这些卖家的处境又将如何?

追溯到 7 月，保尔森突然出现在安德鲁·霍尼的办公室，问他能不能聊一会儿。霍尼曾是一名年轻的券商专业分析师，因此保尔森找他进行探讨，将塔兰特的疑问向他提出来。

"我们赚了这么多钱，那么我们的对家是谁呢?"保尔森想知道这点。也许这些失利者还会有其他地方让我们再通过做空获利，保尔森想着，哪怕利润只有做空次级抵押贷款的一半，也不失为一桩好交易。

霍尼花了几天时间缠着卖给保尔森保险的那些销售员问个不停:

"交易对家是不是某位看涨的投资大客户？或者是一家对冲基金集团公司？或者是其他投资者？"

按照市场惯例，交易双方是匿名的，销售员不可以透露太多客户信息给霍尼。但通过多方询问，霍尼开始拼凑出答案：出售次贷保险给保尔森等投资者的正是银行，它们往往是自己所发行投资产品的持有人。银行持有许多CDO及其他投资产品，并将之体现在资产负债表上，就像零售商会为他们自己的家庭购买商品一样。

"他们并没有说出具体是哪家银行，但我们心中有数，"霍尼说，"能从许多交易员那里发现是美林证券，因为其他公司并没有出售这些CDS保险。"

这些发现对保尔森意义重大。跟身处西海岸的格林一样，保尔森也一直想不通为什么ABX指数今年已经下跌了这么多，而大多数CDO和由次贷组成的其他抵押贷款池却没有什么变化。CDO和其他债券池并不像ABX指数这么交易频繁，所以它们的定价会有些滞后，保尔森明白这一点。但保尔森开始担心，银行夸大了CDO的报价，以避免承认自己所持有的投资出现巨额亏损。保尔森让助理联合一些对冲基金公司给证券交易委员会写了封举报信，对银行提出质疑。

就算质疑没有起到任何作用，但保尔森知道，只要ABX指数一直下跌，业主无法按时还贷，所有这些高风险抵押债券池以及建立在它们基础之上的CDO最终必然会下跌。银行及其他持有大量债券的人肯定会遭受重大损失。他们不知将在什么时候遭受这亏损之痛，但一切不过是时间问题。

包括美林证券、摩根士丹利、国家金融服务公司和美国银行在内的各大银行及投资银行，都参与并推动了次贷的发行，这已是公开的秘密。它们为了让一些投资者放心，还没有公开承认重大损失已经出现。但是，随着信用评级机构开始调低各大次级房贷池的信用等级，一切必将发生。保尔森对霍尼这么说。

霍尼和保尔森公司的其他分析员开始猜测，哪些投资银行持有CDO和各种"次级""次优级""超额""优惠利率"房屋贷款。他们把所有可能的损失加在一起，拿来跟银行的资金做比较，马上就确定了哪家机构最有可能遭受损失。然后，他们计算出这些投资银行有多少资产不好估价或者变卖，称为"级别1"和"级别2"资产，这些资产让投资银行更为不利。

看到这些数据记录投资银行拆借了多少钱来经营投资时，保尔森不禁摇头叹息。他更加确信，这些投资银行要出大问题了。"对冲基金公司如果使用了这些杠杆工具，很难不出问题。"他说道。

保尔森将债务问题的电子表格拿给霍尼看，说道："这将掀起下一轮市场危机大潮。"

同时，他们也意识到，卖出CDS合同的机构并不会为它们的赔付留存足够多的钱。比如，某家投资银行将承保10亿美元的CDS保险卖给保尔森，但它手头决不会准备那么多的钱来偿还给保尔森。

当罗森伯格告诉保尔森，承保各种金融公司的CDS保险是如何便宜时，保尔森就想起了他的次贷交易，不利之处很少，胜算却很大。

因此，保尔森团队开始收购各种公司的保险。承保100亿美元的贝尔斯登公司债务的CDS合同仅需花费20万美元？好，我们买下！雷曼公司的保险只需40万美元？好，我们也买下！瑞士联合银行、瑞士信贷和各大金融机构？要的，我们肯定要！它们只需花费不到承保金额的 0.5%。保尔森团队就像在一元店里购物，发现连蒂芙尼等高档名牌都在那里面。

"看看这些价差！"保尔森看了最新报价后对罗森伯格说道，"你根本不需要去证明银行有麻烦。这些保险如此便宜，完全值得持有，因为投资失败的可能性小之又小。"

在通往长岛的火车上，保尔森把这一切复述给塔兰特听，塔兰特一下子焦虑起来。不久前，有位资深银行家向他暗示，如果房价持续下跌，整个"体系"就会出问题。现在，他最担心的事情被证实了。

"天啊，这些家伙真的把这些投资留给自己持有吗？"塔兰特说道。

保尔森往塔兰特身边凑了凑，以防别人听到他们的谈话。

"杰夫里，还不止这些呢。"保尔森小声地说道。就算是银行通过某种方式把大多数的抵押贷款保险卖给了客户，将来的亏损也可能大到这些客户无法承受，银行摆脱不了干系。

"它们是无法脱身的。"保尔森说，他的意思是指那些大银行一样会有麻烦。

在之前的某次会议中，保尔森就把整个金融体系处于危险状态的原因说给塔兰特听，然而，保尔森很平静，甚至是乐见其成。当时，塔兰特还不明白，保尔森为什么会是这个态度。

"接下来您打算怎么办？"塔兰特问。

保尔森开诚布公地说，他的公司已经购买了 CDS 保险，承保范围包括跟公司有生意往来的各大投资银行。这样一来，哪怕这些投行出了问题，无法支付他的利润，他也能通过保险保证利润。

"这些聪明的家伙怎么会持有这些投资呢?"保尔森耸了耸肩，得意地笑了起来，仿佛胸有成竹。塔兰特听了后，吃惊得说不出话来。

保尔森和塔兰特下了火车，他们的妻子已经在那里等着，于是各自上车回家。

但是，塔兰特心中的郁闷却难以挥去。

晚餐后，塔兰特一边品着马提尼酒，一边跟妻子谈起保尔森所说的末日场景。塔兰特平时睡得很安稳，但那个晚上，他辗转反侧，难以入眠，把他妻子都给吵醒了。塔兰特认为，跟保尔森一起投资比较安全，如果房价乃至整个经济下滑，他和他的公司能幸免于难。但保尔森在火车上的一番交谈令塔兰特心慌意乱，他意识到他得在风暴来临之前购买更多的保险。

信用崩溃的世界

回到纽约，保尔森从这件事情中发现整个经济还潜伏着更大的问题。9月，保尔森两个小女儿的保姆辞职从家里搬走了。她离开家后，家里还陆续收到她的许多账单。这个保姆是位东欧移民，欠了一屁股债:信用卡欠款、手机话费、百货公司购物等，她在这些地方消费透支，留的都是保尔森家的地址。

保尔森找不到她，只好追踪她的欠款记录，希望债主们能把她找回来，也好让家里不要再时不时地收到一些恐吓信。那位保姆惯常的行为模式是这样的：她先订一个手机套餐，后面的账单就不管了，等到这家电话公司切断她的通话，她再换家供应商继续订套餐。从 Sprint 公司到 T-Mobile 公司，到 AT&T 公司，再到威瑞森公司，她欠下几千美元的账单。她在某个户头上欠了不少债，然后再找下一家急于招揽客户的供应商，她还有十几张信用卡和商店专用赊购卡未还。

"我简直不敢相信这些，"保尔森感到不解，对珍妮说道，"一切都乱套了。"

保尔森打电话给这些公司，结果一家比一家官僚，他都不知道他的前任保姆到底欠了多少钱，这些账单怎样才能不寄到他家。

保尔森把保姆的事告诉公司里的人，对这些无休无止的账单头痛不已。

"你能相信吗？她根本就没有还清任何一笔账，还可以在各种促销中申请到新的信用卡。"保尔森对安德鲁·霍尼说。

保尔森迷惑不解，他似乎瞥见了另一类人的生活方式，就像乔治·布什总统在任期内看到超市扫描仪时那样惊奇。

霍尼却是见怪不怪，他的一位好朋友在佛罗里达州为信用不佳的客户提供汽车贷款。这位朋友告诉霍尼，最近，一位在当地 Applebee 连锁餐馆工作的厨师想要贷款购买宾利汽车。居然有多家公司竞相给他提供贷款，全然不顾这个人可能无法还贷。

保尔森越发相信，整个国家的债务问题不仅限于次级房贷。他让他的团队开始做空那些大量经营信用卡业务的银行股票，同时做空的还有经营房地产、建筑及其他高风险贷款的机构。

加里·希林是新泽西一位 70 多岁的悲观主义经济学家，他一直提醒保尔森团队，次贷问题将会蔓延到整个房地产市场。因此保尔森的对冲基金做空了房地美和房利美两家公司的股票，因为它们是最大的抵押贷款出借商。

当时，其他人都对经济前景热情高涨。在一次行业专题讨论会上，保尔森公司的投资关系部主管吉姆耐着性子听了一大堆的演讲，不外乎对冲基金通过杠杆贷款获得巨额回报，或者收购负债累累的公司也能获得暴利。当别人问吉姆的看法，他回答道，公司的观点是这些贷款风险太高。

讨论会结束后，一位投资商把翁叫到一边说："保尔森要错过杠杆贷款这艘大船了……他不明白，其实这些债券都很安全。"

回到办公室后，吉姆·翁把这些话转述给保尔森听，对这种无礼之语，保尔森倒不生气，只是觉得哭笑不得。"去跟他们说，我才不想上那艘贼船。"保尔森狡黠地说道。

恐慌蔓延开来

2007 年秋，多米诺骨牌开始坍塌。越来越多的借款人无力还贷，信用评级机构忙不迭地调低各类抵押债券的评级，这些债券的风险最终显露出来。10 月，穆迪公司将价值 330 亿美元的按揭债券的信用等级调低。12 月中旬，价值 1 530 亿美元的 CDO 的信用等级也被调低。全球各大银行及投行，比如花旗银行、瑞士联合银行、美林证券和摩根士丹利，持有大量由有毒抵押债券组成的CDO，因此，它们在短短三个月内将账面价值调低700多亿美元，惨痛至极。

各大机构开始了问责行动。曾经说过"其他银行家必然翩翩起舞，直至音乐会结束"的花旗董事长普林斯被迫下台。美林证券的CEO斯坦利·奥尼尔同样被解雇，他之前的年薪为4 600万美元。他推动美林证券购进大量CDO，从两年前的10亿美元增至400亿美元，为此广受好评。短短几周内，几大主要金融公司的股价被腰斩。

（奥尼尔带着1.61亿美元离职，这还不算任职4年间拿回家的7 000万美元报酬。普林斯在花旗银行的报酬是1.1亿美元，配备一间办公室、一位助理、一辆汽车及一位专职司机。）

像Ambac这类为投资者提供债券保险的公司已经亏损连连，更是引发了市场的恐慌。

佩莱格里尼都不知道有多少时间是在担心，公司投资会不会遭遇不测，盈利是否能安全锁定。近百亿美元利润在各大机构手中等着他们，总额为卖出对冲基金保险的日常现金流量。现在，佩莱格里尼并没有将这些利润放在各大投资银行手中，因为这些投行如今已是四面楚歌，他把它们放在美国财政部债券基金手中，这样对冲基金比较容易买卖。目前来看，他们所赚取的利润应该是很安全的。

但是保尔森团队里仍有些人担心，一旦他们抛售这些保险，保险价格就会被压低。保尔森公司参与的债券市场的交易量其实很有限，他们是否能全身而退得而知。一下子卖出太多的抵押贷款保险可能会导致保险价格急剧下跌，他们的利润就会被削减。他们已经卖掉了一些流动性较好的保险投资，剩下的保险会有谁买呢，尤其是流动性欠佳的抵押保险。

对保尔森而言，是时候该试下市场的水有多深了。他走出办公室，来到罗森伯格的办公桌前，告诉他可以发布 BWIC 单，或者竞争出价单。各种 ABX 指数已经跌破 50 点，投资者似乎到了恐慌崩溃的边缘。保尔森想看看 CDS 保险的市场需求如何。

罗森伯格打了一圈的电话，然后走进保尔森的办公室，带给保尔森他想要的消息：各大银行和投资商都在抢购他们的保险，以保护自己所持有的抵押债券。在接下来的几个星期里，保尔森卖掉了自己手中 40％的保险。剩下的那部分有点难以脱手，这让罗森伯格时时揪着心。

然而，出人意料的是，保尔森的投资峰回路转。那些急着购买保尔森的 CDS 保险的交易员中，有不少是贝尔斯登公司的。他们曾经在各种场合批评保尔森一开始的理念。贝尔斯登的斯科特·艾彻尔及其他资深交易员一度嘲笑保尔森和李普曼。如今，他们意识到房地产所面临的严峻问题，但为时已晚。如今，他们如同热锅上的蚂蚁，着急地打电话给保尔森公司，为的是能买到它们的保险。

艾彻尔小组最终从保尔森抛售的保险中获利 20 亿美元，为拯救公司做出了巨大的努力。

贝尔斯登公司上上下下弥漫着种种紧张情绪，高管们为如何挽救公司这艘正在下沉的船各抒己见。投资银行手上持有太多的高风险抵押贷款。客户，包括各大对冲基金对它们渐渐失去信心。不少人要求从公司撤资。在高管们的办公室里，不少人提议采取紧急行动。

"赶紧减仓，熬过这关再说。"资深交易员温迪·德蒙乔克斯呼吁道。

"我们只好割肉了！"有着 59 年工作经验的公司前任 CEO 艾伦·格林伯格说道。

但公司主管艾伦·施瓦茨却让大家谨慎行事。"不少抵押债券在市场上已经很难出手了。降价抛售几百亿美元的抵押债券及其他相关债券将会导致毁灭性损失，"他说道，"我们得保持冷静……尽量稳定市场秩序。"

索罗斯的午餐求教

毋庸置疑，金钱当然是保尔森投资的动力。然而，保尔森也希望能得到他人的认可，成为众口交赞的投资奇才。在多年的默默耕耘中，他一直抱有这种宏愿。

2007 年秋，一切开始改变。一天，保尔森接到乔治·索罗斯的电话，索罗斯在投资界享有盛名。1992 年，索罗斯做空英镑，他的量子对冲基金一下子就挣了 10 亿美元。而这个数字跟保尔森当时赚的 120 亿美元一比，黯然失色。当索罗斯邀请保尔森到他在 57 号大街第七大道上的办公室共进午餐时，保尔森还不想提起这件事情。

索罗斯的侄子彼得是保尔森多年的朋友，也是保尔森基金的客户。索罗斯通过华尔街的熟人了解到保尔森的种种英明决策。当时的索罗斯已经是半退休状态，一直想重返投资市场，他向保尔森寻求帮助。

近些年，索罗斯痛苦地意识到，投资这场游戏已经发生了天翻地覆的变化。他就像一名想要重返赛场的棒球运动员，却发现比赛的规则已经改变了。

保尔森一边烤着比目鱼和蔬菜，一边向索罗斯介绍 ABX 指数，CDS 是如何运作的，以及他的一些交易行为。一开始，索罗斯显得心不在焉，甚至是有点烦躁不安，他还向助手抱怨鱼不合胃口。

但索罗斯很欣赏保尔森耐心细致的讲解和他低调平实的风格。几个星期后，索罗斯更是常常到保尔森公司来请教，那年的最后一个季度，索罗斯自己也赚了几十亿美元的利润。

事后，索罗斯回忆道，在两人的午餐会谈中，当保尔森讲到银行危机重重，他对某些银行做空时，索罗斯还认为保尔森过于悲观，做其他交易的回报会高于这个。

即使保尔森在投资中大获全胜，怀疑论者还是坚信自己知道的更多些。

错失良机的利伯特

2007 年初，杰弗里·利伯特买了些 BBB 级的次级房贷保险，8月，又将这些保险转成 AA 级的贷款保险。

他一直在纠结，是追加投资保险，还是听从自己的内心抛售这些保险。他密切关注着市场，以便做决定。当时追踪一级贷款的ABX 指数为 90 点，说明几乎没有人认为这些贷款会出问题。但这些贷款是由信用不良的房屋业主申请的危险的贷款，它们不可能是真实的 AAA 级债券。利伯特下了这个结论。

利伯特本打算花 100 万美元购买 CDS 合同，对这些价值 1 000万美元的贷款进行投保。但他和妻子去普罗温斯敦——科德角一个风景如画的小镇——的家中住了一周。走之前，他还来不及跟他的经纪人说要买保险的事。当时，利伯特背部动了个手术，还在恢复期。他疼痛难忍，有好几个月都没有工作。他想只需几天后打个电话给经纪人买进保险就可以了。

夫妇俩抵达普罗温斯敦的第一天，利伯特就接到了纽约经纪人的电话。电话里，托马塞蒂听起来异乎寻常地紧张，他告诉利伯特花旗银行和美林证券惊人的亏损消息。

托马塞蒂对利伯特说，随着消息的发布，ABX 指数急剧下跌。各大投资商和银行会忙着抢购保险，以承保有毒抵押贷款。

"杰弗里，他们开始动真格了。"

嗯，是时候按计划买入了。利伯特下定决心，相信巨额利润就等在前头。

"好的，指数到 90 点的时候就买入吧。"

"现在没法买了，因为指数已经不到 90 点。"

"什么？你的意思是指数已跌到 80 点？"

"不，已经是 70 点了。"

"什么？一天内就到了 70 点？"

利伯特开始抓狂，他好不容易准备放手一搏，但为时已晚。指数的急剧下跌意味着他手中持有的 CDS 保险价值上百万美元。但他因一时犹豫没有加大投入而与巨额利润失之交臂，一想到这个，他就懊恼不已。

到了月底，利伯特想要做空的 AAA 级抵押贷款的交易价格为 60 美分。如果利伯特早点拿起电话进行交易，他将盈利近 1 000 万美元。

"事实是，格林一旦认为他是对的，他就付诸行动，"利伯特说道，"而当我认为自己的想法正确时，却还犹豫不决。"

胜利的格林却找不到接手的买盘

到了 10 月，杰弗里·格林持有的 CDS 保险的估值已高达 3 亿美元。只要把它们变现，格林知道他今后就可以过上他想要的奢华生活，随心所欲。

然而，跟他的前好友约翰·保尔森不同，格林并不愿意卖出抵押贷款保险，因为他相信房地产问题还会更糟。秋季的每一天，格林都会收到账户报表。他的持仓的市场价值每天都上升好几百万美元。这是格林两年辛苦经营所期待的结果。现在，他可舍不得一下子就结束他辉煌的业绩。

几个月前，格林打电话给扎弗兰，想弄清楚为什么自己的投资尚未见效。现在轮到扎弗兰追在格林后面，他每周至少打一通电话，催促自己的客户卖掉一些保险。

"杰夫里，你真该结清一些仓位，别傻了，起码先兑现 1 亿美元的利润，"扎弗兰建议他的客户赶紧兑现，"上帝保佑，政府一旦施以援手，CDS 保险就会一文不值。"

"绝不，"格林回答道，"房价还会进一步下跌，整个市场都不行了。"

秋末，朋友们也都劝说格林兑现一些利润。他的投资有些获利高达 20 倍甚至 40 倍，为什么不将其中一部分落袋为安呢？

格林打电话给扎弗兰，让他准备卖出部分持仓。扎弗兰给美林证券的交易员打电话，了解他们能在什么价位上为格林的保险找到买家。格林持有的 CDS 保险是承保一系列 ABX 指数，很容易出手转让，因此格林卖出了一部分。但是他持有的另一种保险是承保一些特别糟糕的抵押贷款，这些投资较为特殊，很难定价，因此还在等待买家。扎弗兰要花好几天时间才能给格林一个报价，有时甚至要好几个星期。

格林急火攻心，不明白为什么事情这么拖拉。他斥责扎弗兰："你是不是在要我啊，美林证券的业务水平怎么这么差啊！"

美林证券和其他投资公司之所以一开始不愿意将这种投资项目给个人投资者，部分原因是价格问题。没有买家出现，这些投资产品就很难脱手。但扎弗兰可不想再提这个，免得格林又发飙。如果扎弗兰对格林说"我早就跟你说过了"，很可能让格林更加生气。

格林总共对 18 个抵押贷款池做空，有时，扎弗兰只能拿到其中 3 个的报价，这 3 个贷款池是 18 个当中运作最好的，而不是格林认为最该出问题的贷款池。

格林开始对美林公司的交易员和他们的报价感到厌烦，他搞不清扎弗兰到底是为公司还是为他个人谋利益。美林公司的交易员也受够了格林。他们一次又一次为格林这些棘手的投资项目收集各方报价，而格林却从未成交过。此时格林又说要卖出，谁知这回是真是假？

格林试图让经纪人为他谋求更好的价格："艾伦，你是美林证券的大人物，把这事做成了！"

扎弗兰理解格林的紧张心理，如果格林手里的保险卖不出去，他之前的所有努力就会付之东流。

最后，格林恼羞成怒，放弃出售。他告诉扎弗兰他打算继续持有手中的保险，不想卖了，起码目前不卖。

"我应该在价格从 1 美元降到 50 美分时，将手中的保险出手，但没有人愿意买。"格林回忆道。

李普曼的大获全胜

2007 年秋天，格雷格·李普曼的投资利润剧增。德意志银行高管中很多人暗示他应该出手，但李普曼坚持持有这些投资。

8 月 31 日，乔治·布什在玫瑰花园发表演讲，宣布将采取措施为借款人提供帮助，之后，高管们向李普曼施加了更大的压力。

拉杰夫·米斯拉召集李普曼和一干高管在德意志银行纽约办公

室的会议室开会。经过会议讨论，拉杰夫明确了思路：次贷交易已经奏效，我们开始盈利，要再接再厉。

"这是场伟大的比赛，但一切即将结束。"米斯拉说道。他不认为房市问题已经结束，但应该进入下一场交易，他重复道。

然而，李普曼并不想就此收手，就像一只狗舍不得丢下嘴中的骨头一样。

"为什么?"李普曼问，眼神直逼米斯拉。于是，这位资深银行家退让了。

接下来的几星期，德意志银行中购买 CDS 保险的交易员大多清仓了。米斯拉在他上司的催促下，也被迫将持有的投资出售。李普曼也将一部分仓位卖出，但他说服上司们相信，市场还将进一步恶化。于是，他们再次勉强同意李普曼继续持有大多数的保险。

2007 年秋，市场突如其来的恐慌令德意志银行内出现一个奇怪的现象。银行的一角，李普曼所带的 25 人团队可谓日进斗金，而银行大厅中约 100 名其他交易员则愁云满面，因为有时他们持有的投资刚好是李普曼所做空的。他们共存于一个奇异的金融世界，一边是处处碰壁的交易员，一边是做得风生水起的李普曼团队。

这一刻李普曼整整等了两年。现在时机来了，他将全力以赴攀上成功的巅峰。

一天，李普曼在交易大厅调侃："哈哈哈，市场快崩盘了!"

看着李普曼连战告捷，一位销售员警告他："小心乐极生悲。"

李普曼对此一笑了之。但到了 2007 年底，德意志银行承认，自己犯了跟其他一些银行相同的错误。银行手中的 CDO 没法脱手，这实际上帮助保尔森进一步做空债券。就像一场丢烫手山芋的游戏，这些大银行发现，自己手中持有太多的 CDO 却无力摆脱。

年末，李普曼与他的老板们（包括拉杰夫·米斯拉和理查德·戴尔贝尔等）坐在一起聊天，他们都对李普曼赞赏有加，同时他们向李普曼宣布了一个数字，那就是他一整年都在期待的奖金。过去一年里，在李普曼的指导下，许多对冲基金获利几十亿美元。他还直接领导一个团队获得了近 20 亿美元的利润。

仅这一年，李普曼所得到的报酬是过去他想都不敢想的金额：5 000 万美元，其中不少是以德意志银行股份的形式来支付的。这对华尔街的绝大多数交易员来讲是个惊人的数字。

然而，李普曼还是认为自己被亏待了，因为如果不是他，银行早就和其他大型金融机构一样损失惨重了。

"这不公平，"李普曼对他的上司喊道，"这个报酬太少了。"

老板们对李普曼的抗议熟视无睹，这些年，李普曼每次大发脾气后都是自己妥协，不了了之。

但这一回让李普曼伤心至极，他开始悄悄到其他对冲基金面试，看看别人开出的条件会不会好些。消息传到了米斯拉的耳中。

"如果他得到想要的报酬，他会来我们这里工作。"一位对冲基金经理这样告诉米斯拉。

"好，我们会给他足够丰厚的报酬。"米斯拉回答道。

最终，李普曼还是留在了德意志银行，一方面是出于他对老东家的忠诚，另一方面，如果他离职，就得退回分得的银行股份。

伯利的胜利果实

2007 年 8 月，迈克尔·伯利的对冲基金在当年已赚了 60％，业绩名列金融界前茅。正如伯利所料，次级房贷市场已经崩溃。

伯利的投资回报如此惊人，以至于他的员工都不大敢告诉客户，担心又跟年初一样，导致会计部门人仰马翻。

"请再核对一遍，"伯利的总顾问史蒂夫·杜鲁斯金让员工再详细检查一下结果，"我们现在可承受不起任何错误。"

然而，这迟来的成功却让伯利高兴不起来，他还对之前与客户发生的种种不快心有余悸。他太敏感，太在意客户的反应。许多个晚上，伯利心事重重地回到家，让他妻子担心不已。

有天晚上，妻子问他："乔尔打电话道歉了吗?"她指的是乔尔·格林布拉特，伯利最早的投资商。

伯利摇了摇头，心情更低落了。他妻子安慰道："想想你取得的成绩，高兴点。"伯利听了只是耸耸肩。妻子建议他买样礼物犒劳一下自己，可他却想不出自己想要什么东西。

伯利飞到纽约，为审计的混乱向格林布拉特道歉，跟他重新建立了互信关系。当时，伯利为账户的事情跟他的许多客户闹翻了。当信用危机全面爆发时，他把剩余的 CDS 投资从附加账户转到基金主账户中。在接下来的几个月内，他逐步卖出抵押贷款保险，最后成功清仓。

到 2007 年底,他获利 150%,仅塞恩基金在当年就赚了 7 亿美元。伯利的其他次贷交易赚取了 4 倍的利润,两年内,获利 5 亿美元。他个人赚了 7 000 万美元。

然而,事情还没结束。

"我一直在耐心地等待时机,随着美国经济衰退的加剧,一连串的破产将会随之而来。"伯利在 2008 年初写信给他的投资客户,"郑重说明一下,当我在做事时,脸上不会有友好的笑容。如果你们了解我,应该知道我向来不懂得和善地微笑,也不会轻易地微笑。"

也许,他还有机会去实现他有生以来最伟大的交易。

郁闷的佩莱格里尼

保罗·佩莱格里尼依然不愿意告诉妻子琼斯,保尔森公司的投资交易进行到什么地步了,担心说了会触霉头。但随着房市问题上了《纽约时报》的头版头条,琼斯忍不住向丈夫提起此事。

9 月的一天,她问佩莱格里尼:"我们是不是不用再工作了?"她在唐纳·卡兰服装品牌的一个分店上班,她喜欢自己的工作,不愿意辞职。但她的薪水跟家庭收入比起来简直不值得一提。她想多花些时间在小女儿身上,如果佩莱格里尼的年终奖十分可观,也许她就有机会当全职妈妈了。

佩莱格里尼无法明确地告诉她自己赚了多少,他也不知道保尔森会给多少奖金。但他告诉琼斯,她应该不需要去上班了。琼斯很快就辞职了。

11月底，保尔森公司在曼哈顿的大都会俱乐部为约500名投资客户举行答谢宴。尽管当年股市仅上升3.5%，但保尔森的两大信用基金却增值440%。业绩是如此惊人，以至于一些投资者在不到几分钟的交谈中忙着对保尔森和佩莱格里尼道谢。另一些人则讨论公司规模扩大到什么程度——现在公司赚了惊人的280亿美元，盈利之高让它跻身于全球顶级对冲基金行列，而一年前，这些投资客户还都是默默无闻的小辈。

整个宴会的气氛欢快活泼，鸡尾酒招待会后是晚宴，共上了三道特色主菜：芹菜拌无骨鸭腿肉，黑松露，烤小羊排。

保尔森在致辞中对整个经济发展持悲观态度，警告大家有可能会出现经济衰退。他向大家报告，公司团队如何进一步整合次级抵押贷款保险，同时将投资重心转到做空金融公司。

保尔森列出了一系列处于水深火热的公司：贝尔斯登公司、美林证券、花旗银行、美国市政债券保险集团及信用评级机构穆迪公司，建议投资客户做空这些公司。

"现在做空这些公司为时不晚。"保尔森说。

紧接着，轮到佩莱格里尼上台致辞。祝酒时，他向大家说明，晚会选用的葡萄酒来自他的祖国意大利。这是保尔森对佩莱格里尼的致敬。开胃菜是鸭肉，配着200美元一瓶的葡萄酒——1999年产自圣圭托酒庄的西施佳雅。

然而，佩莱格里尼显得不大愉快，他是公司次贷业务的总建筑师，与保尔森并肩作战，获利数十亿美元。佩莱格里尼在华尔街开始声名鹊起，各种经济论坛都邀请他去做演讲。

保尔森公司做空价值 50 亿美元的 CDO，从这些交易中赚了 40 亿美元，按公司投资客户及一位员工的说法，光是其中一单就赚了 5 亿美元。然而，亏损最多的并不是对手盘的投资方，而是与保尔森一起合作过很多单生意的德意志银行。这家大银行按照保尔森的要求创建了许多 CDO，最终却卖不出去，而且，它还囤积了大量的有毒抵押证券，这些专项定制的交易最终造成约 5 亿美元的损失。

上面所列举的保尔森公司的大手笔都是在佩莱格里尼的策划下完成的。

2007 年末，保尔森公司不再把业务重心放在次级抵押贷款上，佩莱格里尼感觉自己被架空了。他跟同事都相信，银行马上就要面临大麻烦，因为这些银行掩盖了所有不良抵押贷款。然而，保尔森却任命霍尼而不是佩莱格里尼来领导这项新的交易。佩莱格里尼甚至对卖出次级抵押贷款保险都没有最后的决定权。

"约翰从来没有真正信任我，"佩莱格里尼回忆道，"他从来没有给过我交易审批权。"

保尔森继续取笑佩莱格里尼的刻板，保尔森还将另一个分析师调到霍尼手下，专门做空金融公司及它们的债务。这一举动多少伤了佩莱格里尼的心。他认为保尔森做这些决定无非是为了控制公司，把权力交给霍尼，是因为霍尼更年轻，代表公司的新生代。

"我需要一名分析师跟我一起做空股票，但保尔森却把这名分析师派给了安德鲁。约翰并不想把他派给我，"佩莱格里尼说，"因此，我被架空了。"

然而，佩莱格里尼还是继续协助运营两大信用基金，这两大基金规模扩大至 90 亿美元。到了年末，佩莱格里尼向保尔森提出一个建议：将基金一半的收益兑现，然后继续锁定基金几年。这样，公司就能兑现一部分的收益，同时还确保投资客户在 2009 年之前不会撤资。

佩莱格里尼一直听到欧洲投资客户的不少抱怨。他们在市场低迷时急需现金，但根据锁定条款，他们无法从对冲基金公司的收益中提现，对此他们很不高兴。其他投资客户则抱怨，保尔森的信用基金已经将各种投资变现，而他们却还是拿不到钱。为什么不分给他们一部分钱，然后在 2008 年重新筹集资金呢？佩莱格里尼将这些想法告诉了保尔森。

保尔森听了大吃一惊，认为这也许表明佩莱格里尼对剩余的持仓没有多少信心，或者在接下来经营这些基金时，他想在公司居主导地位。

"听到你说这些事时，我都有点怀疑，你在过去两年内到底做了些什么。"保尔森简短地回复道。

"保尔森的这番话让我觉得自己不再重要了。"佩莱格里尼回忆道。

世人罕见的年终收益

圣诞节前的一个周五，保尔森在公司接待室召开了一个紧急会议。保尔森站在前面，佩莱格里尼、罗森伯格站在旁边。保尔森打开一箱法国香槟，这是一家投资银行寄来的礼物，感谢过去一年保尔森公司为它们带来大量的交易佣金。

保尔森将香槟酒分下去，也给自己倒上一杯。他笑容可掬，有些员工从来没见过自己的老板这么高兴过。保尔森向员工们敬酒，特别致敬平时默默无闻的后勤保障部门。

"我要感谢每一位员工，"保尔森边说边环顾四周，向每位员工致意，无论他们级别高低，"这是公司成立以来最辉煌的一年。"

办公室响起了雷鸣般的掌声。然后，大家很快回到自己的办公桌前努力工作。

几天后，佩莱格里尼带着妻子去安圭拉岛度假了。元旦前夕，琼斯在酒店大堂的自动提款机上查到了他们账户的余额。

她吓了一大跳，屏幕上显示的那个数字是她从来没有见过的，起码在自动提款机上没见过这么大的数字。其他人不知道是否见过这么大的数字：4 500 万美元，这笔钱刚刚被存入他们俩的联名账户。这是佩莱格里尼当年的奖金，还包括一些延期薪酬，由此可见，佩莱格里尼在保尔森心目中还是举足轻重的。

事实上，佩莱格里尼已经从奖金中取出了不少钱，用于支付当年应缴税金，因此银行账户上的那个金额远小于所发的金额。保尔森付给佩莱格里尼约 1.75 亿美元，作为他 2007 年工作的报酬。佩莱格里尼从此不用再为如何找到工作、保住饭碗或者积攒存款而操心了。

"哇！"他妻子感叹道，一直盯着自动提款机。

然后，他们手挽手地离开了，一艘包船把他们载往附近的圣巴特岛。

　　保尔森自己的收入同样不菲。他所有的基金获利约 150 亿美金，对冲基金需要锁定其中的 20％。他还是信用基金的大客户。2007 年他的个人收入近 40 亿美元，这是金融市场有史以来最高的年收入。

第14章

毁灭之王的致命一击

2008 年 7 月次贷投资跌得一文不值时， 他们完成了所有交易， 将这场非凡生意的剩余部分全部变现， 完美收官。 保尔森的两大信用基金共投入资金 12 亿美元， 在这辉煌的两年内， 最终获利近 100 亿美元。 保尔森的其他基金也坐拥近 100 亿美元的利润。

贝尔斯登与雷曼的悲惨末日

2008 年 2 月 20 日，保尔森收到贝尔斯登公司首席运营和财务官塞缪尔·莫利纳罗的邀请函，邀请他到投资银行共进午餐。当时，许多对冲基金客户因为担心贝尔斯登的财务安全，要求从公司撤资，转投到对手经纪公司。此举让贝尔斯登四面楚歌，甚至有传言说，这家历史悠久的公司有可能难以存活。假如莫利纳罗能让对冲基金收入翻倍，那无疑将为贝尔斯登公司打一针强心剂，帮助它渡过这场动荡。

莫利纳罗注意到了保尔森公司，它现在已经是世界上规模最大的基金之一，而保尔森本人不管贝尔斯登公司的前景如何，依然是老东家的忠实客户。当然，保尔森考虑到投资银行的安全，正四处转移资金。如果莫利纳罗能够将保尔森重新召回贝尔斯登，必然立竿见影，那些正在犹豫是否回归公司的客户自然会增加许多信心。

吃完沙拉、烤鸡、冻青豆后，莫利纳罗起身致辞。圆形餐桌上，面对面就座的是 20 位特别邀请的对冲基金精英。莫利纳罗花 20 分钟简要阐述了贝尔斯登将如何改进它的财务状况，目前业务运营还算良好，公司尚有多少现金，媒体对贝尔斯登的报道是如何言过其实。莫利纳罗强调说，公司其实并没有什么可怕的大问题。

接下来，贝尔斯登的另一位高管在发言中讲到，尽管自己不能透露太多的细节，但公司业务肯定是在好转。他深情地回忆，贝尔斯登公司与大家合作多年，曾在不少公司出现危机时提供了帮助。因此，他呼吁大家重新将资金投给贝尔斯登公司。听了这位高管的话，不少对冲基金经理回想起，在自己有需要时贝尔斯登公司倾情相助，不由得有些内疚。

莫利纳罗在接下来的 20 分钟里轻松地应对大家提出的各种小问题。他仿佛重新赢回大家的心，成功就在眼前。也许，贝尔斯登公司最终能挺过这关。

此时，保尔森举手准备发言，贝尔斯登的高管们都转身看他，期盼他能说点什么。

"山姆，你知道你的资产负债表上有多少二三级资产吗？"保尔森的意思是，一些投资可能因为风险系数高而难以准确定价。

"我得想一想。"

"你有大概数字吗？"

"我不想随口猜，约翰，等我回办公室后，会给你一个准确的具体数字。"

"好吧，我告诉你那数字是多少，是 2 200 亿美元。因此，依我看，你大约有 140 亿美元的净资产，对应的是 2 200 亿美元的二级资产和三级资产。只要二三级资产稍微变动一下，你的股票就完了。"

莫利纳罗一时反应不过来，他不知道保尔森早就花了几周时间研究公司的资产状况，抛售了几十只股票，做空了一堆金融巨头公司，从雷曼兄弟、华盛顿互助银行、美林证券到房利美公司。当然他也密切关注贝尔斯登公司。如今，保尔森公司成为世界上最受欢迎的投资公司。前一年，客户投了 60 亿美元，保尔森将其中一大部分资金用于做空资产状况不佳的银行和投行。来参加午餐宴会之前，他做好了相应的调查。

一时间，莫利纳罗进退两难。他既无法直接反驳保尔森，又不想在公开场合跟这样一位声名渐起的优质客户争辩，更不想捏造个假数据糊弄过去。

"我会去查一下具体数据，但也许你没考虑到我们的一些资产是对冲基金。"莫利纳罗说道，他的意思是保尔森可能没有全面地分析公司的风险状况。

莫利纳罗的辩解几乎不起什么作用。保尔森的话引发了众人的讨论。另外两位对冲基金经理继保尔森之后也提出了问题，口气更为不善。

"山姆，你怎么可能不知道具体数字呢?!"

"保尔森说得对，你们的麻烦大着呢!"

保尔森平静地在旁边看着，这两位基金经理质问莫利纳罗长达几分钟，他们用词如此苛刻，以至于一些基金经理都为莫利纳罗感到难受。贝尔斯登的财务状况受到这么多的质疑，没有多少投资商愿意回归这家投资银行。

宴会不欢而散，一个对冲基金高管事后对朋友说："完了，贝尔斯登真的完蛋了。"随着高管们回到自己的公司，午宴上发生的事情也就传开了。

这如同一把匕首插在原本就惊魂不定的投资银行的心脏上，很快，对冲基金纷纷从贝尔斯登撤资，文艺复兴科技对冲基金一下子就撤走 50 亿美元。

投资银行的股票不断跳水，现金流日渐萎缩，贝尔斯登公司内人心惶惶。公司 CEO 艾伦·施瓦茨力图安抚各大高管，但收效甚微。在一次会议上，65 岁的老员工迈克尔·米尼克斯突然打断了老板的发言。

"你到底清不清楚公司目前的状况？"米尼克斯问，"我们的现金不断流失，客户正在离开我们。"

一个月后，贝尔斯登公司危机四伏，只好在美联储和财政部的协调下，以每股 2 美元的价格将股票紧急出售给 J. P. 摩根公司，才得以摆脱困境。后来贝尔斯登公司的股票又升至 10 美元。

出售协议初步达成后，艾伦·施瓦茨无精打采地走向公司健身房准备晨练。他穿着西装，拖着疲惫的步子走到衣帽间。刚好，艾伦·明茨也在那里，46 岁的明茨是公司的交易员，身穿运动衫，径直走到自己的上司跟前。

"公司的 1.4 万名员工怎么办？"明茨问施瓦茨，"看着我的眼睛，告诉我这一切是怎么回事。"

贝尔斯登公司生死攸关的那个周日，华尔街的其他公司也紧盯电脑屏幕，担心殃及池鱼。此时，保尔森正在自家的泳池内看着两个女儿嬉戏。几个月前，为防止投资银行财务状况恶化，他从贝尔斯登公司撤走大部分投资，转移到富达投资集团的金融市场账户，并由美国国债作担保。

全球金融危机开始了，金融巨头们最终宣布，因涉足房地产相关投资而蒙受重大损失，对经济衰退没做好充分的准备。

雷曼兄弟公司的高管和其他公司的高管一样，都相信自己能渡过这个难关。公司 CEO 理查德·福尔德曾拒绝了韩国发展银行的一项高额投资。福尔德及他的银行家跟美国银行、美国大都会人寿保险公司、汇丰控股公司等探讨各种方案，但最终都没能落到实处。福尔德之前也经历过危机，他认为自己的团队能和以前一样克服困难。他指责一些空头将公司股票砸低，认为这些空头很多是对冲基金，买了 CDS 保险做空雷曼公司。然而，事实上并非如此，这些基金有很多是雷曼公司自己的客户，他们因担心公司的财务状况而购买 CDS 保险。

9 月 9 日，随着与韩国投资商的最终谈判破裂，雷曼公司的股票跌了一半，下跌幅度为有史以来之最，整个华尔街对于雷曼公司拥有 330 亿美元商业地产股权充满恐慌。据雷曼公司高管测算，公司需要至少 30 亿美元的新资本注入才能起死回生。然而，仅仅一天后，他们又召开电话会议，向投资商保证公司不需要任何资金。华尔街同行仔细研究了雷曼公司的不动产投资组合，认为它被高估了 100 亿美元，但雷曼公司高管却声称估值是合理的。

J. P. 摩根公司对这个局面深感不妙，这家大银行一直以来在客户和雷曼公司之间扮演中间人的角色，比大多数的投资者更加了解雷曼公司的经营情况。一周前，J. P. 摩根向雷曼公司提出追加 50 亿美元的额外担保，即要求用易出售的有价债券来担保 J. P. 摩根的客户借给雷曼公司的债务。J. P. 摩根的联席 CEO 史蒂文·布莱克打电话给福尔德，说他为了保护自己的公司和客户，除了 5 天前所要求而雷曼公司尚未提供的那 50 亿美元的担保外，还需要再追加 50 亿美元的额外担保。

雷曼公司支付了部分款项，剩余部分仍拖欠着。另一方面，雷曼公司一直对客户打包票。

"我们的资产负债表比以往更好。"雷曼公司欧洲抵押贷款部资深副总裁告诉那些想撤资的投资商。

但是，众多对冲基金一窝蜂地从雷曼公司撤资，导致雷曼公司处理不过来，公司上上下下弥漫着恐慌情绪。

雷曼公司曾游说同行买下公司，或者购买一些资产。但是两位华尔街高管看完雷曼公司的房地产资料后摇头离去，他们认为雷曼公司对自己手中的房地产价值过分高估，估价超过实际价值的 35％。财政部部长亨利·保尔森坚持，政府不会为收购提供资金。

雷曼公司的处境越发不妙，这家有着 158 年历史的华尔街公司只好求助于美联储和财政部。雷曼公司和其他投资公司一样，这些年来从疯狂火热的房地产市场中坐收渔利，富得流油。然而，如今房市崩盘，雷曼公司只能卑躬屈膝地求助于政府。

在此之后的一个晚上，雷曼公司执行委员会的 15 位成员沉默不语，福尔德的法律顾问汤姆·拉索试图联系纽约联邦储备银行行长蒂莫西·盖特纳。他拨打了盖特纳的办公室电话、手机，无人接听，又呼叫他，还是无人应答。

雷曼公司的高管还有最后一根稻草：公司的顶级投资专家乔

治·沃克四世——他是美国总统乔治·布什的表弟。沃克一想到要打电话到白宫，就紧张得脸色苍白，汗水湿透衬衫。同事对他说他们实在是走投无路了。

"我就差跪下来求你了，"同事迈克·格尔班德对沃克说道，"我们面临的可是一场全球灾难。"

沃克在房间里踱来踱去，抬头看到福尔德正跟证券交易委员会打电话。最后，他走进公司图书馆打电话给白宫。白宫的接线员让他稍等，那几分钟对他而言犹如几个小时那么漫长，终于，电话那头传来接线员的声音。

"沃克先生，非常抱歉，总统现在无法接听你的电话。"

政府决定对雷曼公司不施援手，雷曼公司只能走向破产。该公司的破产规模创了美国历史纪录，超过前期案例的 6 倍，这引起世界范围内投资商和贷款商的恐慌。于是，美国政府被迫在 9 月 1 日出台了针对金融系统的历史性救援计划。政府和美联储着手挽救房地美和房利美公司，为超过 3 000 亿美元的债务提供担保。这项举措将垂死挣扎的美林证券推入规模更大的美国银行的怀抱，以避免投资商产生更大的恐慌。

但这些措施所起到的作用有限，股票市场一泻千里，在 2007 年秋到 2009 年初这段时间内，股市大跌超过 60％，出现经济大萧条以来的最大熊市，经济衰退程度达到第二次世界大战后的最高点。

这场经济灾难让保尔森之前所购买保险的价值一路飙升，保尔森公司额外赚入 50 亿美元。雷曼公司在秋天被迫申请破产，保尔森公司坐收渔利，利润高达几亿美元。

此外，对冲基金通过做空英国的银行也赚了 10 亿美元。这些银行有苏格兰皇家银行、巴克莱银行、劳埃德银行和苏格兰哈里法克斯银行等，它们都大量涉足英国抵押贷款。后来，因为监管政策的调整，保尔森不得不公布自己的做空交易，一时间他成了英国的人民公敌。

2009 年 2 月，克利斯·布莱克赫斯特在《伦敦标准晚报》上写下这段话："当我吃着玉米片时，我从报纸上读到约翰·保尔森这位纽约对冲基金之王，在四个月内通过做空苏格兰皇家银行赚了 2.7 亿美元。对于这种做空者，扔到监狱都太便宜他了。应该扒光他的衣服，带到第五大街上游行示众，然后再绑到灯杆上，否则不足以表达我们对这个贪婪魔鬼的愤怒和绝望。"

保尔森做空这些股票时，心里并不安稳，这并不是出于什么从股价下跌中获利的负疚感，而是因为相较于持有这些股票做多而言，做空有更多的不利因素，而这些不利因素难以估算。因此，保尔森做空这些金融公司的力度远远不如他做空次级抵押贷款。尽管如此，2008 年，保尔森旗下的大多数基金还是取得了惊人的业绩，赚取了 30％左右的利润。当时，整个市场下跌了 38％，一些大型对冲投资基金公司拱手认输，黯然倒闭。但保尔森在 2008 年的利润远远不能和 2007 年相比，2007 年，保尔森公司的利润为 590％，其中两大信用基金的利润为 350％。

对于保尔森交易的对手，以及那些突然崩溃的金融公司的高管而言，2008 年是痛心疾首的一年。2008 年 6 月的一个星期四早上，贝尔斯登两大高管拉尔夫·乔菲和马修·坦宁因为对 CDO 和其他抵押贷款做了错误投资而被送进布鲁克森监狱，罪名是，他们将经营失败的基金的财务状况对投资者做了错误陈述。检察官宣称，他们对投资者的乐观描述与他们私下的互相提醒完全不一致，也与自己的交易行为严重不符，有误导投资者之嫌。乔菲和坦宁锒铛入狱，面对命运的 180 度大转折，他们错愕不已，乔菲忍不住问坦宁："我们怎么会落到这步田地？"

佩莱格里尼的收官

2008 年春天，保尔森和佩莱格里尼拜访了他们的母校哈佛大学。佩莱格里尼对此行非常兴奋，期盼着能向学生们介绍公司是如何预测出这场信用危机的。

然而，他们到了哈佛大学后，保尔森却是自己走上讲台发表演讲，佩莱格里尼只能在教室后面听讲。后来，佩莱格里尼帮助他的老板回答了几位学生提的问题。佩莱格里尼发现，自己并不是被邀请来做主讲嘉宾的，这让他很受伤。保尔森的阴影在这一刻显得如此巨大。

"这对我来讲是个侮辱。"佩莱格里尼回忆道。

那年，佩莱格里尼的大部分时间都花在跟罗森伯格一起销售公司剩下的次贷保险上。其他人，比如杰弗里·格林，却找不到投资商以合理的价格来购买他们的保险。

佩莱格里尼和罗森伯格采取的是等待战术，当市场看好时，他们就将手中保险留住不卖。当某家证券公司、银行或者对冲基金崩溃时，他们就赶紧乘虚而入推出他们的 CDS 保险，通常都能卖出个好价钱。

2008 年 7 月次贷投资跌得一文不值时，他们完成了所有交易，将这场非凡生意的剩余部分全部变现，完美收官。保尔森的两大信用基金共投入资金 12 亿美元，在这辉煌的两年内，最终获利近 100 亿美元。保尔森的其他基金也坐拥近 100 亿美元的利润，这些利润全部来自对赌大多数专家口中永远不会出问题的抵押贷款。

在那年的剩余时间里，佩莱格里尼忙于聘请专家改进公司对抵押贷款的估值方法，以便将来在某个安全的时间点买入。接下来的几个月内，保尔森有时催促佩莱格里尼去找些便宜的抵押贷款投资项目。但佩莱格里尼对此持怀疑态度，对冲基金一直到 2008 年秋天都没有太多地买入。

那时，佩莱格里尼已经将一只脚迈出公司的大门。

格林的成功清仓

杰弗里·格林的投资在 2008 年开始发力，他的投资已收回近 1 亿美元的现金。他决定不再纠结于经纪人不靠谱的报价，只需坚守手中剩下的 CDS 抵押贷款保险，这些保险据他估算值 2 亿美元左右。一旦这些房屋抵押贷款出问题，他知道这一天早晚会到来，他手中的这些保险就能让他赚翻天。因此，他并不急着卖。

他在波士顿的朋友杰弗里·利伯特却不淡定了。利伯特一方面想赶紧抛出手中的投资，一方面又想将它们留到夏天，这样一来，他就持有它们超过一年，能少交些税。格林也是这个意思。

"冷静点。"格林对利伯特说道。

利伯特最终还是将手中保险卖出，实现利润约 500 万美元。这算是不小的利润了，但还是遭到他朋友格林的取笑，格林说他胆子太小，干不成什么大事。

"我自己也后悔，本来可以赚更多的。"利伯特说，"但我就是没那个命。"

2008 年秋，雷曼兄弟公司倒闭了，美林证券也身处困境，格林开始紧张起来。他之前并没有太注意他的经纪公司，现在，他意识到，如果美林证券也不行了，他的投资将没法获利。他将成为绝望地去破产法院外排队提出债权申请的债权人之一。

"当时我想到，如果美林证券破产了，我将损失 2 亿美元。"格林说道。

那时候，格林的经纪人扎弗兰已经离开美林证券，自己开公司去了。格林打电话给 J.P. 摩根，希望能将他在美林证券的投资安全地转到它们那里，也希望 J.P. 摩根帮他出售这些保险。在电话里，格林紧张兮兮地，听着经纪人问其他几个交易员能否提供帮助。

"非常抱歉，我们目前不想介入与美林证券有关的生意，免得产生连带风险。"J.P. 摩根那头的业务员回复格林，他们可不想接手美林证券的盘。

格林觉得自己的头一下子大了，压力倍增。"我想赶紧清仓，但目前只有美林证券能帮我。"

格林打电话给他在美林证券的新经纪人，他掩饰住自己内心深处的恐惧，冷静对待。

"嗨，我是杰弗里·格林，"他尽量轻松地说着，好像只是随意打电话来打发时间，"我想减点仓位，麻烦你那边报个价。"

"好的，我们一两天后回复您。"经纪人回答道。

"嗯，好的，谢谢。"

格林放下电话，狠狠地骂自己，为什么拖这么久才想卖。

"我简直是个白痴!"

"当时我想，他们给我的报价如果是 50 美分每股，我只能接受。"格林回忆说。

后来，那经纪人回话了，他提供给格林的报价是"我们出价 1.56 亿美元"。

格林简直不敢相信自己的耳朵——他们愿意以每股 87 美分的价格买下他的保险。他原来只要 50 美分就愿意出手，看来，他的虚张声势起了作用。

他决定再提高点卖。

"嗯，让我想想，我再考虑一下。"

他挂上电话，美林证券很快又打电话给他，提出更高的报价——每股 93 美分。

"成交。"格林答应了。

格林当时并不知道，美林证券新总裁刚发布命令，让他的团队不惜一切代价，尽可能消除那些有毒抵押贷款的不良影响。美林证券正巴不得终止它跟格林之间的交易，不论付出什么代价。

好事多磨，格林最终还是获利颇丰。"最后，我还是相当幸运的。"格林事后庆幸道。

格林挂上电话后，立刻想到另一个问题：如果美林证券在跟他生意结清前就被清盘了，利润将不能兑现。

于是他又打电话给美林证券的经纪人。

"我们的交易什么时候能结清？"

格林毫不犹豫地将他的业务转到了瑞士信贷，一家稳定可靠的银行，以保证一切安全着陆。

到了 2009 年，格林减持到只剩下 1 亿美元的 CDS 保险，作为此次交易的宝贵纪念。在这场交易中，格林获利 5 亿美元，跻身华尔街有史以来收益最大的个人投资者之列。

"这次交易中，业余投资者的表现胜过行家里手。"格林说，他指出了原因所在，旁观者比深陷局中的人更能看清楚房市潜伏的问题，也更能排除障碍达到目的。"毕竟有太多的事情会导致整个交易失败。"

李普曼东家的尴尬

2008 年伊始，尽管格雷格·李普曼的投资颇见成效，但他的上司却还是持怀疑态度。ABX 指数不断下跌，银行的高层写了封信给李普曼，敦促他卖掉一部分仓位。

据当时看到电子邮件的另一高管说，李普曼直接顶了回去："不，指数会降到零。"李普曼还在德意志银行的交易大厅里说，房市问题将影响到经济的其他层面。

美国 CNBC 的评论员发表评论，认为股票市场的疲软只是暂时的。李普曼看了忍不住喊出声："你不过是在做梦。"

有时候，李普曼过于喜形于色，兴高采烈地大喊大叫，往往会不小心得罪某些交易员，尤其是那些亏本赔钱的人。

一天，市场行情特别不好，李普曼叫了个销售员过来，指着电脑上的一个电子表格对他说："你看，我赚了 40 万美元。"

李普曼笑容可掬地解释道，他在私人账户做空了一家跟踪银行和经纪公司等金融公司的指数基金。德意志银行同行的表现越是糟糕，他的账户就越升值。

"这对你来说太好了。"那个销售员对李普曼说，摇了摇头，嘲讽之情淋漓尽致。

一天，李普曼的老板米斯拉把他叫过去，告诉他不要这么招摇，以免讨人嫌。

李普曼春风得意的表面下有着隐隐担忧。德意志银行的股价不断下跌。德意志银行内部问题重重，李普曼的团队在这家全球银行中所起的作用微乎其微。李普曼能看到银行的其他收益与亏损，前景不妙。2008 年中期，银行资产减值达 110 亿美元，一下子拉低了李普曼的盈利。李普曼经过银行同意做空金融股所得的那点利润，在整个德意志银行股票大规模亏损之下，显得无济于事。一天，李普曼个人账户增值到 40 万美元，而他所分得的德意志银行的股票却下跌了 80 万美元。

李普曼在他老板面前所做的预测可以说是基本正确。跟踪高风险次贷的 ABX 指数最终降到了 2 美分。他的团队在 2008 年赚了好几亿美元。秋天，李普曼甚至开始向老板推荐他觉得值得关注的次级债券，这些债券在 2009 年初开始增值。

尽管李普曼的投资大获成功，但德意志银行在 2008 年末仍遇到重重困难，只能支付李普曼几百万美元的奖金，李普曼对此深感失望。李普曼所持有的德意志银行股票在过去的 12 个月里下跌了 70%，这对他来讲是雪上加霜。

拉赫德的 10 倍收益率

2007 年 9 月，安德鲁·拉赫德启动了他的做空交易，从新投资商那里募集到大笔资金购买 CDS 合同，承保商业抵押贷款和其他基金，做空银行、经纪公司及其他他认为会下跌的公司。

2007 年下半年，他写道："我们的整个银行体系完全是场灾难，在我看来，如果各大银行的资产按市场估价，它们基本上都要破产。"

那年末，拉赫德在三个对冲基金中共持有价值 10 亿美元的次贷保险，管理 1 亿美元的资产。但他很快就担忧整个金融体系会不堪一击，开始抛售持有的投资。

当年整个市场行情不佳，拉赫德心力交瘁，3 月，他邀请两位年轻女子前往迈阿密放松一下。他在世界级豪华酒店丽思卡尔顿订了个顶楼套房给她们，还就近另外开了个房间，方便她们购物时自己能有充足的时间休息。然而，拉赫德心里却轻松不了，他手中还持有几亿美元的保险，很快他就发现，需要赶紧兑换成现金。两星期后，他带着一名年轻女子前往圣托马斯，想研究当地的税收优惠政策。当时酒店客满，部分原因是奥巴马总统一行正好访问该岛。拉赫德想多订一间房都不行，不得已只好与他的旅伴共住一套房。

那几天，拉赫德有意不打电话回办公室，想让自己休息好。一天早晨，他躺在床上，拿起黑莓手机看到一条信息，题目是"贝尔斯登公司的价格已超过700"。拉赫德吓得坐起来，拿起附近的电话拨给他的办公室。

"伙计，贝尔斯登公司的股价真的到了700吗?"拉赫德问公司的财务总监里克·艾克特。（实际上是指债券利率超过了700个基点，即逾7.00％。）

承保贝尔斯登债务的CDS合同的交易价，比信用等级最高的银行间相互贷款利率还高7个百分点。拉赫德马上意识到，市场对他经纪公司的财务状况已不抱任何希望，而公司还欠他几百万美元的利润。

一直以来，拉赫德都期望银行有朝一日在有毒债券的重压下走向崩溃，这一天终于到来。然而，这就好比一个赌徒，在赌场最后一搏中，坐拥大量筹码却无法兑现。拉赫德烦躁不安，他也许无法兑现自己的胜利果实了。

"明天把它清仓。"他对艾克特下命令，声音中夹杂着恐惧。

拉赫德冷静下来，经过深思熟虑后，指导他的助手一步步地卖掉公司的所有持仓，拉赫德说："要慢慢地抛出，以免他人发觉。"这样一来，市场上的交易人员才不会利用他着急的心理来抬高价格。

艾克特成功地在贝尔斯登被迫卖给 J. P. 摩根的前一天，卖掉所有基金的持仓。到了 9 月，拉赫德关闭了信用基金，10 月他关闭了整个公司，不再与任何经纪公司或者银行有生意往来，因为他担心它们终将倒闭。这些公司的基金都不如他这一家做空次级信贷的基金成功。不少投资者怨声载道，拉赫德开始考虑如何退出江湖。

在房市最后的疯狂时刻，拉赫德投了抵押贷款保险。2006 年末，拉赫德的住宅抵押贷款基金获利 10 倍，仅仅 15 个月就盈利 7 500 万美元左右，这是金融史上最为辉煌的业绩之一。拉赫德从此项交易中获得 1 000 多万美元的利润，为他的客户赚取利润超过 1 亿美元。

德瓦尼抄底破产

整个 2008 年，次级抵押贷款大幅下跌。约翰·德瓦尼损失惨重，他不得不采取极端手段。就在一年之前，新世纪公司传出了负面消息，不少人因此而忧心忡忡，他还对这些人嘲笑不已。

"有趣的是，我还得感谢市场给我们这么直接的打击。"德瓦尼于 2 月在《纽约时报》上这样说道，他还准备趁低价买入更多的债券。"我认为金融市场基本上是没有问题的。我所进行的投资其下跌空间有限。"

然而，到了 2008 年夏天，德瓦尼就开始捉襟见肘。起先，他以
1 350 万美元的价格卖掉了雷诺阿的油画。然后，他卖掉了直升机、
湾流飞机，甚至把他在比斯坎湾的豪宅也变卖了。6 月底，在他 38
岁生日之前，德意志银行向他收回贷款，要求德瓦尼在次日之前偿
还 9 000 万美元。他无力偿还，银行就查封了他基金剩余的财产。

7 月，德瓦尼关闭了基金，告诉他的投资客户，他们所有的投资
都亏光了。

"我完了，我彻彻底底地完了。"德瓦尼对《纽约时报》记者说，
他本人亏损了 1.5 亿美元，他的经纪公司——联合资本市场控股公
司的交易损失达 5 000 万美元，该公司还在运营中。

伯利的黯然退场

迈克尔·伯利在 2008 年就开始担心经济的走向，他觉得有必要
采取措施来巩固自己的传奇交易，后来的事实果然证明他的担心是
对的。

但投资客户却认为，他无法像上一年那样攫取巨大利润，于是
他们从年初起就不断撤资，从他基金里撤出 1 亿多美元，迫使伯利
不得不卖掉他视若珍宝的投资。

伯利在 2008 年蒙受了亏损，尽管他的收益跑赢指数，但他还是
直到秋季才重新进入股市。他只招揽到少数几位新客户，原先的投

资客户纷纷离开他。

看到《华尔街日报》的头版头条报道了约翰·保尔森这位次贷
交易的大赢家后，伯利立马给记者写了封电子邮件。信中，伯利语
带辛酸地说出一个事实："我明明是第一个独自从零开始进行做空次
贷交易的人，这一切本该是我得到的……我是一个从未受过任何华
尔街正规金融教育的医生，完全是自学，摸着石头过河。"

到了 2008 年末，客户委托给伯利的投资资金仅为 4.5 亿美元，
而在 2005 年他第一次开发抵押贷款保险投资时，当时客户的委托投
资额为 6.5 亿美元。当时，伯利最早的投资客户——白山保险公司
总经理罗布·卢萨尔迪说："对我们白山公司而言，你就是个零蛋。"
（卢萨尔迪说他没有叫过伯利"零蛋"，而是他公司跟伯利做生意时
收益为零。）

"我现在所管理的资金还不如我去年管的多，比我 2003 年管理
的资金总额还少。"伯利对他妻子说道。"没有人在意我，我为什么
还做这些？"伯利问自己。

2008 年下半年，伯利受够了这些。他那时 37 岁，银行里的存款
约数百万美元，他厌倦了一切。一天早晨，他到办公室对他的员工
说，他打算把公司关了。就在他跟员工碰头之前，他的妻子砰砰地
敲他的门。

"别做这事，千万别这样做。"她恳求她丈夫，担心他将来为此
举而后悔。

"我已下定决心。"伯利低声答道。

于是，伯利告诉他的投资客户，他打算在 2009 年初关闭公司，

回归家庭。他告诉一位投资人，自己很有可能回到学校继续学医，甚至去拿个天文学博士学位。对于他的决定，没有人表示异议。

对伯利而言，次贷既给他带来财富，同时也让他有机会思考自己可以成为什么样的人。如果他的投资客户能支持他建立基金，或者没在房市崩盘之前迫使他卖掉那么多的抵押贷款保险，迈克尔·伯利也许能跟约翰·保尔森一样，成为华尔街的另一个传奇。

"这是场成功的交易，但远远达不到它本应有的效果。我并没有充分发挥出我的潜力。"伯利说道。

他的声音有点哽咽，眼睛里噙着泪水。他解释说，是因为想到有些朋友在经济衰退中失业了，处境艰难。

"我曾以为这是我的索罗斯式交易。"

保尔森收到听证会的传票

2008年的大多数时间，保尔森都尽量低调行事。他对记者说，他不愿意在许多人痛苦不已的时候欢呼庆祝自己的投资成功。每逢雨天，打车不大方便，他就搭乘当地的公共汽车回到自己在上东区的住处。周围的人并没有发现一个亿万富翁就在自己身边，保尔森喜欢如此行事。

保尔森一般不参与大型的公益慈善活动。保尔森对一些同事说，他想做更多的事情，但并没有讲具体是哪些。保尔森的风格可不是捐建以自己名字命名的大楼或者学院。此外，据保尔森的同事和朋友讲，保尔森并没有跟他们提到要投资什么大型慈善项目。

保尔森认为，最好把时间用来赚更多的钱，这样将来才有更多的财富去帮助穷人。股神沃伦·巴菲特到晚年也是这种心态。

"如何明智地回报社会，需要花费很多时间，"保尔森说，"我最大的长处就是理财，每个人应在不同的时间段专注于不同的事情。"

保尔森也间接体会到民生之苦，2008 年初，他在南安普敦花 4 130 万美元购买了一幢名为"老树林"的湖畔房产，占地 10.4 英亩。这是 1911 年建的乔治亚风格的建筑，有两间客房、一个游泳池、一个工人房，濒临阿加万湖。

然而，保尔森出售附近的一幢 6 800 平方英尺的小别墅却花了一年多的时间。他把房价从 1 950 万美元一路降到 1 390 万美元，还是找不到买主。一直到 2009 年夏天，他才以 1 000 万美元的价格卖出，这个价格远低于他 2006 年的买入价——1 275 万美元，然而，没有几个人会同情保尔森的亏本买卖。

2008 年 11 月，保尔森公司的百来名投资客户在曼哈顿的大都会俱乐部举行公司年会，俱乐部正对着中央公园。一年前的年会上，由佩莱格里尼挑选并介绍葡萄酒。2008 年，保尔森聘请了品酒师来介绍法国葡萄酒，年会上的葡萄酒 500 美元一瓶，来自奥比昂、玛哥及洛希尔等知名酒庄。

公司年会召开之日正值经济日渐衰退，此次金融危机创下 20 世纪 30 年代以来之最。年会的菜谱似乎过分奢华：蟹肉配鳄梨，科罗拉多小羊排配香草汁，意大利芝士蛋糕等。但保尔森却决意要庆祝他的成功，认为没什么好羞愧的。

从保尔森对会议主持人的选择可以看出，似乎有什么不同寻常的事情发生。此人便是美国联邦储备委员会前主席艾伦·格林斯潘，他也是保尔森公司的新顾问。人们尚在谴责格林斯潘的低税率政策，因为它导致了房地产泡沫的加剧。然而，保尔森却力挺他的这位新员工，称这些批评都是马后炮，他告诉自己的同事，能邀请格林斯潘来公司当顾问是自己的荣幸。

晚宴上，保尔森讲了一点公司今后的发展方向，他指出，目前抵押贷款似乎很不妙，但仍有利可图，当然现在大量买入是不明智的。保尔森并没有透露他正在开展的一项新业务，这项业务还在起步阶段，跟他之前的次贷交易一样也是不走寻常路，但这项业务要到 2009 年初才会着手实施。

同样，保尔森也没有提到，一个月以前，他出乎意料地收到一张来自美国众议院监管委员会的传票。收到传票的那天，保尔森神情紧张地走进迈克尔·沃尔多夫的办公室，向这位律师征求意见。当时，外界对金融公司的高管以及那些市场风险较大的公司一直有非议。监管委员会要求保尔森提供有关对冲基金是如何运作的信息。

"我没做错什么，他们为什么非得找我？"保尔森向沃尔多夫问道，脸上有些不悦。保尔森格外担心他的收入是否会被公开。

11 月 13 日，委员会听证会上，跟保尔森并排坐的是对冲基金业内的顶尖人物：乔治·索罗斯、吉姆·西蒙斯，肯尼斯·格里芬及菲利普·法尔科内。多年来，保尔森都希望别人能把他当成顶尖的投资商。现在他要面对成为精英的后果。

听证会开始了，索罗斯阐述了他对全球市场的看法，格里芬则据理力争，一位国会议员质疑他的一些行为，他大力反驳。轮到保尔森发言时，人们不断要求他大声讲话。他调了下麦克风，把它移得更近些，但没什么效果。有位议员怀疑是不是麦克风坏了。另外一位议员一时失误，把他的业绩说少了，他也不吭声。

但到了提问环节时，保尔森对如何解决银行危机发表了自己的见解，国会议员开始对保尔森有了好感。

"我当时就在想，我们让这个保尔森出来缴纳不良资产救助计划资金是不是搞错了。"马萨诸塞州的民主党人约翰·提尔内说道，他这是在一语双关地挖苦当时的财政部部长亨利·保尔森。

西蒙斯在讲到保尔森 2007—2008 年所获利润时说道："我没有他的那种智慧。"

保尔森离开听证会后如释重负。

"今天我过得相当好，"他在华盛顿联合车站对沃尔多夫说，"感觉好极了。"

保尔森与沃尔多夫挥手道别，在黄昏中乘坐美国铁路公司傍晚的一班列车向家驶去。

尾声

世界上最危险的毒品莫过于低息借款和过度信贷。

——经济学家本杰明·M. 安德森（1929）

各奔前程的空头群英们

格雷格·李普曼的成功让他一下子在华尔街名声大噪。德意志银行的销售员开始向潜在客户隆重推荐本行的这位明星交易员，以加深客户的印象。通常，李普曼不会让他们失望。

"如果没有我，德意志银行的下场会和瑞士联合银行一样。"2009 年初，李普曼对一位潜在客户这么说，另一位销售员在边上听着。李普曼的脸上露出自豪的微笑："2007 年，我为德意志银行赚了10 亿美元，2008 年又赚了 10 亿美元。"

但从宏观经济角度看，整个华尔街遭受重创。外界开始抨击李普曼等人，因为他们在市场崩溃的前夜创造了衍生产品，他们推波助澜地制造出一些类似次级抵押贷款的"合成抵押贷款",客观上促使更多的银行和投资者持有这些有毒产品。

李普曼的客户通过做空这些投资产品赚取超过 250 亿美元的利润。法尔科内听了李普曼对投资产品不到一小时的讲解后,就投身这场交易,为他的公司创造了几十亿美元的利润。

但对每一家对冲基金而言,一旦它们听从李普曼的建议做空高风险抵押债券,必然会有另一位投资者或者银行成为他们交易的对手盘,而这些对家是亏钱的。德意志银行出售各种次级抵押贷款产品给无数的投资者,有些产品正是李普曼团队所做空的,这些做法令一些投资者恼火不已。因此,即便这些产品的买家本来就是精明的投资商,见多识广,购买这些产品也纯属自愿,这些人的抗议还导致纽约司法部办公室在 2008 年末对李普曼展开调查。

一些措辞严厉的信件发到记者手中,指责李普曼做空高风险抵押债券,而他的公司却在不断地制造出更多的这类债券。有个网站登出李普曼的照片,配上文字说李普曼是"头号混蛋",是经济崩溃背后的金融推手。2009 年金融危机更加严重,李普曼只好低调行事,不做任何访谈,担心自己成为替罪羊。李普曼没有公开为自己辩解,而是在私底下跟朋友抱怨,说他所做的一切不过是帮忙开发投资产品,指导对冲基金从他预计到的经济危机中获利。

"我并没有制造出抵押贷款,我只不过说出皇帝没有穿新衣而已。"李普曼对一个朋友这样说道。

其他人却被大加赞誉。西海岸的杰弗里·格林的成功之路被广为传诵,人们对他如何从次贷交易中赚取 5 亿美元津津乐道。这要

归功于格林聘请了公共关系专家为他造势，让格林成为 CNBC 和
《夜间热线》的明星。

格林很快就接到铺天盖地的电话，他的老朋友和熟人纷纷咨询
投资之道。他们是第一次全神贯注地聆听格林的回答。迈克·泰森
及一些朋友留意到格林的提醒，不再购买各类房地产。2009 年初，
格林的朋友，电影导演奥利弗·斯通原本打算买入一高档豪宅，格
林的几句话就打消了他的念头。

"奥利弗，不要买那房子，"格林对斯通说，"房市崩盘才刚刚
开始。"

当格林说这些话时，他注意到斯通拿出铅笔记录下他刚刚所说
的，好比格林一下子变身为好莱坞的赫顿，他所说的每句话都值得
洗耳恭听。

"现在，我随便说点什么，人们都很当回事，"格林惊讶地说道，
"这有点吓人。"

然而，格林并没有多少时间来抛售他的房产。他跟妻子的大多
数时间不是待在他们的游艇上，就是待在迈阿密的新家里。他们的
第一个孩子将要出生。有时，他们乘坐新买的 G5 飞机到加州看看他
们的房子，密切注意当地的房地产状况。

至于那些发现史上最伟大交易机会的其他人则默默无闻。在南
加州，安德鲁·拉赫德为国计民生操碎了心，他在朋友们面前怒斥
石油公司对候选人的巨额赞助，指责国会对预警信号置若罔闻，没
有采取有效措施控制借贷的泛滥。拉赫德试图联系媒体记者曝光国
会的过失，但他失败了。他斥责整个国家对僵化的政治体系漠不关

心，大众对政治远不如对小甜甜等明星的绯闻更加关注。

2008 年末，拉赫德全身心地投入为他心中的英雄蒂莫西·利里著书立传。利里是 20 世纪 60 年代的反主流偶像，致力于迷幻剂研究。正如利里所倡导的，他开始产生避世念头。在他看来，保尔森依旧醉心于投资是无意义的。拉赫德找到一个远离城市的小岛，在那里租了间海边的房子。大多数时间，他都下海潜水。同时，他也在寻觅一个合适的年轻女伴加入他的探险之旅。

拉赫德关了他的公司，把支票寄给投资人结清账款。接下来还有最后一件事情要做，那就是回敬一下那些曾经嘲笑他的人。拉赫德给他的客户写了封公开信，这封信很快就在投资界流传开来。这封信就像是华尔街版的《甜心先生》，不少交易员希望自己将来也能以如此有魄力的方式告别金融业：

> 2008 年 10 月 27 日
>
> 今天我提笔写下这封信并非为了幸灾乐祸。身边的每个人正饱受着痛楚，这样做显得不合适。我写这封信也不是为了对将来做预测，虽说我之前的信中所做的判断都已经被证实，或者即将被证实。我写这封信只是为了向你们告别。
>
> 我处在一场追逐金钱的游戏中。低处的果实总是唾手可得，就好比那些父母花钱供养的傻瓜们，一路从预科念到耶鲁大学，再到哈佛大学念 MBA。这些人多半配不上他们所受的教育（或者说，人们以为的教育），他们往往高高在上，担任着美国国际集团、贝尔斯登公司、雷曼兄弟公司及政府各大部门的高管。而这一切所支撑起的整个上层社会终将瓦解，我可以不费吹灰

之力就找到愚蠢透顶之人来充当我的交易对手。愿上帝保佑美国！

在这里，我要衷心感谢很多人，在他们的帮助下，我才有今天的成就。但我不想像好莱坞明星那样发表获奖感言。金钱本身就是足够的奖励。

今后，我将不再为任何机构或者个人理财。我自己拥有财富，它们对我而言足矣。有些人按照自己的估计算出我的净资产有多少，也许他们难以理解，为什么我才取得这样一点战果就收手不干。对我而言，这些报酬已经足够了，我心满意足。一些人整天想着赚更多的钱，最好净资产能达到 9，10 甚至 11 位数以上。在我看来，他们的生活却是一团糟。他们的时间安排得满满的，接下来的三个月内没有任何空闲时间。他们每年就盼着 1 月份为时两周的假期，即使在休假中也被自己的黑莓手机或其他电子设备牢牢束缚。这样的生活有什么意义呢，不出 50 年，谁还记得他们？史蒂夫·鲍尔默、史蒂文·科恩和拉里·埃里森终将被人们遗忘。我不懂得何为传奇。可以说，所有人终将被遗忘，别总想着留名青史。扔掉黑莓手机，好好享受生活吧！

这就是我所想说的。我要退出江湖了……我对目前的市场没有什么明确的看法，只能说市场在一段时间内将继续恶化，也许还得几年。而我只会坐观其变，毕竟，我是凭借着观察和等待这两样本事从次贷危机中挣到钱的。

对于美国政府，我想提点小建议。首先，我要指出一个明显的制度缺陷，在过去八年里，各类法案被频频提交到国会，这些法案原本可以抑制某些机构提供掠夺性贷款，如今这些公司一个个倒下了。这些机构一贯喜欢用钱填饱两大政党，好让它们否决掉所有保护普通老百姓利益的法案。这是一种暴行，但似乎没有人明白或者关注这一暴行。托马斯·杰斐逊和亚当·史密斯已经过世了，我很怀疑这个国家还有没有真正值得尊敬的哲学家，至少这个国家缺乏那些专注于提升政府职能的哲学家。资本主义已经实行了 200 多年，时代在改变，整个体制已经腐化。腰缠万贯的乔治·索罗斯曾说过，他更想以哲学家的身份被人们铭记。因此，我建议这一伟大人物发起捐助一个平台，集思广益，创造出一个新的政府体制。这个体制一方面能真正代表民众的利益，同时也能提供足够的报酬，吸引最优秀、最聪明的人在政府任职，使他们无须通过腐败来获取利益，提高他们的生活质量……我相信我们最终能找到解决方案，但到目前为止，整个政府体系已经明显腐化了。

最后，在还有人愿意听我说话时，我想呼吁大家关注替代食物和能源问题。当人们夸夸其谈地说到我们有足够的能源时，为什么在这个国家种植某些植物是违法的呢？嗯，我说的是雌性植物，那万恶的雌性植物——大麻。它能让你兴奋，让你欢笑，而且不会让你宿醉不醒……对于它为什么是违法毒品，我只能得出这样一个结论：在美国公司操纵下的国会，宁可允许出售帕罗西汀、左洛复、阿普唑仑这些成瘾性药物，也不允许你在自家后院种植大麻。因为这样一来它们就无利可图。这种政策荒谬至极……在此告别，祝大家好运。

　　祝一切顺利

　　安德鲁·拉赫德

佩莱格里尼的离去

　　和拉赫德一样，佩莱格里尼认为，他的成功会让他在金融界享有话语权。2008 年末市场崩溃，佩莱格里尼想出各种方法来稳定房地产市场。他联系到某位担任领导职务的国会议员，希望对方能了解并实施自己的理念。几经周折，佩莱格里尼终于有机会跟这位国会议员会谈。会面那天，佩莱格里尼遇上一场强劲的暴风雪，迟到了十分钟。他自信满满地走向议员的办公室，然而，他却没有得到热情的款待。

　　佩莱格里尼赶到办公室时，国会议员对他说："你迟到了，难道你不知道我要与我妻子共进晚餐吗？"

　　佩莱格里尼眼睁睁地看着议员径直走出办公室。

　　后来，佩莱格里尼煞费苦心写了篇政论文章，探讨关于拍卖无法还贷的房屋及为买房者提供补助的事宜。佩莱格里尼聘请了知名的公关公司鲁宾斯坦公司，将他的文章投到《华尔街日报》等报刊媒体，却遭到退稿。唯一愿意刊登他的文章只有《纽约时报》旗下的一个博客网站。整个华尔街乃至华盛顿都无视他这篇文章的存在。

　　佩莱格里尼在保尔森公司没有取得多大进展。安德鲁·霍尼和研究团队的其他人忙着帮助保尔森开发一项新的大胆的投资战略。虽说佩莱格里尼之前完成了伟大交易，但他又一次被忽视，在对冲基金行业似乎看不到什么前途。2008 年 12 月 31 日，佩莱格里尼辞职离开公司。他自己投入约 1 亿美元开办自己的基金公司，专注于货币与经济形势。保尔森祝他一切顺利。

保尔森曾遭到不少投资者和同行的嘲笑。在他做成这项伟大交易后，他发现，伴随着他人的奉承乃至妒忌而来的还有新的动力。保尔森在两年内赚了 60 亿美元，创下金融市场有史以来个人年收益的最高纪录。这还不包括他为公司和客户赚取的 200 亿美元。

2009 年夏，有消息说保尔森公司买下了 CB Richard Ellis 公司价值 1 亿美元的股份，这家房地产经纪公司的股票马上就上涨 15%。保尔森一下子赚了 1 500 万美元利润，人们称他能点石成金。8 月，又传来保尔森要买入美国银行股票的消息，这只股票立马飞涨，众议沸腾。《纽约》杂志的网络博客甚至开了个专栏，名为"如果保尔森是我们的朋友"，它虚构出记者与保尔森的访谈，有一回甚至还登了这样一段对话：记者问保尔森："你考虑过收养个孩子吗？比如说已成年的孩子。"

保尔森没有忙着庆祝成功，因为他发现还有更多值得做的事情。2009 年初，他掌管着 360 亿美元的客户资金。他和他的公司很快就赚了 4 亿美元，其中有 7 000 万美元是在短短 25 分钟内通过做空一家英国大银行赚到的。相比于几年前，保尔森更加劳累，但事业的新篇章又让他显得神采奕奕。他的公司搬到了最好的地段，就在纽约无线电城音乐厅对面，整个公司的装修采用轻快的米黄和白色色调。

保尔森越发注重保护他的私生活。出于安全的需要，他申请加固他位于南安普敦价值 4 130 万美元的豪宅的围栏。他对自己的私生活闭口不谈，哪怕是一些无关紧要的事情也不说。当别人问他什么时候开始收集卡尔德斯的作品时，保尔森只是说那些是水粉画。

但在其他方面，保尔森并没有多大的改变，就像他不曾做过那笔大生意一样。有时，朋友会惊讶于在南安普敦的超市里遇到保尔森，他正推着购物车，车里装得满满的，都是超市自有品牌的大众生活用品。保尔森一如既往地早早到曼哈顿的办公室上班，穿着暗色西装打着领带，每天大约 6 点下班，坐车回家。下雨天打不到出租车时，他会搭乘纽约城市巴士。

"我只在上下班时需要交通工具。"保尔森解释他为什么没有专车和司机。"我白天大部分时间都待在办公室，不需要用车，如果买车就太浪费了。"

但对于其他人来讲，他们正处在房市崩盘和第二次世界大战以来最严重的经济衰退之中，根本没条件选择乘坐什么样的交通工具。在奥兰治县置业的蒙茨一家面对的是房屋抵押贷款的天价利息，他们再也无力支付。几经周折后，贷款公司终于调整了他们的贷款利息，降低了他们每月的还贷数额。他们不能再出去度假，晚上不再外出就餐，两个女儿也不上天主教学校了，日子过得捉襟见肘。2009 年，他们申请奥巴马总统颁布的另一个贷款调整计划的帮助，但一直没什么进展。

"我们根本没有什么生活可言。"马里奥说道，夫妇俩现在连剪头发都得自己动手。"我们现在不是拖欠还贷，而是根本还不上。"

保尔森的成功因素

保尔森得益于这个历史上最大的金融泡沫，而另一个不可避免的泡沫仍在酝酿。投资老手杰里米·格兰瑟姆对 1920 年以来全球各类市场中的 28 个泡沫进行了鉴别。仅过去十年，在亚洲货币、互联网股票、房地产及商品价格等方面均出现过各种泡沫。市场没有出现高效运转，反而变得低效无能。投资者之间的竞争愈演愈烈，资金可以在全球范围内的各种市场自由流动，这些都是造成这种变化的原因之一。

之所以会产生次贷泡沫，一个关键因素是超低的利率，这一因素很有可能引发下一个泡沫。低利率能在短期内满足贷款的需求，但不可能维持多久，因为银行可能很快又找到另一种轻松获利的方式。也许，公共部门借贷的大幅增长会为下个金融泡沫埋下种子，因为这类借贷往往不断扩大，很难削减。银行信贷和政府赤字不断增长，比起创新和提高产能所带来的膨胀，这种增长似乎更加不稳定。

乔治·索罗斯等人曾呼吁监管部门采取措施调控泡沫资产的膨胀。但无论是银行家、学者还是官员似乎都无法预测泡沫的出现，更不用说及时鉴别并采取措施进行控制了。

当今市场上充斥着各种复杂的金融产品，比如不良债权、CDS

及一些顶级交易员关注的金融衍生工具等，它们的透明度不高，连专业投资者都很难了解其关键内容，更不用说普通投资者了。

然而，正是像保尔森这样的投资者——他们完全是抵押贷款和房地产的圈外人士——能从房市崩盘中获取巨额利润，业外人士往往更容易识别泡沫并从中获利。金融界的专家们往往收听相同的商业频道广播或者阅读相同的财经文章，从中炮制出自己的观点，这样一来就为那些不被群体思维束缚的业外人士提供了机会。

也许，在房市泡沫破裂的同时，相应的金融产品横空出世，刚好保尔森等其他看空人士可以借此做空房地产市场，也许这一切并非巧合。这恰恰说明了，那些敢于质疑、敢于做空市场的持不同意见者值得我们鼓励，而不是嘲讽。

再上征途的保尔森

2009 年初，约翰·保尔森又开始新的投资。他从来不满足于只做一个卖空者。赚钱是他的爱好，他不会拘泥于任何教条。他认真地研究这三年多来他所做空的金融公司的资产负债表。他得出一个结论：这些公司的股价跌得太多。保尔森要求他的交易员开始购买这些陷入困境的公司的债券、房屋抵押和商业抵押债券、银行股票及其他类型的投资。

这种投资是缓慢积累的，不再引人注目。但到了 8 月，保尔森的这项投资增加到约 200 亿美元，说明他认为经济开始触底反弹。

这项投资让他的公司在上半年就赚入约 30 亿美元，金融市场开始复苏了。

一天，保尔森坐在安德鲁·霍尼的办公室与他讨论美国及其他国家会花多少钱来弥补这场金融危机所造成的经济损失时，保尔森发现了下一个投资目标。他确定这一投资对象注定要和次贷一样走向崩溃，那就是美元。

保尔森简单地计算了一下：在过去几个月，美元的供应量已扩张到 120%，这必然导致美元贬值，最终将引发通货膨胀。

"所有的开支加在一起必将导致严重的通货膨胀。"保尔森对霍尼说，他认为除了人民币外，几大主要货币都面临高风险。"唯一坚挺的东西是什么？只能是黄金了。"

保尔森从未涉足过黄金投资，他的公司里也没有货币专家。他的一些投资商对他的理论很怀疑，认为在当前高失业率、工资不增长、企业潜能发挥不足的情况下，通货膨胀不可能发生。另一些人则认为已经有太多投资者加入黄金投资的行列。保尔森的一些客户撤了资，导致他管理的资产总值下跌到 280 亿美元。

保尔森承认，自己的主张有些直白。但他并没有太在意那些批评意见，而是开始购买 10 亿多美元的金矿企业的股票，占他最大基金的 12%。他还进行几十亿美元的黄金投资，以支持他以黄金命名的基金，并用自己的钱投了一些新项目。

他的下一项交易就是做空美元。

"我信心十足，"保尔森在 2009 年夏天这么说，"从现在算起，三四年内人们肯定会后悔为什么不早一点买黄金。用不了多久，我们的货币就会贬值，通货膨胀将会加剧，这是将来必然会发生的事情。"

他士气高昂，毫不掩饰他对下一项交易的信心。

"这就像温布尔登网球大赛，"他说，"你今年赢了，就不会退出，还想着来年再登赛场。"

后记

大众之所信，未必不荒谬。事实上，众人常以偏
见看问题，习惯于愚蠢地盲从，而非理性思考。

——伯特兰·罗素

　　一些明智的投资者早就预见到这场载入史册的房市及金融市场
大崩盘。他们中的不少人在房地产投资、股票衍生品交易及按揭贷
款等方面并无多少经验，却因预见到这次投资机会而获取巨大成功。
如此一来，一个显而易见的问题就被摆上台面：为什么当专家还在
沉迷于房市飙升的大好局面时，这些投资界的黑马却能够预见到接
下来的全球暴跌？

　　艾伦·格林斯潘、本·伯南克、亨利·保尔森和蒂莫西·盖特
纳等高管在这场灾难面前措手不及、狼狈不堪。资深的银行家，如
罗伯特·鲁宾、查尔斯·普林斯、斯坦利·奥尼尔、理查德·富尔

德以及詹姆斯·凯恩等，眼睁睁地看着自己的公司在抵押股权业务中损失几万亿美元。顶级的分析师、交易员、经济学家和知名学者也相信房价会继续上扬。房地产、抵押债券以及股票衍生品的投资者大都错失了这场史上最伟大的交易。就连那些做梦都想股市出现大跌的空头也没能抓住这个大好的投资机会。

有人认为，是银行的过度贷款制造出各种有毒债券，导致了这场经济崩溃。有些人则把矛头指向那些赌红了眼，将公司资金孤注一掷的交易员。这些看法都过于武断和片面。

不可否认，一些华尔街精英致力于炒房，为此兜售不少危险的金融产品，恨不得榨干这市场上的每一分资本以获取丰厚回报。另一些则是热衷于高风险交易，丝毫不考虑潜在的下跌危险。他们都对此次经济危机起到了推波助澜的作用。然而，房地产市场的急转直下、次级抵押贷款的崩盘却并非大多数投资者所乐见，他们因此倾家荡产。

为何这些专家都失算了？我们能从此次金融灾难中吸取到什么教训？

答案五花八门。时代不断进步，华尔街的各种金融产品自然随之推陈出新。它们中的一些有着丰厚的佣金，销售者总能想出新的点子来刺激消费者购买。就拿房地产市场来说，先是由住房抵押贷款债券发展出债务抵押债券，然后到 CDO，最后产生合成 CDO。到了 2000 年中，就连全球银行的高层主管也意识不到这些抵押贷款产品到底有什么危险，他们不仅将这些产品出售给客户，自己的银行也大量持有这些产品。

2010 年春，花旗银行的董事长鲁宾就房市泡沫一事向金融危机调查委员会表示，直到 2007 年秋，他才真正了解其银行所制造、持有及出售的那些 CDO 投资产品。鲁宾在花旗银行的年薪为 1 500 万美元，但他在证词中说道，花旗银行聘用他并不是让他负责审核这些复杂的金融产品，之所以造成这种局面，很大一部分原因是信用评级机构给了这些债券非常高的信用等级。

"我们没有必要过多考虑这些头寸的安全性，因为这些头寸都是 AAA 级的，看起来风险极小。"鲁宾在证词中如是说。

花旗银行 CEO 普林斯离任时，得到的报酬超过 1 亿美元。他在同场听证会中补充道："当时，我们以为这些高信用等级的证券有着更高的抗风险性……现在看来，这种看法并不明智。但当时，穆迪信用评级机构却认为，这些'超高级'CDO 和其他债券都不会出什么问题。"

花旗银行在 CDO 投资中以损失 300 亿美元告终，美国政府启动了紧急救助方案，投入 450 亿美元，使其成为政府救助额最多的金融机构。

呆坐在全球银行董事会会议室里的鲁宾和普林斯也一筹莫展，许多资深银行家对 CDO 及其他复杂的抵押产品毫无头绪。

"如果你不明白什么是 CDO，这是很正常的事。"约翰·保尔森在 2010 年对投资者说，"大多数人都不了解 CDO，哪怕是这方面的专家。"

资深银行家从没有搞明白，他们通常都是听信专家的说法。为何这些专家这次都看走了眼？因为他们的惯常做法就是依据信用评级公司给出的信用等级来进行投资。另一些专家则依靠精密的计算机模型得出结论：全国乃至全球范围内的房价下跌是不大可能的，因为过去 70 年都不曾出现过大跌。然而，这些模型实际上却是大错特错。

他们之所以认为房价不会大范围下跌，还有一个重要的理由：没几个人记得 90 年代那场房市危机，加利福尼亚、得克萨斯、马萨诸塞州的不动产曾经大幅贬值。当时，这些华尔街的银行家、交易员及投资者不是忙着多赚钱好早点退休，就是想着转行，把职位留给年轻人。在《华尔街日报》任职期间，我采访过许多人，没有人说起 1998 年金融危机，这场危机曾导致对冲基金巨头——美国长期资本管理公司破产，差点拖垮整个世界经济，而记得 90 年代房市危机的人则更少。2005 年，只有少数几个银行家预见到房市有可能下跌，大多数人根本不记得房市经历过的低迷期。

事实上，这场房市崩盘中的大赢家——约翰·保尔森，保罗·佩莱格里尼、杰弗里·格林，都已年近 50，这点并非巧合，因为他们对过去房市的衰退还记忆犹新。姜还是老的辣，年轻人缺乏阅历，对房价下跌没有充分的思想准备，导致他们错失从中获利的大好机会。

另一些人，比如安德鲁·拉赫德和迈克尔·伯利，被 2005—2006 年间美国金融体系的震荡吓坏了，没有坚持到底。他们也有一个共同点，就是他们缺乏大银行、政府部门或者大型公司的工作经验。而包括保尔森在内的那些大赢家，要么曾在大机构中努力干到高管的位置，要么通过选举担任过政府职务，他们大多是乐观主义者。他们领导、鼓舞别人，有着不怕困难、勇于接受挑战的积极心态。一旦他们调暗灯光，把脚跷到桌上，就能静下心来认真思考可能会遇到的问题以及如何应对。他们考虑的往往不是如何让自己得到提拔，而是如何冲刺最后一程的利润，实现短期业绩目标，在同行中遥遥领先。

在华尔街，还有一群对房市持悲观态度的人。他们不再做房地产投资，转而从事对冲基金。这些个体投资者中的大多数人虽喜欢投资，却不擅长与他人打交道，跟自己的客户也不例外。他们厌倦各种会议，不太懂得如何向投资客户推销自己，但却能一针见血地戳穿房市一片大好的说法。也许，他们并不是把酒言欢的对象，但他们却最有可能预见即将到来的房市灾难，他们中的某些人甚至认为这将是一场巨大的灾难。

在华尔街流传着这样一种说法：想要下盘大棋，很重要的一点就是要懂得逆向思维。然而，身处金融行业，却很少有人能够跳出常规去思考可能出现的问题。李普曼其实是相当有勇气的，他敢冒天下投资者不敢冒的风险去做空房市。2005 年，当他开始关注次级抵押贷款时，他正拿着德意志银行的百万美元年薪。假如当时他跟华尔街专家及银行其他人一样，继续看好房市投资，可能也会跟着亏钱，但却能获得银行高薪。他只需照本宣科，对他的老板致歉，说明房价下跌是百年难遇的金融大灾，正常人是无法预测到这种全球性经济危机的。实际上，在这场经济危机中，大多数的金融专家并未受到责难，他们只需将损失归咎于整个金融体系的一场大灾难，而非个人操作的失误，就不会丢掉体面的工作。

　　然而，李普曼摒弃了这种惯常做法，他不随大流，而是为次级抵押贷款购买了保险，遭到许多人的嘲笑和侮辱。假如房地产市场继续屹立不倒，李普曼很有可能连工作都不保。但他赌对了，最终获利数百万美元。当然，人们会认为他的这个决定并不理智，弊多利少，因为通常人们会觉得没有必要为了未雨绸缪而在交易中不按常理出牌。

　　华尔街在对此次房价暴跌的预测上表现得如此差劲的另一原因就是，多数金融公司并不懂得如何招募和培养风险管控经理，也不能发挥他们的积极作用，以有效地审核全球范围内各种金融业务的弊端。2007 年初，一些交易员早就发现他们的团队面临危险，但却认为其他同事不会面临同样的问题，因此掉以轻心。在大型金融公司中有许多数据简报，但是许多高管不愿意实行信息共享。

　　高盛公司的交易员之间的工作联系较为紧密，因而，它的风险管控经理能够更为全面地了解各大交易团队存在的各种风险。这足以说明为什么高盛公司能够领先同行一步，更早地注意到房市问题。然而，它还是发现得太迟了。

　　局外人反而能看清即将到来的房市风暴，很大一部分原因在于他们没有涉足房地产及抵押贷款投资。他们没在这上面投入钱财，所以不会产生这样一个从众心理——美联储和美国政府不会让房市崩盘。他们意识到这些衍生品投资项目隐藏着可怕的风险。保尔森、佩莱格里尼和格林对衍生品投资知之不多，但他们却把大量时间花在自我教育、增长见识上。

　　购买抵押贷款保险有可能让同行对手取得更好的短期业绩，保尔森对于这点并不在意。许多决策者原本也考虑过为可能的暴跌采取保护措施，但他们因为过分关注短期利益而未付诸行动。

仔细观察这场史上最伟大的交易获胜者，就会发现他们的性格各异。保尔森、李普曼和格林都是乐观积极的投资者，他们可以轻轻松松地说服客户及抵押贷款提供商。佩莱格里尼、伯利和拉赫德则不擅长表达自己的观点，他们更喜欢在晚上钻研那些房地产数据。

所有能预测到房市崩盘的人皆非房地产投资界的专业人士。他们拥有广阔的视野，不从众，坚定不移地看跌房市，面对一些暂时的不利局势时，他们能从容不迫地处理危机。我们的政府和商业界应该鼓励这样的逆向投资者，以防止可能再次出现的经济危机。

然而，有些人对包括保尔森在内的这些有先见之明的投资者嗤之以鼻，认为他们的成功只是个意外。2010 年初，美联储前主席格林斯潘称他们不过是"统计上的错觉"。

他说："每个人都看错了形势，包括学术界、美联储以及所有监管机构在内。"

美联储主席本·伯南克也表示对此次经济灾难无能为力，他在2010 年说过这样一段话："我们既没有相应的授权，也没有足够的方法，无法成为整个金融体系的超级警察来维持大局。"

很遗憾，这些重要的官员没能为他们的失误承担责任。他们忽视了降低贷款标准可能产生的风险，没有及时提醒贷款人激进式抵押贷款的风险。多听听上述少数派投资者的意见，而非全盘依赖行业专家，会是一条比较正确的道路。

尽管如此，许多金融改革措施还是依赖新的机构以及精明的监管者，以期避免将来的金融大灾。下次经济危机到来时，他们的预测工作能否做得比这次好，我们不得而知。比较好的应对方法是，硬性规定大型金融公司留存足够的现金作为缓冲，以备不时之需。在金融泡沫时代，不得不悲观地说，下一轮的惨跌依然是无法避免的。

在赢得这场历史性的交易后，约翰·保尔森翻开了他职业生涯的新篇章。2009 年，他开始看好全球经济形势。当市场上涨时，他最终以账面 23 亿美元的个人利润挫败那些恨不得他立马栽个大跟头的对手。即使在 2010 年，全球金融市场下滑，美国和欧洲各国沉浸在一片低迷中，保尔森仍然坚定地持乐观态度，似乎是为了一洗之前他在人们心中留下的那个大力唱衰金融市场的印象。

保尔森说，如果人们想购买第二套房产，或者帮助亲戚买房，这正是大好时机。他预计在 2011 年，美国的房价将上涨 12%，经济进一步蓬勃发展。即便他在 2010 年因看好行情而导致损失，他仍称欧洲的债务危机在可控范围内。

"摆在我们面前的是振奋人心的大好时机，"保尔森对他的客户这样说，并一再向他们保证，"如果你还没买房，现在正是拥有一套房产的合适时机。"

2010 年春，投资商对保尔森膜拜不已。他们委托给他的资金高达 330 亿美元，保尔森公司一跃成为全球第二大对冲基金公司。他刚买下博伊德游戏公司 4 400 万美元的股份，这家公司的股票就一下子飙升 12%，因为其他投资者认为，保尔森必然有他的获利之道。

但在 2010 年 4 月，保尔森受到交易审查。当时，证券交易委员会以民事欺诈为由起诉高盛公司，高盛公司曾与佩莱格里尼联手创造了 10 亿美元的 CDO，后来保尔森做空这些 CDO，获利 10 亿美元。高盛公司当时把这个取名为"Abacus 2007-AC$_1$"的 CDO 出售给包括德国工业银行在内的投资者，它们眼睁睁地看着自己 1.5 亿美元的投资蒸发不见。

而这仅是保尔森公司和银行联手制造的交易之一。这些交易令不少银行损失惨重，比如德意志银行，它并没有将这些金融产品全部卖给投资者，而是自己持有不少。高盛公司是这桩交易的最大输家，在证券交易委员会对它的交易高额征税后，它在全球银行中的排名一落千丈。

监管机构认为除非有新的罪证，否则不应对保尔森及他的公司进行处罚。

证券交易委员会执行部主管罗伯特·库萨米对律师团及交易员说："高盛有责任向它的投资客户如实陈述，但保尔森没这个义务。"

然而，保尔森到底还是涉嫌这场有争议的交易，引发了某些人的强烈抗议。

知名作家、麻省理工学院斯隆商学院教授西门·约翰逊对电视主持人比尔·马赫说："保尔森参与了债券的设计，这点我们都知道，甚至有可能这就是他出的主意。假如他无须接受任何处罚，这说明我们的体系存在很大的漏洞。"

类似的言论甚至在一些妈妈群里出现。保尔森所在的上东区有个知名网站 UrbanBaby.com，通常这个网站讨论的主题是育儿信息，比如婴儿推车、尿不湿、哺乳等。一些人开始在这个网站发帖质疑保尔森，帖子的主要内容就是他是否适合继续担任上东区著名女校的董事会成员，以及保尔森在房市崩盘中的获利行为是否符合道德标准。这个帖子底下有70个匿名回复，一些人开始大张旗鼓地讨论做空交易、CDS、对冲基金是否道德，以及是否应该进行有效监管。

保尔森则极力向投资客户表明自己的行为并无不妥，"是真实善意的操作……我们从来都是清楚明白地表达自己的观点，从来没有隐瞒过我们的交易情况"。

他提醒投资客户这样一个事实：当高盛银行出售CDO时，他并不是这个领域的高手。在他给客户的一封信中这样写道："当我们开始关注抵押证券市场时，有那么多精明的投资者，他们仔细分析了我们所能拿到的公开数据，并认为我们的观点是完全错误的，他们更热衷于跟我们对赌。"

事实上，保尔森从未向客户出售过包括高盛银行CDO在内的那些被审查的CDO。那些CDO的购买者大多是老谋深算的投资机构，远比保尔森和佩莱格里尼更擅长审核CDO的抵押品。同样，高盛公司对德国工业银行这样的投资者确实隐瞒了一些信息，比如佩莱格里尼确实在制造这些有争议的CDO中起到了举足轻重的作用。但它是否隐瞒了关键信息，这点并不清楚。

2010夏末，高盛公司向证券交易委员会付了5.5亿美元。保尔森基本上已将那些争议抛诸身后，他将注意力转到一个新的投资领域——黄金。他信心十足地认为通货膨胀还会继续，几大主要货币会贬值，他和他的公司注资50亿美元进行与黄金相关的投资。保尔森一举成为世界上黄金拥有量最高的个人，他有些账户下的黄金持有量甚至超过澳大利亚、巴西和阿根廷的黄金持有量。那年夏天，保尔森动身前往伦敦，他希望当他回来时依旧是华尔街之王。

保罗·佩莱格里尼眼看着保尔森和高盛公司面临各种纷纷扰扰，极具争议的交易遭到越来越多的抵制。早期的电视节目把佩莱格里尼描绘成一个揭发者，提供关键情报给调查局以攻击保尔森。事实上，佩莱格里尼所做的只是回答政府官员，告诉他们保尔森并没有做错什么。

到了 2010 年初，佩莱格里尼与保尔森乃至整个纽约金融界联系甚少。一年前，佩莱格里尼就开始在纽约和百慕大群岛两头跑，试图在那片宁静的蓝色海洋边建立起自己的对冲基金王国。他在之前的投资交易中获利更多，因为他比老东家保尔森更看好全球经济的回暖。但他的新公司却只从投资客户手中募集到了 5 000 万美元。2010 年夏，当他做空美元和国库券时，出了岔子，他的基金损失了 11％。于是，佩莱格里尼结束了他新公司的业务，把资金退给客户。

看到成立自己的对冲基金公司这条路走不通，佩莱格里尼不无遗憾地总结道："我应该满足于管理好自己的钱，一边享受百慕大的低税收及公共设施，一边有机会与包括纽约市市长迈克尔·布隆伯格在内的金融伙伴交往，这样就足够了。"

"坐着小艇，穿梭于汉密尔顿港与百慕大之间的那段时光真是让人心旷神怡。"他在一封电子邮件里写道。

安德鲁·拉赫德时不时地从他自己的小岛前往洛杉矶去见投资客户，讨论各种商机，有时还出席关于毒品立法的各种演讲。2010年夏，他甚至还筹划过开设一家银行。

"毕竟，你可以从储户和美联储手中以 0.25％的利率借到钱，再购买美国长期国债，利率却是 3.5％，然后就可以到海边享受生活了。"拉赫德在电邮中这么写道，"当然啦，如果利率上涨或者长期国债贬值，这事就行不通了。然而，在资本主义经济中，如果能在这季度实现你想要的利润，谁会在乎你下一季度的表现如何？"

然而，他最终还是选择了岛上的生活，在海边度过整个冬天。一边涉足稀有金属的投资，一边享受各种兴趣爱好，比如潜水、晒太阳。他甚至还开了一家摄影公司。正如他在电子邮件中所写的那样，他"有好多爱好"。

"我没有什么野心，我不喜欢工作，压力并非人生乐趣。"拉赫德补充说道，在那场交易中，他经受了两年多的巨大压力。他打算照顾好自己的身体，回到健康状态。

2010夏，李普曼最终厌倦了在德意志银行的工作。几年来，他一直威胁老板，如果奖金还是无法让他满意的话，他就跳槽走人。最后，他对老板说，自己打算离开银行成立对冲基金公司。然后，他跟保尔森一样，也遇到诸多麻烦。虽然相关机构没有就不当行为指控德意志银行和李普曼，但联邦政府调查了其他银行的一些与CDO有关的交易，这让李普曼在招募新投资客户时或多或少受到影响。

迈克尔·伯利花了好几个月来决定他今后做什么，但一直到2010年中，他都没有想出确定的答案。他对金融泡沫的早期研究发现终于得到公众的认可，本书及迈克尔·刘易斯的书也对他表示认可，虽说这些认可来得迟了些，但多多少少驱散了他的忧郁苦闷。

他的交易虽说没能让他成为下一个乔治·索罗斯，但起码让他成为富有的人。

伯利甚至有足够的自信与艾伦·格林斯潘公开辩论。2010 年 4 月，迈克尔·伯利在《纽约时报》的专栏中写道："我们无法按格林斯潘先生的想法来生活。事实上，他早该看出即将到来的问题，并应提出清醒的、不涉及政治的警告。每个人都有知情权。毕竟当他讨论经济时，他的每句话对整个世界来讲都举足轻重。"

然而，伯利还是没法走出客户带给他的阴影，他始终记得那段黑暗时期，苦苦支撑却一无所获。

"我想说的是，我几乎丧失了对人类的信心，伤口至今还无法复原，"他在一封邮件中如此说道，"这对我来讲，伤害太大了，这不仅是我经历过的挫折，还反映美国社会的巨大失败。我不由想到，那些曾让我们整个国家走向伟大的东西已经渐行渐远。这在很多层面上都是一种悲哀。"

杰弗里·格林也决定离开投资界。他开始把兴趣投向政坛。在他的新家佛罗里达棕榈滩，他如同堂吉诃德一样，力争成为民主党参议员。他宣称准备花 4 000 万美元获取这个席位，此举遭到公众的嘲笑。一些人翻出他复杂的过去，包括他跟拳王迈克·泰森、好莱坞女星海蒂·弗蕾丝的交往，以及他当钻石王老五时的种种糗事。这些都表明他并不是个正经的候选人。他在街头酒吧与女演员林塞·洛汉搭讪的照片也影响了人们对他的信任。

然而，看到杰弗里严肃认真的样子，以及不惜重金地大力宣传，一些选民决定不计较他的过去。

"政府有一个重要的目标，这也是我要成为民主党人的原因之一。"格林对《迈阿密先驱报》这样说，尽管他直到 2008 年才登记成为民主党人。"对我而言，政府不是一个安全网，而是一个蹦床，它能让社会底层的人有机会一跃而上。"

到了 2010 年夏天，格林的受欢迎程度居然追上反对他的民主党人。这让那些专家再一次跌破眼镜。

致
谢

　　我要郑重感谢约翰·保尔森，他花了 50 多个小时向我讲述他的交易历程。同时，本书中的其他主人公亦慷慨地拨出宝贵时间来成就此书，在此一并感谢。

　　我还要感谢以下诸位：《华尔街日报》总编 Robert Thomson，副主编 Nikhil Deogun，投资部专栏的编辑，他们给我放假，好让我完成此书；《兰登书屋》的编辑、我在 McCormick & Williams 的代理人 David McCormick，他们给了我专业的建议和宝贵的指导。我非常感激同事、家人、朋友给我的各种批评指导，他们是 Ezra Zuckerman Sivan, Hal Lux, Karen Richardson, Joanna Slater, Craig Karmin, Serena Ng, Richard Regis, Lynn Davidman, Avigaiyil Goldscheider, Erin Arvedlund。William Lloyd 和 Janet Tavakoli 等人帮我纠正了大量的错误。同时，还要感谢我出色的两名研究助理：Sarah

Morgan 和 Shelly Banjo。

此书得以完成还要归功于我的妻子 Michelle，她鼓励我坚持到底。还有我两个可爱的男孩 Gabriel 和 Elijah，谢谢他们给我支持。还有我的父母亲，我所有的成功都离不开他们对我的信任、坚定的鼓励和无尽的爱。

我年轻时敏感脆弱，父亲指导我写作，他要求我行文简洁，有创造性。我延续他的研究和写作风格，在我写作时，他的教导近在咫尺。

史上最伟大的交易给保尔森带来了亿万美元资产，而有机会写下这个故事也给了我最宝贵的财富，那就是让我与父亲有更多的相处时间。

译 后 记

　　翻译一本书，就如同被作者带入一个全新的未知世界，跟随他的笔触，理解、揣摩他的原意，再用中文尽可能还原出作者笔下的风起云涌。

　　2008 年的世界金融危机成就了书中这场史上最伟大的交易。危机来临前的美国，房市一片热火朝天，在财富膨胀的幻影中，人人忙于逐利，却很少去想这一切是否合理。将欲废之，必固兴之；将欲夺之，必固与之。烈火烹油、鲜花着锦过后却是满目疮痍、哀鸿遍野。眼看他起高楼，眼看他楼塌了。

　　对于这场金融危机，书中的点评一针见血："就像著名侦探小说《东方快车谋杀案》的现代版一样，这场现代经济崩盘之痛是由长期以来各种负面因素累积而成的，各种各样的狡诈、勾结、幼稚、愚蠢以及贪婪守旧共同导致了这场灾难。"绝大多数的人都参与其中，难言无辜，故难以幸免。只有少数冷静理智者除外，那便是本书的主角们。

随着翻译的不断深入，保尔森、佩莱格里尼、伯利、格林等人纷纷登场，他们出身不同，性格各异，成长经历大相径庭，唯一相同的是对金钱的渴望和对成功的追求。在这场大风大浪中，他们中有的通过自己的观察，有的听从朋友的建议，不约而同地发现了这个千载难逢的良机，但如何把握操作，每个人都有自己的演绎。惊涛骇浪过后，他们之中，或是差了临门一脚，扼腕叹息；或是略有小得，裹足不前；或是见好就收，急流勇退……而保尔森是其中的佼佼者，他创造了一段传奇，铸就了投资史上的一个神话。这是天时地利人和各种有利条件结合下的成功，冷静的判断、坚定的决心、资金的充足、人脉的支持……缺一不可。

具备现代文明的社会是这场伟大交易发生的大背景。规则明确的竞争才是真正的竞争。一个允许有自由意志又有契约精神的社会，成功的背后不是权术，而是一些令人敬佩的品性，比如追求理想，比如努力，比如坚持。

是为记。

绿窗小语